한일 경제협력자금
100억 달러의 비밀

한일 경제협력자금

100억 달러의 비밀

秘錄·日韓 1兆円 資金

비밀

조진구 · 김영근 옮김
전 주한 일본대사 **오구라 카즈오** 지음

디오네

프롤로그

————

한일 관계의 '감춰진 부분'

　2012년 8월, 한국의 이명박 대통령이 다케시마(독도의 일본 이름, 역자 주)에 상륙했다. 일본 국민으로부터 엄청난 비난의 목소리가 높아지자 일본의 모든 매스컴은 이 행위를 '폭거'라고 비난했다. 물론 '폭거'일 것이다. 그러나 이 책에서 자세하게 언급하는 정치가와 외교관들의 활동, 그리고 외교 교섭 최전선에서의 줄다리기를 읽은 뒤 아마 독자들은 다른 생각을 갖게 될 것이다. "양국에서 정치와 외교를 책임지고 있는 있던 사람들은 어째서 대통령이 다케시마를 방문하지 못하도록 하는 외교를 하지 않았던 것인가?"라고 말이다.

　더불어 한반도에는 북한의 미사일 문제나 납치 문제도 있다. 이런 문제의 해결책을 찾고자 한다면 상대방 주장의 뒤의 뒤까지 읽고, 표면이나 이면 또는 옆면, 이면의 이면까지 생각하지 않으면 안 된다. 그런 힌트가, 그리고 또한 빠져서는 안 되는 위험한 '함정'이 이 책에는 흡사 '숨은 그림 찾기'처럼 그려져 있다.

다케시마, 종군 위안부, 문화재 반환, 교과서 기술 등 일본과 한국 사이에서 어떤 문제가 일어나면 반드시 한국 측으로부터 직접 또는 간접적으로 '과거' 문제가 제기된다.

　그것은 주로 일본의 한반도 식민지 지배 역사에 관한 경우가 많지만, 때로는 도요토미 히데요시(豊臣秀吉)의 '침략'이기도 하고 때로는 박정희 대통령 시대의 '한일 유착 구조'이기도 하며, 그 끝은 고대 임나(任那)의 지위 여부이기도 하다.

　한류 붐, '김치 다이스키(너무 좋아)' 등과 같은 말들이 유행하고 한국인과 일본인이 아무런 차별 없이 사귈 수 있게 되었다고 생각하는 순간 격렬한 반일 시위가 일어나 일본인들을 놀라게 한다.

　도대체 최근 몇십 년 사이에 한일 관계는 어느 부분이 바뀌고 어느 부분이 바뀌지 않은 것인가.

　어떤 외교 문제가 발생하거나 정권 교체가 이뤄지거나 하면 표면 하에서 꿈틀거리던 국민감정이 어째서 분출해 버리는 것인가.

　이런 의문을 푸는 한 가지 방법은 한일 간의 격렬한 논쟁이나 교섭 대상이었던 것에 대해서 한일 양국이 그것을 어떻게 처리했는가, 그 과정에서 국민이나 여론이 어떻게 반응했는가, 그리고 두 나라 국내 정치가 어떻게 서로 얽혀 있었는지를 제대로 연구하고, 거기서 미래에 대한 교훈을 읽어 내는 것일 것이다.

1981년 4월부터 1983년 1월까지 1년 반 이상에 걸쳐 일본과 한국 사이에서 이루어졌던 100억 달러에 달하는 금액의 '경제협력'을 둘러싼 교섭 또한 마찬가지다. 한국의 정권 교체, 일본 국내 정치의 동향, 그리고 당시의 엄중한 미소 대립이라는 국제 정세를 반영한 이 드라마의 무대 앞과 뒤 양쪽을 관찰해 보면 한일 관계의 '숨겨진 부분'이 잘 이해된다.

30여 년이 지난 오늘날에도 여전히 존재하는 한일 관계의 '앙금'과 이것을 푸는 방법이 무엇인가를 찾아내기 위해서 100억 달러 드라마의 실태를 극명하게 묘사해 본다는 것이 이 책을 쓴 의도다. 그리고 일본인들에게 때로는 공포심조차 갖게 하는 한국인들의 격렬한 민족성도 있는 그대로 전달했다.

그렇지만, 이 책에서는 정보공개법을 이용하여 가능한 한 객관적으로 당시의 교섭 기록을 고찰하고, 동시에 관련 신문기사(편의상 「일본경제신문」 기사)를 활용함으로써 필자의 주관적인 회상 기록이 되지 않도록 노력했다. 그리고 통상적인 교섭 과정에는 들어가기 어려운 심리 상황을 덧붙임으로써 교섭을 둘러싼 '인간적' 요소나 대화의 '분위기'가 전달되도록 노력했다(그 결과 일부 등장인물의 경우 조금은 예의에 벗어난 표현이 있을지도 모르겠지만, 관계자들의 관대한 이해를 바라는 바이다).

이 책을 일본과 한국 사이의 '앙금'을 풀기 위해 노력을 아끼지 않았던 한일 양쪽의 벗들에게 바친다.

_2013년 1월

오구라 카즈오(小倉和夫)

차례

* 역자 주를 제외한 괄호 안의 단어 또는 문장은 저자가 독자의 이해를 돕기 위해 추가적으로 서술한 것이다.

제1장

군사 정권의 요구

전보(電報)에 적힌 경악할 내용

"조금 전에 차관비서관으로부터 전화가 왔었습니다."

외무성 북동아시아과의 수석사무관이 외출에서 막 돌아온 과장에게 말했다.

"서울의 스노베 료조(須之部量三) 대사로부터 차관님께 긴급한 전화가 왔다고 합니다. 외무부장관과 긴급한 회담을 했다고 하는데 곧 전보를 보내겠지만 중요한 일이기 때문에 빨리 읽어 주기 바란다고 합니다. 지금 전신과에 확인하고 있습니다만⋯⋯."

무슨 일인지 과장은 의아한 생각이 들었다. 반정부 시위를 주도해 국가반란죄 혐의를 받고 있는 김대중의 재판이 어떻게 되고 있는지 알기 위해 여러 번에 걸쳐 판결문을 달라고 말했지만 들어주지 않았던 한국 정부가 이제야 무엇인가 말해 준 것일까. 그렇다고는 해도 대사가 일부러 차관에게 전화한다는 것은 이상한 일이다.

창밖에는 4월의 봄볕이 아지랑이처럼 희미하게 빛나고 있었다.

한 시간이 지났을까, 스노베 대사가 보낸 열람 제한의 전보 복사본이 열람부서를 빨리 지정했으면 좋겠다면서 북동아시아과장에게 도착했다.

23일 (한국 측) 요청에 따라 노신영 외무장관을 방문한 본 대사에 대해 장관이 말한 내용은 다음과 같음. 본 대사는 이에 대해서 만일을 대비해 우선 본국 정부에 전달하겠다고만 전하고 특별한 의견을 말하지 않았기 때문에.

아주 평범하고 있을 수 있는 표현으로 시작되는 전보는 읽어 갈수록 놀라운 내용을 담고 있었다.

한국은 자유 진영의 요충지로서 실로 국가 예산의 35%를 국방 예산에 사용하고 있다. 이것은 한국을 위해서만이 아니라 자유 진영의 국가들, 특히 일본을 위해서이기도 하다.

한국은 지금 박정희 대통령 사망 후 커다란 전환기에 있으며, 여러 가지 곤란한 상황에 직면해 있다. 이에 대해서는 지금 풍요로운 이웃 나라이며 역사적으로는 깊은 관계가 있는 일본으로부터 과감한 방위, 경제협력을 부탁하고 싶다. 구체적으로는 현행 일본의 대한(對韓) 협력 자금을 10배 이상으로 늘려 연간 20억 달러, 그리고 그것을 향후 5년간에 걸쳐 합계 100억 달러의 자금을 한국에 제공해 주길 바란다.

원칙적으로는 이런 숫자의 근거나 필요성에 대해서 설명한 뒤 요청해야 하지만, 지금은 일본이 고도의 정치적 판단에 입각해 우선 이런 자금 제공에 대해 큰 틀에서 동의해 주길 바란다.

전보는 두 페이지 정도의 짧은 것이었다. 그런 만큼 내용의 당돌함과 대담함에 과장은 놀랐다.

어쨌든 국장에게 보여 줘야 한다고 생각해 전보 사본을 둥글게 말아 손에 쥐고 국장실로 뛰어갔다.

"한국 정부 미친 것 아니야!"

대략적으로 전문을 살펴보면서 기우치 아키다네(木內昭胤) 아시아 국장은 소리쳤다.

"도대체 이번 신정권의 장관은 외교를 뭐라고 생각하고 있는 거야? 일국의 외교장관이 느닷없이 대사를 불러서 100억 달러를 달라고, 그것도 국방 예산을 대신 부담하라는 것 같은 말투로 일본에게 요구해. 조잡해도 너무 조잡하잖아. 도대체 뭘 생각하고 이런 걸 갑작스럽게 요구하는 거야?"

기우치는 마치 자기 자신이 그 자리에서 장관으로부터 요구받았던 것처럼 얼굴을 붉혔다. 개인적인 인간관계에서는 다정다감하지만 일에 있어서는 드라이한 기우치로서는 이런 한국의 수법은 유치하다는 생각이 들었다.

"차관님 방으로 곧바로 가시죠."

차관이 집무실에 있음을 확인하자 두 사람은 엘리베이터도 타지 않고 계단을 빠른 걸음으로 내려가며 3층 아래 차관실로 향했다.

갈색 문을 밀고 차관실 안으로 들어갔다. 응접실과 회의용 큰 테이블이 좌우에 놓여 있는 방 안쪽 책상에서 백발이 성성한 다카시마 마스오(髙島益郎) 차관은 기우치가 내민 전보를 아무 말 없이 천천히 읽어 내려갔다.

"이 전보는 받아들일 수 없어."

전문을 기우치에게 돌려주면서 다카시마는 불만스런 얼굴로 중얼거렸다.

"방위협력 같은 이야기라 해도 곤란하다고 말하든지, 뜬금없이 숫자를 들먹이며 돈을 달라고 해도 그대로는 도쿄에 전달할 수 없다고 말하든지, 어쨌든 한 번은 거부했어야 되는 거 아닌가. 우선 도쿄에 전달하겠다고 하면 볼은 처음부터 느닷없이 우리 쪽이 쥐게 돼 버려. 이런 당돌하고 불합리한 요구는 우선 현지에 있는 대사가 뻥 차 버리지 않으면 안 되는 거야."

다카시마는 스노베의 대응에 불만을 표했다.

풍격도 성격도 옛날 무사 같고 막상 때가 되면 거침없이 말하지만, 부하들에게는 그다지 지시사항이 많지 않은 유형의 다카시마는 어딘가 고집스런 구석이 있었다. 원래 심지는 강하지만 붙임성이 좋아 언뜻 여성스럽게도 보이는 스노베와는 유형이 달랐다.

"그렇다고는 해도 스노베 대사는 이미 귀국 명령도 나 있는 상태이기 때문에 말하자면 이임에 맞춰 저쪽도 부탁 하나 하자고 말했을 것입니다. 갑자기 태도를 바꾸기도 쉽지 않았겠죠"라고 과장이 말하자 다카시마는 곧바로 "떠나기 전이니까 강하게 말하기 쉬운 부분도 있는 거야"라고 어딘가 미련이 남아 있는 말투로 대답했다.

"물론 이렇게 된 마당에 노(No)라는 대답은 빨리 하지 않으면 안

되지만, 우선 하더라도 대사에게 훈령을 보내는 것은 어떻습니까?"

기우치가 그렇게 말하자 다카시마는 평상시와는 달리 벼르고 벼른 모양으로 "내가 빨리 주일 한국대사를 불러 분명하게 거절할 거야"라고 말했다.

"언론은 어떻게 합니까?"

김대중 관련 재판의 판결문 문제로 신문기자들의 공세에 시달리고 있는 과장이 끼어들었다. 그러자 다카시마가 말했다.

"그럼, 비밀리에 하자. 관청 밖 어딘가에서 간담하는 형태로 하면 언론에 말하지 않아도 될 거야."

시베리아에 억류되었다가 일본으로 돌아왔을 때에는 이미 영어 만능시대였다. 원래 스페인어를 배우라는 말을 들었지만, 전시에 하얼빈에서 약간의 러시아어를 배운 다카시마는 외교권을 빼앗겨 해체와 다를 바 없는 상태의 외무성에서, 그것도 조연 정도의 역할을 수행하는 조사실이란 부서에 배치되어 2년 정도 찬밥 같은 대우를 받았다.

그렇게 출발한 다카시마가 톱까지 올라갔던 것은 불언실행(不言實行)의 강한 신념과 부하에 대한 배려 때문이라고 말하는 것이 일반적이다.

그런 다카시마가 자신이 직접 주일 대사에게 손을 쓰겠다는 것은 역시 전보의 내용이 너무나도 당돌하고 중요했기 때문임에 틀림없었다.

그리고 이 한 통의 전보야말로 100억 달러 드라마의 시작을 알리는 예고 종소리였다.

군사쿠데타로 탄생한 정권과 일본

그렇지만 언뜻 보기에 대단히 당돌하게 보이는 한국의 요청도 그리고 아주 간단한 설명밖에 없는 전보도 최근 수개월 한국 내 움직임이나 정세의 흐름으로 봐서는 꼭 놀랄 일은 아니었다.

흐름 하나의 원점은 전두환 대통령의 취임식에 있었다.

박정희 대통령의 암살, 이어지는 군사쿠데타와 광주에서의 시위대 진압 과정에서 발생한 유혈사건이라는 극적인 과정을 거쳐 한국의 대통령에 취임한 전두환의 이른바 정식 데뷔무대가 된 '대통령 취임식'은 1981년 3월의 쌀쌀한 날(3일) 서울 외곽에 있는 잠실 실내체육관에서 거행되었다.

취임식에 일본 대표로 참석한 사람은 한때 자유민주당 비둘기파의 중핵을 이뤘던 아시아 · 아프리카문제연구회(A · A연) 의원 그룹의 멤버 이토 마사요시(伊東正義) 외무대신이었다.

이토는 취임식에 참석함과 동시에 한국의 남덕우 총리, 노신영 외무장관과도 회담을 가졌다. 전두환 정권의 등장 이후 첫 번째 각료급 접촉이었다.

이때 한국 측의 남덕우 총리는 이토에게 다음 세 가지 사항을 강조했다.[1]

(1) (연초에 이뤄진) 한미 정상회담(레이건-전두환)에서 한반도 정세에 관한 미국과 한국의 기본인식은 일치했다. 일본과도 인식을 공유하고 싶다.

(2) 북한과의 대화나 교섭은 이쪽이 힘을 갖고, 그것을 배경으로 하지 않으면 효과적이지 않다.

(3) 한국과 일본과의 경제 관계는 종종 '유착'이라고 불리지만, 한국의 대일 무역 적자는 크고 일본의 대한 투자는 얼마 되지 않는다. 어쨌든 (이 점에 대해) 한일 간 공통의 인식을 갖는 것이 중요하다.

같은 내용의 주장이 외교장관 회담에서도 한국 측으로부터 제기되었다. 노신영 외무장관은 한반도 정세에 대한 기본인식에 있어 한일 사이에 격차가 있다고 말하면서 우려를 표명했으며, 동시에 한국의 경제 상황은 심각한 상태로 국내적으로 인플레, 대외적으로는 국제수지 적자 문제를 안고 있다고 호소했다.[2]

이런 한국의 태도 이면에는 적어도 다음 네 가지 요인이 잠재해 있었다.

첫째, 군사쿠데타와 광주 유혈사건을 거쳐 등장한 전두환 정권은

---

1) 1981년 3월 3일자 주한 일본대사가 외무대신에게 보낸 전보 제510호.

2) 이토 외상과 동행했던 필자의 메모에 의함.

선거를 포함한 민주적 과정을 거쳐 성립한 정권이 아니며, 그런 정권으로서의 '정통성'을 오로지 한국의 안전보장, 즉 북한과의 대결 필요성에 두지 않을 수 없다는 점이었다.

둘째, 2월에 정식으로 출범한 미국의 레이건 정권은 매파적인 안전보장 정책론자들의 세력이 강해 한국의 새로운 정권과 정치외교 전략 면에서 서로 잘 통했으며 그렇기 때문에 레이건 정권은 전략적 견지에서 전두환 정권을 지지한다는 입장을 취했다는 것이다(특히, 국가반역죄로 사형 판결을 받은 김대중에 대해서 전두환이 1981년 1월에 감형처분을 내렸던 것은 미국 내 '민주세력'에 대해 한국이 배려했던 것으로 간주되어 한미 간의 전략적 동맹 강화를 미국이 정치적으로 받아들이기 쉽게 하는 효과가 있었다).

셋째, 한국은 제5차 경제개발 5개년 계획(이하, 제5차 5개년 계획)을 시작하려 하고 있어서 중장기적인 관점에서 외자 도입을 포함한 경제발전 계획을 수립하지 않으면 안 되는 시기였다.

마지막 넷째, 한국 정계의 세대교체 문제가 있었다. 전두환을 둘러싼 '신세대' 사람들은 박 대통령 시대의 한일 관계를 늙은 세대의 유착에 입각한 불건전한 관계로 간주하고, 이제는 새로운 한일 관계의 기초를 수립해야 한다는 입장에 서 있었다.

이것들 모두 제대로 정리된 형태로 한국 내에서 공표되지 않았지만, 새로운 시대를 강조하고 그에 걸맞은 한일 관계의 재구축을 주창하는 논조는 이미 드문드문 등장하고 있었다.

또한 신시대의 한일 관계를 주도하려는 새로운 인물로, 예를 들면 허문도 대통령 정무비서관 같은 이름이 한일 양국 관계자들의 입에 오르게 되었으며, 이런 새로운 인물의 등장으로 일본과 한국 사이에 그때까지 계속된 정치적 커뮤니케이션 방법이나 루트가 일종의 기능부전 상태에 빠져 있었다.

참고로 허문도는 예전에 신문사 특파원으로 일본에 주재했던 경험을 가진 인물로, 당시 청와대의 공보비서관이자 대일관계 담당자로서 주목을 받고 있었다. 허문도의 생각은 예를 들면, 대통령 취임식에 참가한 일본인 기자단을 위한 허문도의 브리핑에도 반영되어 있었다. 허문도는 다음과 같은 점을 강조했다.[3]

(1) 극동에 대한 국제정치의 기본적 틀에 대해서는 냉정한 인식이 필요하며, 가볍게 '남북대화'(한국과 북한의 대화)를 일본 측이 입에 담는 것은 적절하지 않다.
(2) 일본은 한국의 공헌으로 한반도의 안전보장에 대한 안보상의 이익을 얻고 있어 그 비용을 어떠한 형태로든 부담해야 한다.

그리고 허문도의 대두는 한일 관계의 '수정'과 연동되어 있었다.

---

3) 1981년 3월 3일자 주한 일본대사가 외무대신에게 보낸 전보 제511호. 또한 허문도의 대두와 그 영향에 대해서는 자료를 통해 확인할 수 있다. 예를 들면, 한국 정부 관계자와 주한 일본대사관 직원의 비공개 대화(1981년 4월 21일자 주한 일본대사관이 외무대신에게 보낸 전보 제956호).

'한일 관계 수정론'

'한일 관계 수정론'은 한국 정권의 세대교체와 관련해 다음과 같은 형태로 나타났다.

하나는 한국 저널리즘의 논조다. 예를 들면, 「코리아타임스」는 외교 관계에 종사하는 고위관리의 말이라며 다음과 같은 주장을 실었다.

> 서울과 도쿄의 관계는 양국이 국교 정상화를 이룬 16년 전의 시점으로 거슬러 올라가 재편성(realignment)되지 않으면 안 된다.[4]

이런 한일 관계의 재편성 또는 수정론이 구체적으로 무엇을 의미했었는지에 대해서는 허문도 자신이 한국 주재 일본대사관 관계자와의 비공식 대화를 통해 다음과 같이 말했다.

> 지금까지의 한일의원연맹(한국과 일본 국회의원들의 교류를 위한 단체로 일본에서는 일한의원연맹이라고 불린다) 사람들은 한일 간의 역사 과정에서 나름대로 중요한 역할을 해 왔다. 앞으로 한국 측으로서는 지금까지와 같은 기생집이나 일본의 요정 등을 모임 장소로 하는 끈끈한 인간관계에 입각한 교제는 하고 싶지 않다. 한국도 이제는 돈이나 요정에서 이뤄지는 정치로 어떻게 되는 체제가 아니다. 일본 측도 나이 든 사람들이 뒤로 물러나 주는 것이 좋다고 생각한다.[5]

여기서 허문도가 기생집이나 요정 운운했던 것에는 배경이 있다. 지금까지 한일 간의 긴밀한 관계는 돈과 여자가 관련되어 있다는 것에 대한 반발로 그런 세계에 자신들은 익숙하지 않다는 긍지와 질투가 내포되어 있었다.

그리고 한국에서의 '세대교체'가 한일 관계에 미칠 영향에 대해서는 한국의 대표적인 신문 「동아일보」가 장문의 논설을 통해 3월 이토 외상의 방한을 언급하면서 "일본 측이 직면한 또 하나의 '새로운 현실'은 한국 지도층의 세대교체이며, 한일 외교장관 회담이 처음으로 통역을 통해 이뤄졌다"고 지적한 것에도 나타나 있다. 또한 남덕우 총리는 이임 인사차 방문한 스노베 대사에게 "한국은 변혁의 소용돌이 속에 있으며, 자칫 단순하게 생각하기 쉬운 젊은 세대가 전면에 등장하였다"고 말했다.[6]

---

4) 1981년 3월 1일자 「코리아타임스」 기사, 'Steps Eyed to Rectify Relations with Japan'.
5) 1981년 4월 23일자 북동아시아과 문서, '허문도 비서관의 일본에 대한 발언(許文道秘書官の日本に対する発言)'.
6) 4월 17일자 주한 일본대사가 외무대신에게 보낸 전보 제914호 및 3월 18일자 전보 제591호(3월 10일자 「동아일보」의 '한일 관계'에 관한 기사 보고).

김대중 사건의 여파, 스즈키 내각의 체질

한편, 당시 일본 정부 내부의 분위기도 또 다른 의미에서 (한일 관계의 원활한 처리라는 시점에서 보면) 엄중했다.

하나는 김대중 사건의 여파가 컸다.

김대중이 전년 군사법원에서 국가반란죄 혐의로 사형 판결을 받았던 것은 일본의 관계자들에게 충격을 주었다. 1981년 1월 무기징역으로 감형되기는 했지만 재판 판결문이 공표되지 않았기 때문에 재판 내용을 확인해야 한다면서 판결문의 입수를 요구하는 목소리가 일본 국내에서 분출해 한국 정부와의 사이에 쟁점이 되었었다.

더불어 스즈키 젠코 총리-이토 마사요시 외상을 축으로 한, '비둘기파'적인 외교 노선은 한국에게 경계심을 심어 주었다.

이토 외상은 실제로 전두환 대통령의 공식 취임식 참석을 위해 방문했을 때 대통령 취임기념 메달을 건네받았지만 차 안에서 "이런 걸 줄 줄이야"라고 쓴웃음을 지으면서 내던져 버렸다.[7]

또한 이토는 노신영 외무장관이 주최한 한국 궁중요리 만찬회에서 이전에 자신이 평양을 방문했던 체험을 말하면서 "평양의 냉면은 맛있었다"고 중얼거렸다. 이때 한순간에 흥이 깨질 뻔했다(그때 동석했던 스노베 주한 대사가 "여기 서울에도 꽤 맛있는 냉면집이 생겼습니다"라고 수습하고 분위기를 돋워 주었다).[8]

또한 이토 외상은 당시 "한국은 북한의 위협이라고 하지만 38도선 북쪽에서 남쪽을 보는 것도 좋을 것이야. 미군과 한국군의 위력을 북이 엄청난 위협으로 느껴도 조금도 이상한 일이 아니야"라고 종종 말했다고 한다. 자민당의 A · A연 그룹의 일원으로 북한을 방문했던 경험이 있었던 만큼 한국이 주장하는 '북의 위협'이라는 말에는 동조하지 않았다.

이러한 이토 외상을 중심으로 한 스즈키 내각의 외교는 한국에서 심각한 문제가 되었다. 예를 들면, 1981년 3월 30일자 「동아일보」는 이토 외상이 미국의 헤이그 국무장관과 회담했을 때 북한의 '남침' 위협은 없을 것이라고 말했다는 보도를 언급하면서 다음과 같이 논평했다.

이토 외상이 "북한의 남침 위협 없음"이라고 말했던 것은 일본 정부의 공식 견해라기보다 자민당 내에서 진보적인 색채를 띠는 그의 개인적인 견해가 많이 작용했다. 이는 미국의 방위비 증액 요구 압력에서 벗어나려는 의도에서 남침 가능성을 의도적으로 과소평가한 것으로 해석된다.[9]

---

7) 주2)와 같음.
8) 위와 같음.
9) 번역은 1981년 3월 31일자 주한 일본대사가 외무대신에게 보낸 전보 제1408호에 의함.

한국 측의 당돌한 요청 내용

이런 상황에서 때마침 주한 일본대사 스노베는 4년 가까운 근무를 마치고 귀국을 눈앞에 두고 있었다.[10]

내유외강형으로 알려진 스노베의 부드럽고 진지한 자세는 한국 측에서 높이 평가받고 있었다. 또한 스노베는 그의 올곧음 속에 한국인의 심정에 대한 냉정한(즉 일부 일본인들에게 있을 법한 과도한 심정적인 것과는 다른 형태의) 이해의 깊이를 가지고 있었다.

예를 들면, 북한이 예전에 마약거래 자금을 바탕으로 외교 · 스파이 공작을 벌이고 있다는 보도가 국제적으로 퍼졌을 때의 에피소드가 있다. 그때 스노베는 한국 외무부 고위관리에게 북한의 무모함을 언급했는데, 한국 측 고위관리는 "같은 민족으로서 부끄러운 일입니다"라는 반응을 보였다고 한다. 흥미로운 사실은 이 에피소드를 스노베가 일본 측 관계자에게 말하면서 "북한 문제는 대결이라든가 대화라든가로 단순하게 잘라 말할 수 없어. 한국 사람들의 '북'에 대한 심정은 복잡하며, 일본인은 그걸 잘 이해해 두지 않으면 안 돼"라고 종종 가르쳐 주었다는 것이다.[11]

이러한 스노베의 기질, 그리고 때마침 귀국을 앞두고 있었다는 사정을 고려했던 것으로 생각되지만, 1981년 4월 23일 한국의 노신영 외무장관은 갑자기 스노베 대사를 초치하여 일본에 거액의 경제협력을 요청했다. 그 내용이 바로 갑작스런 전보였던 것이다.[12]

한편 노신영 장관이 왜 이 시기에 조금은 당돌하게, 또 느닷없이 장관−대사 수준에서 거액의 경제협력을 구체적인 숫자까지 명시하는 형태로 요청했었는가에 대해서는 주한 일본대사관이 외무성 본부에 노신영 장관의 요청에 대한 배경 설명과 그에 관한 정보 보고가 있는 게 당연했다.

그런데도 실제로는 당시 주한 일본대사관으로부터 외무성 본부에 그런 설명이나 보고가 명확한 형태로 이뤄진 흔적이 없다. 아마도 거기에는 세 가지 요인이 작용했던 것으로 보인다.

첫째, 스노베가 대사의 임무를 마치고 귀국하는 일정이 한 주 뒤에 이미 잡혀 있었기 때문에 스노베 자신이 귀국 후 도쿄 외무성 본부에 직접 보고할 수 있는 상황에 있었기 때문이다.

둘째, 노신영 외무장관이 본건이 외부로 누설되지 않도록 강하게 요청했기 때문에 주한 일본대사관으로서는 주변 관계자들로부터 가볍게 정보를 수집하는 것을 주저하고 있었다고 생각된다.

셋째, 스노베로서는 대단히 당돌하고 이례적이며 구체적인 숫자까지 명시한 형태로, 그것도 장관이 직접 한 요청이었던 만큼 거기

---

10) 스노베의 주한대사 임명은 1977년 6월 28일, 이임은 1981년 5월 15일(『新版 日本外交史辭典』, 山川出版社).
11) 스노베가 주한대사를 마치고 외무차관에 취임한 후 필자에게 말한 비공개대화에 의함.
12) 모두에서 언급한 요청을 말함. 1981년 4월 23일자 주한 일본대사가 외무대신에게 보낸 전보 제977호.

에는 고도의 정치적 판단이 작용했다는 것을 알고, 그렇기 때문에 말하자면 '정치적'으로 행동했다. 그리고 특단의 반응을 보이지도 않고 다만 도쿄에 전달하겠다고만 답변하고 도쿄 본국정부의 '정치적' 판단에 맡겼던 것일 터이다.

이런 한국 측의 요청에 대해서 당시 외무성 관계자 가운데에는 한국의 요청이 얼마나 당돌하고 엉뚱한 것인가에 대한 놀라움의 목소리와 함께 스노베가 아무런 질문이나 반론을 하지 않고 단지 도쿄에 전달하겠다고 말했던 것에 대해서 비판적인 언사를 하는 사람도 있었다.[13]

또한 이런 한국 측의 접근 방식에 대한 이토 외상과 스즈키 총리의 직접적인 반응을 보여 주는 자료 혹은 관계자의 증언은 없지만, 정부 수뇌에게 있어서 이 요청은 너무나도 당혹스런 것이었다고 생각된다. 왜냐하면 스즈키 내각의 한반도 정세 인식과 기본적인 방침은, 스즈키 총리와 이토 외상의 국회 연설에 의하면 다음과 같은 것이었기 때문이다.

스즈키는 한국과의 관계에 대해서도 시정연설에서 150행에 가까운 외교 관련 부분 가운데 불과 3행 정도의 언급에 그쳐 "앞으로도 원활한 (한일) 양국 관계의 발전을 희망하고 이를 위해 노력해 나갈 생각입니다"라고 말했을 뿐이다.[14]

또 이토 외상은 남북대화의 신속한 재개를 강력하게 호소함과 동시에 "북한과의 관계에 대해서는 앞으로도 무역, 경제, 문화 등의 분야에서 교류를 점차 쌓아 나갈 생각입니다"라고 말해[15] 북한과의 대화 중시 자세를 제시했기 때문이다.

다시 말해 한국 신정권의 안전보장 및 경제상의 절실한 우려에 대해서 일본 정부의 수뇌부는 이것을 정면으로 받아들이려는 자세를 취하지 않았던 것이었다.

이이쿠라(飯倉) 공관에서의 반격

어쨌든 스노베에 대한 노신영의 요청에 대해서 외교당국은 우선 이것을 되돌려 보내 한국의 진의를 파악하기로 했다. 그 역할을 최초로 담당했던 사람이 다카시마 차관이었다.

다카시마는 전보를 읽고 나서 1주일 전후 아자부다이(麻布台)의 외무성 이이쿠라 공관 2층 방으로 주일 한국대사 최경록을 초치해 회담했다.

2층 주거용 방 가운데 하나의 작은 응접실에 네 명이 모였다.

---

13) 당시 외무성 아시아국 관계자(복수)가 필자에게 한 비공개대화에 의함.
14) 1981년 1월 26일에 있었던 제94회 국회에서의 스즈키 총리의 시정연설, 외무성의 1981 년판 외교청서 자료에 의함.
15) 1981년 1월 26일에 있었던 제94회 국회에서의 이토 외상의 외교연설, 외무성의 1981년 판 외교청서 자료에 의함.

다카시마 차관과 최 대사, 그리고 한일 양쪽에서 기록 담당자로서 각각 과장 1명씩 배석했다.

대사관 직원은 통상 ○○서기관이라든가 참사관이라 불리어 '과장'이라는 직책을 붙이는 것이 이상했지만, 주일 한국대사관은 '과장'이 일본 성정의 과장과 동등하나는 것을 보여 주기 위해서인지 일부러 과장이란 칭호를 사용했다. 이것이 한국의 일본에 대한 인위적이라고도 할 수 있는 대등 의식이나 체면 중시라고 말하는 사람도 있다.

턱시도 차림의 직원이 최 대사를 엘리베이터에서 방까지 안내했다.

"여기는 숨겨진 계단밖에 없습니다. 그래서 2층임에도 엘리베이터로 모신 것입니다."

군인 출신으로 골프가 싱글일 정도로 잘 치는 최 대사가 조금은 긴장한 표정으로 방으로 들어오는 것을 보고 다카시마는 웃으면서 말했다.

"앞이든 뒤든 저는 상관없습니다만, 일본 언론은 정말 대단해요."

골프로 탄 얼굴을 차관 쪽으로 내밀면서 대사가 말했다.

네 명이 자리에 앉자 기다렸다는 듯이 커피가 나왔다.

잠시 동안의 침묵. 커피 서비스를 마치고 직원이 문 반대편으로 사라지자 대사도 차관도 자리를 고쳐 앉았다.

"김대중 사건의 판결문이 언론사를 통해 외부로 유출되었고, 더구나 그 내용이 진짜라고 한다면 일본 정부로서는 당혹스러울 정도로 큰 문제입니다. 이 점은 솔직하게 말해 두고 싶습니다."

다카시마는 확실한 말투로 입을 열었다.

대사는 살짝 눈썹을 찌푸렸다.

"한국의 신정권은 이 사건은 한시라도 빨리 과거 일로 덮고 새로운 차원의 한일 관계를 수립하고 싶다고 생각하고 있습니다."

"그렇기 때문에라도 판결문이 불필요한 파문을 일으키지 않도록 해 주시길 바랍니다."

다카시마가 덧붙이자 대사가 대꾸했다.

"솔직히 말씀드리겠습니다. 일본 정부는 판결문을 입수하고 싶다고 말하지만, 정말로 그렇습니까? 판결문을 입수하신다면 그야말로 곤란하지 않은가요? 사실인지 거짓인지 잘 모르는 것이 언론에 보도되고 그것으로 결말짓는 편이 좋지 않습니까?"

언제나 직관적으로 날카롭게 따지는 것은 군인 출신의 최 대사다.

다카시마는 엉겁결에 쓴웃음이 나왔다.

"판결문은 대사도 아시는 대로 상징적인 의미밖에 없습니다. 김대중 씨가 국가반란죄를 저질렀는지 어떤지가 문제가 아니라 법과 정의에 의해서 제대로 된 절차를 밟아 재판이 이루어졌는가 하는 것이 문제입니다. 다만 일본 정부는 그렇게 말하고 싶지 않기 때문에 판결문이 필요하다는 형태로 말하고 있는 것입니다."

대사의 얼굴이 한층 굳어졌다.

"그 이야기라면 일부러 차관이 저를 부르실 일도 없을 것입니다."

대사는 일어서려 했다.

다카시마는 당황했다.

"아니, 커피라도"라면서 밀크를 내밀었다.

"저는 커피나 홍차를 별로 마시지 않습니다."

최 대사는 보기와는 달리 상당한 연기자였다. 자리에서 일어나는 듯한 모습을 보인 뒤 이번에는 갑자기 몸을 앞으로 구부리고 무릎을 내밀려 다가앉았다.

"차관 각하."

대사가 '각하'라는 말을 사용할 때에는 그것은 뭔가를 솔직하게 말할 때 쓰는 서론 같은 것이었다.

"지금 한국의 정권은 새로운 정권입니다. 더구나 박 대통령 암살후 광주에서의 반정부 운동 같은 격동의 파도 뒤에 생긴 정권입니다. 그런 만큼 패기도 있지만 불안도 있습니다. 특히, 가장 중요한이웃 나라 일본과의 관계를 반드시 안정된 그것도 새로운 기초, 아시겠습니까, 새로운 기초 위에 세우고 싶습니다. 지금까지가 나쁘다는 것은 아닙니다. 그러나 지금까지의 여러 가지 앙금을 깨끗하게 제거하고 새로운 기초를 세우자는 것입니다."

최 대사는 여기서 한번 쉬었다가 다시 한 번 옛날 무사 같은 풍모의 다카시마를 꼼짝 않고 쳐다봤다.

"한일 관계를 수정한다는 것은 그런 의미입니다."

"그렇지만 말입니다, 대사."

차관은 버릇처럼 입을 살짝 둥글게 하면서 반론했다.

"대체로 정상적인 외교 관계를 맺고 있는 나라들이 관계를 수정한다는 것은 온당한 일이 아닙니다. 더구나 신정권이라면 더더욱 그렇습니다. 우선은 사이좋게 지내자고 인사부터 하는 게 정상입니다."

다카시마도 한국은 예의를 중시한다고 입버릇처럼 말하던 최 대사의 아픈 곳을 찔렀다.

"말씀하신 대로일지 모릅니다. 그러나 이해해 주십시오. 지금의 대통령 주변에 있는 사람들은 외교 전문가가 아닙니다. 그들이 하는 방식은 일본 측에서 보면 조금은 지나친 부분도 있을지 모르겠습니다만, 그건 어른스럽게 너그럽게 봐주십시오."

대사의 말은 중요한 의미를 갖고 있었다. 이번 100억 달러 이야기도, 이것은 대통령의 측근으로 지금까지 외교에 거의 관여하지 않았던 자로부터 나온 이야기라는 것을 암시하는 것이 아닌가. 그렇다면 그 측근이란 누구일까. 다카시마는 그렇게 생각했음에 틀림없지만, 이때가 기회다 싶어 화제를 바꿨다.

"그런데 다른 이야기라고나 할까요, 본 주제로 들어갑시다."

다카시마는 그렇게 말하고 노신영 장관과 스노베 대사의 회담에 언급하면서 100억 달러 건을 꺼냈다.

차관은 많은 것을 말하지 않았다. 다만, 사전 협의나 준비도 없이 느닷없이 장관이 말을 꺼냄으로써 말 그대로 '어안이 벙벙해진' 일본의 감정이 전해지도록 강하면서도 신중하게 단어를 선택했다.

"물론"이라고 대사는 일단 차관이 한 말에 동의하는 듯한 태도를 보였다. 그리고 몇 초간 무언가를 생각하는 듯 침묵한 채 정맥이 드러난 불그스름해진 양손을 끼고 밑을 내려다봤다. 그리고 얼마 지나지 않아 입을 열었다.

"그러나 차관 각하, 어안이 벙벙해진 이야기를 지금까지와 같이 뒤에서 비밀스럽게 정계의 요로나 총리 관저에 전하지 않고 정정당당하게 정면으로 장관과 대사라는 정식 외교 루트로 이야기를 시작했다는 것을 일본 측은 어떻게 평가하십니까? 차관 각하는 준비도 없이 사무적인 이야기도 없이 느닷없다고 말씀하시지만 몰래 밀사라도 파견해서 자민당의 거물에게 접근하는 게 좋았다고 말씀하시는 겁니까?"

이것이 후미에(踏み絵 : 무엇인가를 조사하거나 시험하기 위해 밟게 하는 그림, 역자 주)라는 것을 일본 측은 한순간에 깨달았다.

여기에 있는 것은 경제적 요구가 아니다. 대단히 정치적인, 고도로 정치적인 요구다. 더구나 그것을 부탁으로 하는 게 아니라 마치 일본이 의무로서 제공하지 않으면 안 되는 듯 꺼내 들었던 것이다.

가공할 작전이며, 대담한 외교 수법이다. 다만, 만약 실패할 경우 한국 정권의 목숨을 내놓을 수도 있지 않은가.

"알겠습니다."

다카시마는 그렇게 중얼거리며 식은 커피를 들이켰다.

"어쨌든지 앞으로 연락을 자주 합시다. 또한 노신영 장관의 방일 시기도 확정하지 않으면 안 됩니다. 그렇게 하기 위해서는 판결문 건도 경제협력 건도 의견을 조금 더 좁혀 두지 않으면……."

"판결문 건은 잊어버립시다."

그렇게 말하고 조용히 대사는 자리에서 일어났다.[16]

반일 교육을 받은 세대의 생각

다카시마-최경록 회담을 비롯하여 당시 한일 간의 교섭을 보면 일본 측은 한국의 대응에 놀랐고 강한 불신감을 갖고 있었다는 것을 알 수 있다. 한편 일본 외교당국도 한국 신정권의 일본에 대한 불만과 패기 역시 강렬하여 그것이 한일 관계에 영향을 미치고 있다는 것은 눈치채고 있었다.

예를 들면, 노신영 장관의 대일 요청 직전, 일본의 관계와 재계 관계자 모임에서 최경록 한국대사가 오프 더 레코드를 전제로 솔

---

16) 본 회담 모습은 필자의 메모에 의함.

직하게 말한 내용은 일본 측 내부에 충분히 알려져 있었다.

이 모임에서 최 대사는 두 가지 점에 대해서 일본에 대한 불만을 전달하였으며, 동시에 한국의 정치적 상황과 관련하여 대일 경고 차원에서 몇 가지를 강조했다. 즉 다음과 같은 점이다.

(1) 한국인의 솔직한 감정을 말하자면 "김대중을 납치했다"고 말하는 동한 사람의 인권을 가지고 대소동을 벌이면서도 북한에 귀환한 일본인 처의 소식이 전혀 알려지고 있지 않는데도 그들의 인권에 대해서는 문제삼지 않는 것은 납득할 수 없다.

(2) 일본의 대한, 대북 태도는 균형이 결여되어 있다. 일본의 학교 교과서에는 북한이 천국으로, 한국은 지옥인 것처럼 기술되어 있지만 이것은 심각한 편견 내지는 선입견이다.

(3) 한국에서 현재 45세 정도인 소위 차세대 사람들은 이승만의 반일 교육을 받고 자란 세대이며, 무슨 일이든 간에 일본에 반발하고 반대할 권리가 있는 것처럼 생각하고, 일본을 쳐부수는 것이 최대 사명인 것처럼 생각한다. (문제는) 이 세대가 지금 한국 지도층의 중심이 되고 있다는 것이다.[17]

미일 동맹을 둘러싼 혼란

이와 같이 한일 양국은 커다란 차이를 갖고 100억 달러 경제협력 문제라는 난문제를 안게 되었지만, 우선 신임 외교장관 회담이라는 형태로 교섭의 제1막이 시작되려 했다.

하지만 이번엔 예상하지 못한 사태가 발생했다. 그것은 갑작스런 이토 외상의 사임이었다.

1981년 5월 4일부터 9일까지 미국을 방문했던 스즈키 총리는 레이건 대통령과 공동성명을 발표했다. 이 성명에서 미일 정상회담의 공식문서로는 처음으로 미일 관계를 '동맹'이라고 표현했다. 이것은 마침 레이건 정권이 소련의 군비 확장에 신경을 곤두세우면서 대소 전략 강화를 주장했던 만큼 소련에 대항하기 위해 일본이 군사력을 강화하고 미국과의 관계를 견고히 하려는 자세를 표현한 것으로 받아들여졌다. 이것은 일본 국내에서도 크게 보도되었다.[18]

또한 이 문제와 관련하여 미일 '동맹'은 군사력 증강을 의미하지 않으며, 동맹이라는 말은 군사적 의미를 포함하지 않는다는 총리 관저 측의 설명과 동맹 관계는 당연히 군사적 요소를 포함한다는 외무성(사무당국)의 설명 사이에 표현상의 모순이 발생했다. 여기에 공동성명 작성 과정에서 총리에 대한 사전 설명이나 양해 유무라는 문제가 겹쳤다. 그 결과 혼란의 책임을 지는 형태로 이토 외상, 다카시마 외무차관이 사임하고 소노다 스나오(園田直), 스노베 외무차관이라는 새로운 진용이 등장했다.

---

17) 1981년 4월 24일자 외무성 아시아국 북동아시아과 조서(調書), '최경록 대사의 한일 관계에 관한 담화(崔慶祿大使の日韓関係に関する談話)'.

18) 1981년 5월 9일자 「아사히신문(朝日新聞)」 및 동 해설난의 '미일 공동성명' 등 참조.

이 사건은 두 가지 의미에서 한일 간의 드라마 진행을 중단시켰다.

하나는 일본의 외상 교체 결과 곧바로 한일 외교장관 회담을 개최하는 것이 곤란해졌다는 점이다.

둘째로는 '동맹'이란 표현을 둘러싼 일본 국내의 혼란은 그 배후에 극동의 안전보장에 대한 레이건 정권과 스즈키 내각의 인식 사이에 (말이나 표현이 일치했다고는 해도 실제로는) 상당한 차이가 있다는 것이 다시 한 번 분명해졌다는 것이다.

이것은 한일 관계의 조정을 더욱 어렵게 하는 요인 하나가 다시 한 번 표면화되었다는 것을 의미하기도 했다. 즉 한일 외교장관 간 접촉이나 정상 간의 접촉은 신중을 기해야 한다는 분위기가 일본 측에서 더욱 강해졌던 것이다.

미국을 움직이는 한국

이런 '사건'의 전후를 통해 일본 측은 세 가지 점에서 정보를 수집하고 생각을 정리했다.

하나는 한일 경제협력 문제에 대한 미국의 관여 유무와 정도의 문제였다.

당초 4월 중순 스노베 대사가 이임 인사차 남덕우 총리를 방문했을 때 남 총리가 "한국에 대한 경제적 지원에 관해 미국도 일본이 더 많은 지원을 해 줄 것을 바라고 있다"고 말했던 것으로 봐서[19] 일본에 대한 한국의 거액의 경제협력 요청 배후에 미국의 지지가 있지 않은가 하는 견해가 일본 정부 당국에 있었던 것은 당연했다.

그런 의미에서 5월 7일 워싱턴에서 열린 미일 정상회담은 말하자면 미국의 태도를 확인해 볼 수 있는 절호의 찬스였다. 이 회담에서 스즈키 총리는 한반도 문제에 대해서 다음과 같이 말했다.

"한국에 대해서는 지난번 전두환 대통령 방미 시 귀 대통령(레이건)이 주한 미군의 계속 주둔을 결정하신 것은 한반도의 평화와 안정을 위해 매우 효과적인 훌륭한 결단이었다고 생각합니다. 우리 나라로서는 한국을 군사적으로 지원하는 것은 헌법상 불가능하지만 그 이외는 경제·기술·문화 등 모든 면에서 협력해 왔으며, 앞으로도 경제협력 등의 면에서 한층 협력해 갈 생각입니다. 이러한 우리 나라의 경제협력과 주한 미군의 주둔이 서로 어울려 한국이 북으로부터의 침략을 억지할 수 있고 한반도의 평화와 안정이 확실하게 유지될 것을 기대하고 있습니다."[20]

이에 대해서 레이건 대통령이 한국에 대한 경제협력 문제를 직접 언급했다는 기록은 없지만, 관련 발언으로 5월 8일의 두 번째 정상

---

19) 4월 17일자 주한 일본대사가 외무대신에게 보낸 전보 제941호.
20) 5월 15일자 경협정(경제협력국정책과) 문서, '스즈키 총리 방미 시의 정상회담 기록(鈴木総理訪米の際の首脳会談記録)'(經濟部分).

회담에서 방위 문제나 소련의 위협과 관련지어 다음과 같이 말했던 것은 주목할 만하다.

"귀 총리(스즈키)께서 말씀하신 대로 개발도상국(Emerging Nations)을 도울 필요가 있다는 것에는 동감하며, 그런 면에서 일본이 여러 가지 일을 해 왔습니다. 동시에 우리들은 이러한 원조가 헛되이 끝나지 않고 소련의 침략을 억지한다는 견지에서 가장 효과가 큰 국가들(Points for Great Return)에게 중점적으로 향할 수 있도록 더욱 밀접하게 협의해 갈 필요가 있다고 생각합니다."[21]

여기서 레이건 대통령이 말한 "소련의 침략을 억지한다는 견지에서 가장 효과가 큰 국가들" 속에 한국이 포함되는지 아닌지는 반드시 명확하지는 않다. 그러나 스즈키 총리의 발언과 함께 생각해 보면 일본 측도 미국 측도 한국에 대한 경제협력의 중요성에 대해서는 의견 일치를 봤다. 하지만 미국 측은 이것을 안전보장 문제의 일환으로 보았던 데 비해서 일본은 한국의 사회, 경제적 안정을 위해서라고 봤던 점에서 차이가 있었다고 말할 수 있다.

어쨌든지 미일 정상회담은 앞에서 언급한 '동맹 문제'를 둘러싼 혼선도 있어서 명확한 미일 간의 의사소통의 기회가 되었다고는 말하기 어려웠으며, 이와 같은 경위도 있어서 외교당국은 5월 중순 한국에 대한 미국의 시사가 있었는지 확인해 줄 것을 미국에 직접 요청했다.

이것은 직접적으로는 도쿄 외교당국이 다음과 같은 정보를 접했기 때문이었다. 즉 "일본은 한국에 대한 군사적 협력은 불가능하지만 경제협력은 가능하며, 미 국방부는 한국 정부에 대해 일본에게 대한(對韓) 경제협력 강화를 요청하도록 시사했다"[22]라는 정보였다.

일본 측의 확인 요청에 대해서 미국 정부의 한국문제 담당자는 미국 측이 한국에 대하여 대일 경제협력 요청을 시사했던 적은 없지만, 전두환 대통령이 미국을 방문했을 때 일본의 대한 경제협력 강화에 대해 미국도 일본에 압력을 행사해 주었으면 좋겠다는 취지의 요청을 미국에 한 적은 있다고 회답했다.[23]

이런 경위에 비춰 보아 한국 측이 미국에게 측면에서 대일 접촉을 하도록 요청했던 것은 사실이지만, 미국으로부터 일본에 대해 직접적인 형태로 대한 경제협력 강화 '요청'이 있었다는 증거를 찾기는 어렵다.

아마 미국 측으로서도 밖으로 드러나는 일본에 대한 요청은 일본에서 미국의 '압력'으로 받아들여져 스즈키 정권하에서는 역효과가 날 수도 있다고 판단했을 것이다.

실제로 그 뒤에도 대한 경제협력 문제로 미국정부 당국이 직접 일본의 외교당국에게 요청하거나 접근했었다는 사실은 확인되지

---

21) 위와 같음.
22) 5월 1일자 외무대신이 주미 일본대사에게 보낸 전보 제2055호.
23) 5월 19일자 주한 일본대사가 외무대신에게 보낸 전보 제1184호.

않고 있다.[24)]

박정희 정권과는 다른 형태의 한일 관계

이러한 정세하에서 일본 외교당국은 한국 국내정세와 전두환 대통령의 의중을 파악하는 것이 중요하다고 생각해 이를 위한 정보 수집에 열중했다.

한국 국내정세는 특히 소위 신세대의 사고방식을 파악하는 것이 중시되었다. 예를 들면, 그런 신세대 지도층의 대표 격이며 전 대통령의 대일 정책 입안에 있어서 큰 역할을 한 것으로 생각되었던 허문도 대통령 정무비서관에 대해서는 허 비서관과 기자 시절부터 사귀어 왔던 외무성 북동아시아과의 마치다 미쓰구(町田貢) 과장보좌가 한국에 파견되어 허문도의 생각을 확인하기도 했다.[25)]

이런 시도를 통해 '신세대' 사람들은 박 정권 시대의 한일 관계에 대해 독자적인 인식을 가지고 있으며 박 정권 시대와는 다른 형태의 한일 관계를 수립하고 싶어 하는 감정이 대단히 강하다는 것이 다시 한 번 분명해졌다. 이 점은 예를 들면 신임 주한 일본대사 마

---

24) 당시 외무성 아시아국 관계자와의 인터뷰에 의함.
25) 주5)와 같음.

에다 도시카즈(前田利一)의 발언을 비판한 한국 신문의 논설에도 잘 설명되어 있었다.

이 논설은 마에다가 한국에서 대두하는 신세대에 대해 "(예전의) 일본어 세대가 물러나고 (이제는) 반공과 반일을 국시로 하고 일본에 대한 이미지가 매우 나빴던 이승만 시대의 교육을 받았던 사람들이 한국에서 일선에 나섰다"고 말했다면서 이 발언을 두고 다음과 같이 지적했다.

"(마에다가 말한) 한글세대의 일본 이미지론에 대해서는 특히 인식 착오가 심각하다. 개혁 주도 세력이 일제식민지 교육을 받지 않았다는 것은 분명하지만, 그 사상과 철학은 반일이라기보다는 순수한 민족주의 정신이 투철하며 정치부패의 온상이었던 한일의 유착 관계를 청산하고 새로운 한일 관계를 재구축하려는 의지로 가득차 있다고 보는 것이 타당하다."[26]

또한 전두환 대통령의 생각에 대해서는 외교당국은 예를 들면 5월 15일에 전 대통령이 일본의 지지(時事)통신과 한 단독 인터뷰에 주목했다.

특히, 인터뷰에서 전두환이 한일 양국은 '운명 공동체'라고 밝히면서 일본이 한반도의 전략적 중요성에 대해 올바른 인식을 갖기

---

[26] 5월 6일자 「경향신문」 기사, '마에다 대사의 저의는 무엇인가'.

바란다고 말했던 것은[27] 다시 한 번 전두환 정권의 생각을 일본 측에 확인해 주는 것이었다.

또한 조금 시기는 늦지만 한일 외교장관 회담 전에 전두환 대통령과 직접 회담했던 일본 측 요인으로는 아베 신타로(安倍晋太郎) 자민당 정무조사회 회장이 있었다. 아베와의 회담에서 전두환은 한반도에는 "현실적인 위험이 존재한다"고 했으며, 또한 미국과는 완전한 의견 일치를 봤으며 "이제는 한반도의 안전보장 문제에 높은 차원에서" 일본이 협력해 주었으면 좋겠다고 말했다.[28]

100억 달러가 필요한 이유

이러한 타진과 정보 수집과 함께 일본 정부 관계자, 특히 경제협력 업무 관계자가 신경을 썼던 것은 때마침 시작되려 했던 한국의 경제개발 5개년 계획과 대일 경제협력 요청과의 관계였다.

당초 한국이 수립한 제5차 경제개발 5개년 계획의 주요 지표는 도표-1과 같다.[29]

---

27) 5월 18일자 주한 일본대사가 외무대신에게 보낸 전보 제1167호.
28) 6월 19일자 주한 일본대사가 외무대신에게 보낸 전보 제1428호.
29) 1981년 6월 8일자 외무성 아시아국 북동아시아과 작성 자료, '한국의 제5차 경제사회발전 5개년 계획 중간보고(韓国の第五次経済社会発展五ヶ年計画中間報告)'.

	단위	1981	1986	연평균 증가율 (1982~1986)
GNP	억 달러	658	1403	7.5
인구	100만 명	38.7	41.8	1.56
경제활동인구	100만 명	14.9	17.2	2.9
취업인구	100만 명	14.2	16.5	3.0
1인당 GNP	달러	1,696	3,334	5.8
상품수출 실질증가율	억 달러 %	205 10.4	527 12.2	– 11.9
상품수입 실질증가율	억 달러 %	260 8.7	560 9.7	– 8.0
경상수지	억 달러	–55	–38	–
도매물가 상승률	%	20–25	7.0	9.0
투자율	%	32.0	32.9	–
국내저축률	%	22.9	29.6	–
실업률	%	4.9	3.6	–

도표-1 한국의 제5차 경제개발 5개년 계획의 주요 지표

(한국 정부 자료를 바탕으로 당시의 외무성 경제협력국이 업무참고용으로 작성한 자료에 의함)

　이 계획에서 외화 조달은 도표-2처럼 상정되어 있었다.[30]

　이 숫자에 비춰 보면 5년 동안 일본으로부터 100억 달러의 공적 원조 내지 자금을 도입하려는 생각은 5개년 계획의 자금도입 계획으로 봐서도 액수가 지나치게 많다고 (일본 측에서는) 생각하였다.

　실제로 주한 일본대사관 직원이 5개년 계획의 자금도입 계획에

---

30) 1981년 5월 10일자 「한국경제신문」 기사.

서 일본의 특정 역할이 기대되고 있는지 어떤지를 한국국제경제원 관계자에게 물어봤는데, "특별히 없다"는 대답이 돌아왔다.[31]

도표-2 한국의 외화조달 예정			
계획기간 1982~1986년	**외자소요액** 535억 8500만 달러 **연평균** 약 100억 달러		
	금융차입 19.4% 103억 8000만 달러	**상업차관 및 공공차관** 80.6% 432억 500만 달러	
		1년 이상의 장기차관	**1년 미만의 단기차관**
		365억 500만 달러 68.1%	67억 달러 12.5%
외환보유고	1981년 70억 달러	1982년 89억 달러	1985년 98억 달러
			1986년 110억 달러

이러한 조사와 타진을 통해 한국의 대일 경제협력 요청은 안보 문제를 중심으로 한 대단히 정치적 색채가 강한 것이었으며, 한국 정부 내에서도 그 경제적 효과나 의미에 대해 충분한 검토를 거친 것이 아니라는 것이 분명해졌다.

이렇게 해서 1981년 5월 이후 일본 당국 입장에서 보면 대일 경제협력 요청에 관한 한국 측의 진의, 특히 정치적 의도가 점점 분명해졌다.

그 결과 경제협력에 관한 요청은 우선 정치적 차원에서의 협의로 시작해야 한다는 흐름이 생겨났다. 또한 일본 측 외상이 교체된 이상 새로운 외교장관 회담을 여는 것이 선결과제라고 생각되었다. 그 결과 국회 일정을 보면서 6월 중순 내지 하순에 한일 외교장관 회담을 개최한다는 것이 한일 사이에 거의 양해되었던 것이다.[32]

한국의 '체면' 외교

이렇게 해서 한일 외교장관 회담 개최를 위한 준비가 합의 혹은 양해된 직후 이것이 한국 신문에 실렸다. 그리고 한국 외무장관의 일본 방문이라는 글자가 신문에 나오자마자 한국 국내에서 이 시기에 무엇을 하러 일본에 가느냐, 일본은 한국의 요구에 대해서 눈도 깜짝하지 않지 않느냐, 노신영 장관은 일본에 가서 이 문제 해결을 위한 돌파구를 열 수 있는가 하는 목소리가 터져 나왔다.

그래서 생각해 낸 안이었을 테지만, 외무장관의 방일은 한국 측이 제안한 것이 아니라 일본 측 요청에 입각한 것이라는 것을 분명하게 밝히고 싶다는 것이 한국 측에서 발표되었다.

"그러한 사정이 있기 때문에 우선 확실하게 일본 측이 한국 외무부장관의 방일을 요청하고, 방일은 일본의 요청에 응해 이루어진

---

31) 1981년 5월 20일자 주한 일본대사가 외무대신에게 보낸 전보 제1200호.
32) 당시의 외무성 아시아국 관계자와의 인터뷰에 의함.

다는 것을 밝히고 싶습니다."

최경록 대사로부터 스노베 차관에게 이와 같은 요청이 있었다.

스노베는 냉정했다.

"어찌되었든지 간에 일본 측의 요청으로 오시는 것이기 때문에 그 부분에 대한 설명은 한국 측 사정에 유리하게"라는 취지로 대답했다.

그렇지만 일본과 한국 사이의 절충은 그것만으로 끝나지는 않았다.

다음 날 서울의 일본대사에게 외무부장관이 직접 전화를 걸어 일본의 초청에 응하게 되면 외무장관으로서는 첫 일본 방문이기 때문에 천황 알현과 스즈키 총리 면담을 하고 싶다는 요청을 했다.

"또 '체면' 외교인가. 한국은 얼굴만 생각하지 정작 중요한 교섭은 어떻게 할 생각인가"라는 목소리가 일본 측에서 나왔다.

천황 알현은 국무총리라면 모르겠지만 장관의 경우 거의 불가능한 일이며, 총리와의 회견도 관저 상황을 확인해야 하지만 어려울 것이다, 주일 한국대사관에 그렇게 전달하자 대사가 곧바로 차관에게 전화를 걸어왔다.

천황 알현은 어쩔 수 없지만 총리 예방은 꼭 했으면 좋겠다, 대통령의 친서를 가지고 갈 예정이라는 것이다.

북동아시아과에서 총리 관저의 비서관에게 경위를 설명하고 예방을 타진하자 "대신과의 관계는 괜찮은가, 한국 외무장관이 총리를 만나게 하는 것에 대해서 소노다 외상은 뭐라고 말하는가?"라는 반응이었다.

이런 관저의 반응은 스즈키 내각의 각료 가운데 소노다의 입장이 미묘할 뿐만 아니라 포스트 스즈키 정국을 내다보고 기싸움을 하는 각료도 있다는 것을 암시하는 것이라고 생각되었다. 그래서 하나의 묘안을 내놓았다.

"가능한 한 사정을 봐서 총리를 만나게 하겠지만 일정을 미리 약속할 수는 없다고 한국 측에 말해 두고 노 장관의 방일 후 소노다 대신이 직접 장관을 데리고 관저로 가는 형식을 취하면 어떻겠느냐"하는 안이었다.

그런데 며칠 후 서울의 마에다 대사는 노신영 장관에게 초치되어 갔다. 그는 난처하다는 듯 얼굴을 찌푸리고 있던 노 장관으로부터 "일본 방문은 공식적인 것이 아니라 마침 그때 미국에 갈 예정이기 때문에 돌아오는 길에 일본에 들르고 싶다. 일본 방문은 공식 방문이라기보다 잠시 들르는 것으로 하고 싶다"는 말을 들었던 것이다.

말하자면 일본 측은 한국의 '체면' 외교와 국내 사정에 놀아난 모양새가 되었던 것이다. 하지만 결국 외교장관 회담은 6월 말 일본에서 개최하게 되었다.[33]

---

[33] 이 부분의 일련의 동향에 대해서는 필자의 메모에 의함.

또다시 연기된 외교장관 회담의 전말

그런데 5월 말이 되자, 일본 측은 외교장관 회담의 연기를 다시 제기하지 않을 수 없게 되었다. 여기에는 몇 가지 사정이 있었다.

첫째, 한국 측은 경제협력 문제에 대해서 '정치적 결단'을 요구하고 있었으며, 외교장관 회담이 열리면 일본 측으로서 어떤 방침을 보여 줘야 한다. 그러나 한국 측의 강경한 태도로 봐서 쉽게 일본 측의 타협안을 만들 수 없으며, 외교장관 회담이 '결렬'로 끝날 우려도 있었다. 그렇게 되면 오히려 한일 관계를 악화시킬 수 있다. 이런 우려가 깊어졌기 때문이다.

둘째, 정상회담과의 관계다. 일본에서 외교장관 회담이 열리게 된다면 한국 외무장관의 스즈키 총리 예방이 이뤄지지만 일본 정부 내의 정책 조정이 아직 거의 이뤄지지 않은 단계에서의 그런 회견은 예측하지 못한 사태를 초래할 우려가 있다는 것이었다.

이 점에 대해서는 아마도 신임 소노다 외상과 스즈키 총리의 미묘한 관계도 영향을 미쳤을 것이다.

즉 전임 이토 외상과 스즈키 총리가 자민당의 같은 파벌에 속해 외교정책에 대해서도 비교적 비슷한 생각을 갖고 있었던 데 비해 소노다 외상은 스즈키 총리와는 파벌도 다르고 사상적 성향도 상당히 달랐다. 그렇기 때문에 소노다 외상으로서는 총리 의중과의 조정에 특히 더 신경을 쓸 필요가 있었다.

특히, 이토 외상의 직접적인 사임 사유가 미일 공동성명을 둘러싼 총리 관저와 외무성 사이의 입장 차이에 있었던 만큼 소노다 외상은 총리 관저와의 관계에 더욱더 주의를 기울이지 않으면 안 되었다.[34]

그런 만큼 1981년 5월부터 6월에 걸쳐 한일 관계에 나타난 난문제에 대해 총리와 의견 조정을 하는 것은 시기상조라고 소노다가 판단했던 것으로 생각된다.

셋째, 미일 '동맹' 문제의 여파가 남아 있던 바로 그때 미국 군함의 핵 반입 문제가 발생해 국회 대책 등으로 외상과 외교당국이 눈코 뜰 새 없이 바빴던 것도 외교장관 회담 연기의 한 요인이 되었다고 볼 수 있다.[35]

어쨌든지 외교장관 회담의 연기는 한국 측에 일본은 '무례하다'는 생각을 갖게 했으며,[36] 한일 관계를 더욱 긴장시키는 요인이 되었다. 그렇지만 이 시기 양국 간 관계를 더욱더 긴장시킨 사건이 발생했다.

그것은 북한 '요인'의 일본 입국 문제였다.

---

34) 외교장관 회담의 연기에 대해 보도한 「조선일보」 기사도 간접적이지만 이러한 관측을 풍기고 있었다. 5월 30일자 주한 일본대사가 외무대신에게 보낸 전보 제1281호.
35) 위 전보에 인용된 「한국일보」 기사.
36) 주34)의 「조선일보」 기사.

북한 '요인(要人)'의 일본 방문 문제

북한 노동당의 중앙위원 가운데 한 명인 현준극이 대외문화연락위원회 대표 자격으로 일본 입국 비자를 신청했다.

이에 대해서 한국 정부는 현준극의 일본 방문은 겉으로는 문화사절을 표방하고 있지만 속으로는 정치 목적을 위한 것이며, 또한 그가 예전에 (1977년) 일본을 방문했을 때 한국을 중상하는 정치 활동을 한 전력이 있다면서 입국을 거부하도록 강하게 일본 정부에 요청해 왔다.[37]

이에 대해 일본 정부는 "현준극은 일본에서 정치 활동을 하지 않는다"고 일본 측 초청 단체가 확약한다면 그의 입국 거부는 일본 법령상 곤란하다는 취지로 설명했다.[38]

그러나 한국 정부는 '북한' 요인의 방일은 한일 외교장관 회담 날짜가 연기되고 그것도 한일 관계가 긴장되고 있는 만큼 '시기적으로도' 용인하기 어렵다면서[39] 그의 비자 거부 요청 수준을 점차 높

---

37) 요청은 거듭해서 이뤄졌던 것으로 보인다. 그 일례로서 1981년 5월 25일 한국 외무부 아시아국장이 주한 일본대사관의 무라오카(村岡) 공사에게 한 요청을 들 수 있다(주한 일본대사가 외무대신에게 보낸 전보 제1230호).
38) 당시의 외무성 아시아국 북동아시아과 관계자와의 인터뷰.
39) 주37)과 같음.
40) 1981년 6월 4일자 주한 일본대사가 외무대신에게 보낸 전보 제1311호.

여 대사 내지 장차관급에서 요청하게 되어[40] 한일 간의 커다란 정치 문제가 되었다.

이와 같이 한일 사이에 이 문제를 둘러싸고 긴장이 고조되었던 배경에는 일본 국내의 정치 상황도 작용했다. 즉 스즈키 내각은 국회 차원의 이유도 있고 해서 야당인 사회당의 동향에 신경을 쓰고 있었지만, 현준극의 방일 배후에는 사회당 관계자가 관여하고 있었다. 그들 관계자들은 스즈키 내각이 남북대화와 한반도의 긴장 완화를 표방하고 있는 것을 중시하고 현준극의 방일은 남북대화를 위한 분위기 조성을 위한 것이기도 하다고 주장하면서 내각에 대한 압력을 강화했다.

마침 일본에서는 김대중에 대한 사형 판결(그 뒤 무기로 감형)이나 광주 사건의 여파가 남아 전두환 정권의 '체질'에 대한 비판이 강했으며, 일본 정부로서 현준극의 입국을 거부하는 것은 일본 국내에서의 반발을 더욱 부채질할 상황이었다.

또한 이 문제가 한일 간에 표면화되기 전 일본 국내에서는 이에 대한 처리 방침이 논의되었는데, 당시 외상은 이토 마사요시였다. 이토는 (앞에서 언급한 대로) 이전에 북한을 방문한 적이 있고, 그런 경위도 있고 해서 현준극의 일본 입국도 문제가 없다는 생각이었다. 그런 상황하에서 일본 측 관계자도 북한에 초청장을 보냄으로써 현준극의 일본 방문 일정이 결정되었던 것이었다.

그렇기 때문에 5월 내지 6월의 시점에서 현준극의 입국 거부 방

4일자 주한 일본대사가 외무대신에게 보낸 전보 제1311호.

침을 새삼스럽게 내놓는 것은 북한 및 일본 측 관계자의 '체면'을 현저하게 훼손하는 것이었다.[41]

한국의 요청에 대해서 당초 소노다 외상을 비롯한 외교당국은 외국인의 일본 입국 여부를 판단하는 것은 일본의 주권 문제라는 취지의 발언으로 한국 측의 강경한 자세에 대처하려고 했다. 그러나 한국의 요구가 점차 격렬해지면서 현준국의 입국 허가는 이전 대신(이토) 재임 시에 이미 결정된 것으로, 지금에 와서 자신도 변경할 수 없다는 취지로 말을 바꾸게 되었다. 그 정도로 이 문제에 대한 한국 정부의 추궁은 격렬했다.

결국 일본 측은 한국 측의 거듭된 요청을 거부하고 현준극의 일본 방문을 허용했다. 하지만 그 결과 일본 측의 조치에 대한 불만의 의사표시로 최경록 주일대사가 갑작스럽게 한국으로 귀국하는 행동을 취해 한일 관계는 현저하게 악화되었다.

이렇게 해서 경제협력 교섭은 이를 위한 한일 외교장관 회담 개최 일시도 명확하게 정하지 못한 채 1981년 여름을 맞이하게 되었던 것이다.

---

41) 이 점에 대해서는 필자 자신의 당시 경험에 의함.

제2장

한일 간에 가로놓인
깊은 틈

외교장관 회담 재개

─────────

　'100억 달러' 경제협력 문제가 난항을 겪고 있는 가운데 북한 요인의 일본 입국 문제가 생겼기 때문에 한일 관계는 더욱 긴장이 고조되었다. 하지만 이것은 아이러니하게도 한일 양국, 특히 한국 측이 한일 간에 정치적 수준의 대화를 빨리하는 것이 필요하다는 의식을 역으로 갖게 했다.

　구체적으로는 주일 한국대사가 (북한 요인의 일본 입국에 대한 항의 의사표시를 겸해 한국으로 귀국한 후) 일본으로 귀임하자마자 소노다 외상과의 회담을 요청한 것에 잘 나타나 있다.

　7월 9일 소노다 주최 오찬 석상에서 최경록 대사는 한일 간의 청년교류 촉진 등 양국 간의 교류와 대화의 촉진을 강조함과 동시에 양국 외교장관 회담의 조기 개최를 주장했다.[1]

　이 회담에서 소노다는 때때로 팔찌 같은 금속제 장신구를 만지면서 시종일관 담담한 표정을 잃지 않았으며, 최 대사에게 변명하는

─────────

[1] 본회담 기록은 공표되지 않았지만, 그 개요는 1981년 7월 10일자 「동아일보」에 게재되어 있다.

것 같은 말은 하지 않았다. 한편 한일 양쪽 모두 국면 타개를 위한 의욕을 감추지 않았으며, 양국은 외교장관 회담을 "8월 중순 이후에 개최하는 데 합의"했다.[2]

일본 측이 그때까지 약간은 주저하다가 한일 외교장관 회담 개최를 결단했던 배경에는 다음과 같은 사정과 생각이 관련되어 있었다.

첫째, 말하자면 '정치적인 가스 빼기'가 필요했다. 한국 측은 그때까지 경제협력 문제의 '정치적' 협의와 일본 측의 '결단'을 요구했으며, 일본 측은 정치적 협의에 앞서 실무적인 협의를 하자고 주장했었다. 그렇지만 실무자 간 협의를 하기 위해서도 여기서 일단 외교장관 간의 접촉이 필요하며, 이를 통해 '정치적 가스 빼기'를 함으로써 한국 측의 체면을 세워 주는 형태를 취해야 한다는 생각이 강해졌다.

둘째, 소노다 외상은 자신이 직접 무대 앞에 나와서 지휘하는 스타일의 정치가로, 앞으로 한일 교섭을 궤도에 올리려면 외상이 직접 한국 측 생각을 충분히 들어 두는 것이 바람직하다는 생각이 있었다. 특히, 한국 측의 강경 자세를 외상 스스로가 체험하는 것이 중요하다는 생각이 (외교장관 회담을 너무 가볍게 여기는 것은 오히려 한국 측의 페이스에 말려들어 정치적인 관여를 강요받게 될 수 있다는 경계론을 누르고) 유력해지고 있었다.

---

2) 위 「동아일보」 기사.

그리고 셋째, 새로운 한일 간의 대화 루트 문제가 관련되어 있었다.

즉 한일 정부 간 대화가 이래저래 원칙론에 그쳐 서로 솔직한 대화를 할 수 있는 상태가 아니었으며, 이전까지 존재했던 한일 간의 의원이나 정계 유력인사 간의 대화 채널이 한국에서 신정권이 등장하면서 희박해짐에 따라 일본 정계에서는 새로운 한일 관계의 정치적 지렛대 역할을 하려는 움직임이 고조되고 있었다.

6월 중순 아이자와 히데유키(相沢英之) 자민당 의원의 방한, 같은 시기 자민당 정조회장 아베 신타로(安倍晋太郎)의 방한, 그리고 뒤를 이은 하타노 아키라(秦野章) 참의원 의원의 방한이 있었으며, 7월에는 일한의원연맹의 야스이 켄(安井謙) 참의원 의원 일행의 방한이 있었다.

이들 한국 방문자들은 각각 한국 측 요인들과 면담을 했으며,[3] 정부 요인만이(특히 외무대신 본인이) 언제까지나 한국 측과 직접 대화를 하지 않는다는 것은 외교 루트 면에서 바람직하지 않다는 견해가 정부 내부, 특히 외교당국 내부에서 대두하고 있었다.[4]

---

[3] 아이자와 의원에 대해서는 1981년 6월 11일자 주한 일본대사가 외무대신에게 보낸 전보 제1371호, 아베 정조회장에 대해서는 6월 19일자 동 전보 1428호와 다른 전보 참조. 하타노 의원에 대해서는 6월 21일자 동 전보 제1450호, 야스이 의원에 대해서는 7월 15일자 동 전보 제1639호.

[4] 이 점은 당시의 외무성 아사아국 관계자와의 인터뷰를 바탕으로 한 것임.

이런 사정을 배경으로 하여 한일 양쪽 사정을 감안하여 8월에 외교장관 회담을 개최하는 쪽으로 굳어져 갔다.

이와 거의 때를 같이 하여 그때까지 공식적으로는 공표되지 않았던 한일 경제협력 문제가 그 규모와 함께 보도되었다. 그 발단의 하나는 스즈키 총리가 7월 캐나다 오타와에서 열린 선진국정상회담을 마친 뒤 한일 관계의 조정이 커다란 다음 외교 과제로 입에 오르게 되었던 것이다.

예를 들면, 7월 23일자 「일본경제신문」은 '일한 조정, 다음 외교 과제'라는 제목의 기사에서 몇 가지 요인 때문에 한일 관계의 조정이 내각의 긴요한 외교 과제라고 보도했다.

즉 첫째, 김대중에 대한 사형 감형으로 한일 간 고위급 협의에서 김대중 문제를 제외할 수 있는 조건이 갖춰진 것이다. 둘째, 레이건 정권과 전두환 정권의 공동 보조가 확인되었기 때문에 미국으로서는 한일 관계의 강화를 일본의 극동에서의 '역할 분담'의 하나로 중시하고 있었다는 점이다. 셋째, 한국은 제5차 경제개발 5개년 계획의 시작을 눈앞에 두고 일본의 경제협력을 필요로 하고 있었다는 점 등의 이유가 제시되었다.[5]

---

5) 1981년 7월 23일자 「일본경제신문」 기사, '일한 조정, 다음 외교 과제(日韓調整　次の外交課題)'.

한국 정부의 가면

이렇게 한일 관계에 대한 일본 미디어의 관심 고조가 배경이 되어[6] 7월 하순 한국이 1조 3천억 엔(당시 환율로 약 60억 달러)에 달하는 거액의 경제협력을 일본에 요청했다는 사실이 명백한 형태로 일본 신문에 보도되기 시작했다.[7]

이 시점부터 그때까지 수면 아래에서 움직이기 시작했던 한일 간의 드라마는 말하자면 관객 앞에서 연기하는 드라마가 되어 갔다고 할 수 있다.

그러나 이 드라마가 시작하면서 나타난 특징은 일본과 한국의 보도 사이에 차이가 있었다는 것이다.

일본에서는 한국의 거액의 경제협력 요청이란 점이 센세이션하게 보도되어 구체적인 요구 금액까지 언급되었던 데 비해 한국 내 보도는 일본 측에서 대대적으로 보도된 사실만이 보도되었을 뿐이었다. 또한 일본 내에서 신문에 정보 유출(또는 정보조작)이 이뤄진 것에 대한 비판이 고조되었다. 다시 말해, 한국 측 요청의 배경이나

---

6) 8월의 외교장관 회담 개최에 대해서는 1981년 7월 23일 샌프란시스코에서 진행한 스즈키 총리의 기자회견에서도 언급되어 있다(1981년 7월 25일자 「일본경제신문」 기사, '韓国, 巨額の援助を日本に要請').

7) 예를 들면 주6)의 「일본경제신문」 기사.

액수 등에 대한 그들의 입장은 거의 보도되지 않았다.[8]

이것은 이 시점에서 한국 정부는 대일 경제협력 요청 금액이나 내용에 대해서 가능한 한 비밀로 해 두고 싶었다(즉 언론사에 내용을 설명하지 않았다)는 것을 의미했다.

그렇다면 왜 한국 정부는 자국 언론사에 일본과의 경제협력 교섭에 대한 설명을 하려 하지 않았던 것일까?

그 이유는 뜻밖에도 노신영 외무부장관과 일본의 정무차관 방한단과의 회담 시에 밝혀졌다. 이 회담에서 노 장관은 다음과 같이 발언했다.

"한국 신문기자가 나한테 '일본 신문에 외교장관 회담에 관해 여러 기사가 나와 있는데 한국 외무부는 아무 말도 하지 않는가?'라고 묻는데, 나는 언제나 '외교장관 회담에 관한 한 나는 그렇다'고 대답하고 있습니다. 이번 외교장관 회담에 관해서는 한국 측은 신문에 알리거나 잔치 분위기를 낼 만한 입장에 있지 않기 때문입니다.

(중략)

이번 외교장관 회담의 가장 중요한 문제는 경제협력 문제이지만, 이에 대해서도 가령 일본 정부 및 국민이 한국과의 새로운 관계 수립을 결의했다고 해도 도무지 실행할 수 없을 것 같은 것을 요구하면 한국 국민으로부터도 억지라는 비난의 목소리가 나올 것이 분명합니다. 그래서 나로서는 일본에게는 어려운 일이지만 이 정도는 일본으로서 결의가 있다면 실행할 수 있는 선에서 협의를 시작하고 싶다고 생각합니다. 하여간 결과적으로 한국 측은 도리에 맞지 않는 게 아니라 대일 영향력(레버리지)이 없고 국력이 일본에 뒤처지기 때문에 요구가 통하지 않았다는 것만은 피하고 싶습니다."[9]

노신영의 이런 발언은 한 가지를 의미했다. 즉 한국의 대일 경제 협력 요청 금액 및 내용이 너무 가볍게 보도되고, 그것이 실현되지 못했을 때 한국 측은 외교적 실패에 더해 체면도 실추되어 국내 정치상 곤란한 입장에 처하게 된다. 따라서 우선 일본 측과 비밀리에 절충을 하고 어느 정도 분명해지고 나서 공식적인 교섭에 들어가고 언론사에도 설명을 하고 싶다는 그런 생각이었다.

경직된 한국 측 태도의 배경

여기서 이 단계에서의 한국과 일본의 생각 차이를 한번 정리해 둘 필요가 있다.

한국의 속내(혹은 정리된 형태의 생각)는 공로명 외무차관보가 주한 무라오카 공사에게 설명한 것에 나타나 있다. 즉 공 차관보는 대일 경제협력 요청에 대한 한국 측의 기본적인 생각의 '기둥'으로 세 가지를 들었다.

---

8) 예를 들면 7월 28일자 「조선일보」 사설.
9) 1981년 8월 12일자 주한 일본대사가 외무대신에게 보낸 전보 제 1838호.

첫째는 한국의 군사비 부담이다. 공로명 자신의 말에 의하면, "한국은 현재 GNP의 6%, 예산의 36%를 군사비에 쓰고 있으며, 국가의 생존을 위해 거액의 군사비 지출을 계속하지 않을 수 없다"[10]는 것이었다.

둘째는 제5차 경제개발 5개년 계획과의 관계였다. 한국은 마침 새로운 경제개발 5개년 계획을 작성 중에 있으며, 계획을 실행하기 위한 자금이 필요하다는 것이었다(이 점은 첫 번째와 연동되어 있었다. 즉 군사비 지출 부담이 많았기 때문에 경제적인 면에서 자금이 부족하다는 논리였다).

셋째는 한국은 일본에 대해서 거액의 무역 적자를 내고 있지만, 이것은 간단히 해소할 수 있는 것이 아니다, 따라서 이런 구조적 적자를 메운다는 의미에서도 일본으로부터의 경제협력을 얻고 싶다는 것이었다.

그렇지만 이런 한국의 '논리' 뒤에는 전두환 정권의 대일 감정, 그리고 당시 한국 지식층의 상당한 사람들이 계속 가지고 있던 감정이 가로놓여 있었다. 냉정한 표현이기는 하지만 그 점을 일본 측에 솔직하게 지적했던 것은 노신영이었다.

노신영이 일본 정부 각 성의 정무차관 방한단과 회견했을 당시

---

10) 1981년 8월 7일자 주한 일본대사가 외무대신에게 보낸 전보 제 1812호.

한 말에는 다음과 같은 감정이 배어 있었다.[11]

첫째, 북한에 대한 격렬한 대항 의식, 특히 군사적 대항 의식이었다. 그는 "북은 틈만 있으면 무력으로 문제를 해결하려고 무력 증강에 전념하고 있다"고 말했으며, 이어 "한국은 이에 대항하지 않으면 안 되지만 지금 상태로는 1986년이 되어도 한국의 군사력은 북의 70~80%에도 미치지 못한다"고 말했다.[12]

둘째, 한국이 살을 깎아 내어 국방에 투자하고 있을 때 일본은 평화를 누리면서 경제적 이익을 올렸으며 한국으로부터 돈을 빨아들이고 있다는 감정이었다. 이 점은 노신영이 "과거 3년 동안에 (대일) 무역 적자가 95억 달러라는 것은 중동에서 한국 노동자들이 밤낮을 가리지 않고 벌어들인 것을 전부 일본에게 빼앗긴 것과 같다"는 말에도 잘 나타나 있다.[13]

박 대통령 암살이라는 미증유의 국난 중에 목숨과 명예를 걸고 신정권을 수립한 전두환과 그 부하, 장관, 관료의 입장에서 보면 미일 '동맹'은 군사적인 것이 아니라면서 태평성대를 탐하는 일본이 돈 버는 데 전념하는 것으로 비춰졌던 것이다.

셋째, 박정희 대통령 시대의 한일 유착을 씁쓸하게 보면서 이를

---

11) 노신영과 정무차관 일행의 회담에 대해서는 8월 12일자 주한 일본대사가 외무대신에게 보낸 전보 제 1838호.

12) 위와 같음.

13) 위와 같음.

14) 위와 같음.

청산하려는 생각이 있었다. 그것은 노신영이 외무부장관으로 있으면서 "국교 정상화 이후의 유착"을 단절해야 한다고 말했던 것에 가장 단적으로 나타나 있다.[14]

더불어 한국 측, 특히 노신영의 교섭 태도의 문제도 있었다. 노신영만이 아니라 허문도를 비롯한 전두환 정권의 대일 관계를 담당하던 주요 책임자는 일본의 '정(情)'에 호소하거나 아니면 인간관계에 의존하는 방법을 전혀 취하려 하지 않았다. 노신영은 "논리적으로 논의해 보면 충분히 일본 측 입장과 부합할" 것이라는 태도를 보였으며, 일본 측의 정치 상황에 맞춘 정치적 줄다리기를 하려고 하지 않았다.

사실을 사실이라고 호소할 뿐이라는 노신영의 교섭 방식은 일본 측의 반발을 크게 샀다.

예를 들면, 일본 측이 "안전보장 문제와 경제협력을 결부시키는 한국 측의 논리에 대해서 일본 내에서 여론이 반발하고 있다. 일본의 정치는 여론의 동향에 강하게 영향을 받기 때문에 이 점을 강조하면 한일 간의 상호 이해는 오히려 앞으로 나아가지 못할 우려가 있다"고 솔직하게 설명해도[15] 노신영은 사실은 사실이라면서 경제협력을 해 주면 그만큼 국방에 자금을 돌릴 수 있다는 설명을 반복할 뿐이었다.

---

14) 위와 같음.

이러한 노신영의 조금은 경직된 태도는 전두환 자신의 생각을 반영한 것이며, 노신영이 전두환의 충실한 대변자라는 것을 보여 주었다. 실제로 전두환 자신은 방한했던 일한의원연맹 대표단에게 다음과 같이 말했다. 즉 무엇보다도 전 대통령은 한국의 군사력 증강의 필요성을 강조했다.

"(북한에 대한 대화 제의에 대해서) 여기서 가장 중요한 것은 힘없는 자가 강자에게 싸움을 그만하자고 말해도 그 효과가 없다는 점입니다. 따라서 한국보다 두 배의 군사력을 가지고 있으며, 또한 소련의 지지를 받고 있는 북한에 대해서는 우리들 자신이 이에 대응하는 방위력 수준을 높이고, 이걸 바탕으로 한 제안을 통해 평화를 추구해 가야 합니다."[16]

또한 대일 무역 적자에 대해서도 다음과 같이 말했다.

"가난한 한국에게 있어서 최근 연평균 30억 달러라는 커다란 적자를 내고 있다는 것은 아무리 장사다, 거래다 해도 조금은 심하지 않은가요."[17]

---

15) 위와 같음.
16) 1981년 8월 13일자 주한 일본대사가 외무대신에게 보낸 전보 제 1847호.
17) 위와 같음.

당혹스러워하는 일본 정부

이러한 한국 측의 생각과 태도에 대해 일본 측의 입장은 어떠했는가.

우선 경제협력 정책 관계자, 즉 외무성 경제협력국, 대장성, 경제기획청 등의 관계 당국은 수십억 달러라는 금액의 거대함은 물론이거니와 애초부터 한국이 공적 자금의 원조를 요청하는 것 자체에 대해서 유보적인 입장이었다.

이런 유보적인 입장의 밑바닥에는 한국의 놀라운 경제 발전과 더불어 일본의 대한 경제협력 금액과 대응도 바뀌어야 한다는 생각이 있었다. 일본 측에서는 "한국도 이제는 개발도상국을 졸업하고 있다"는 생각이 지배적이었다. 그리고 사실 이런 생각에 입각해 1970년대의 대한 경제협력 형태도 바뀌고 있었다.

즉 1970년대 후반부터 대한 경제협력은 민간 주도로 주체가 바뀌고 있었다. 실제로 도표-3에 나타나 있는 바와 같이 공적 자금에 의한 경제협력의 중심이었던 엔 차관은 1970년대가 되면서 점차 줄고 있었다(소위 무상 경제협력은 1978년도로 종료되었다).

또한 대한 경제협력 내용도 전통적인 '인프라' 프로젝트(철도 · 고속도로 · 지하철 건설, 항만 정비, 댐 건설과 같은 경제 인프라와 직결된 프로젝트)에서 교육, 의료서비스 등 소위 사회개발 프로젝트로 이행하고 있었다.[18]

한일 경제협력자금 **100억 달러의 비밀**

도표-3 일본의 대한 엔 차관	
	엔 차관의 추이
1969~1971년도의 연평균	248
1972~1974년도의 연평균	236
1975~1977년도의 연평균	197

1981년 8월 5일자 외무성 경제협력국 작성 자료 「대한 경제협력」을 바탕으로 필자가 계산

여기에 더해 한국경제 전망이라는 문제도 있었다.

1981년 5월에 발표된 신 경제개발 5개년 계획 개정판에 따르면, 이 계획의 종료 연도인 1986년 한국의 1인당 국내 총생산은 3,471 달러에 달할 것으로 예상되고 저축률도 1981년도의 22.3%에서 29.6%로 상승하며 경상수지 적자도 54억 달러에서 36억 달러로 감소할 것으로 예상되었다.

이런 수치는 목표치이기는 하지만, 현실적이라고 생각되었다. 이 수치로 보면 한국이 신 경제개발 5개년 계획을 수행하는 데 있어서 대규모의 공적 자금을 외국으로부터 받아야 한다는 논거를 찾아보기가 어려웠다.

또한 한국 요청의 '정치성'은 일본 측을 현저히 당혹스럽게 하는

---

18) 1981년 8월 5일자 외무성 경제협력국 작성 자료, 「대한 경제협력(対韓経済協力)」 권말의 유상자금협력의 실적표에 의함.

것이었다.

극동의 안전보장에 공헌하고 있는 한국의 국방비 부담을 경감하기 위해 일본이 한국을 원조해야 한다는 생각은 다음과 같은 점에서 일본 측으로서는 납득하기 어려운 것이었다.

즉 일본은 주일 미군의 주둔 비용을 부담하는 형태로 미군의 극동에서의 안전보장 체제를 지원하고 있었으며, 이것은 한국의 안전보장에도 기여했다. 말하자면 한국과 일본은 (미군을 매개로) 공동으로 극동의 안전보장을 위해 노력하고 있었던 것이지, 일본이 한국의 방위 노력을 통해 일방적으로 은혜를 입고 있었던 것은 아니라는 것이다.[19]

또한 극동의 안전보장과 일본의 대한 경제협력을 직접 결부시키는 것은 일본의 경제협력에 대해 형태를 바꾼 군사협력의 색채를 갖게 함으로써 그때까지 일본의 기본적인 방침, 즉 전수방위(專守防衛) 정신에 반한다는 점도 고려되었다.[20]

극동의 안전보장과 일본에 대한 경제협력을 결부시키는 것은 단순히 일본 국내의 반발이나 정치적 설명이란 점에서 미묘한 문제였을 뿐만 아니라, 쿠데타로 성립한 '군사정권'인 전두환 정권의 정

---

19) 1981년 8월 7일 주한 일본대사관의 무라오카 공사가 공로명 외무차관보에게 한 의견 표명.

20) 1981년 8월 7일자 주한 일본대사가 외무대신에게 보낸 전보 제 1812호.

통성을 극동의 안전보장을 위해서라는 논리를 통해 전면적으로 승인할 것인가 아닌가 하는 문제이기도 했다. 그래서 이 점은 한반도에서의 남북대화를 촉진하고자 하는 스즈키 내각의 생각에 배치될 우려도 있었다.

이런 점들에 대한 우려를 외교당국의 당시 내부 정책보고서는 '대한 경제협력 시 예상되는 국내의 반발'이라는 형식을 빌려 다음과 같이 정리하고 있다.

(1) 전두환 체제는 군사파쇼정권이며, 이에 대해서 일본이 재정적인 도움을 주는 것은 한국의 민주화 흐름에 역행하는 것은 아닌가. 특히 김대중 사건이 완전히 해결되지 않은 채 정치 활동에 대한 규제가 엄격하게 실시되고 있는 현재 한국에 대해 경제협력을 하는 것은 일본의 한국에 대한 자세로서 납득할 수 없다.
(2) 한국에 대한 경제협력은 말하자면 한국에 대한 군사협력을 대신하는 것으로 한·미·일 군사동맹(강화)의 일환으로서 극동에서의 긴장을 격화시킨다.
(3) 남북 간의 긴장이 여전히 격렬하고 남북대화의 실마리조차 찾지 못하고 있는 현재, 그 한쪽 당사자인 한국에게만 거액의 경제협력을 하는 것은 한반도 정책으로서 이해하기 어렵다.[21]

따라서 한국과의 절충 시 일본 측은 현재로선 경제협력 요청에서 군사적 색채를 제거하는 것에 초점이 맞춰져야 한다는 것은 당연한 결과였다.

그러나 가령 한국 측이 제시한 요청 근거에서 군사적 혹은 안전 보장상의 요인이 빠질 경우 일본 측으로서는 과연 한국에 대한 거액의 경제협력을 합리화할 수 있는 정책상의 논리가 있는지 없는지가 커다란 문제였다.

특히, 한국 경제는 당시 중진국이라 불릴 정도의 수준이었으며, 소위 정부 개발 원조 대상국에서 벗어나고 있었다. 그런 나라에 대한 경제협력의 대폭적인 증액은 일본의 경제협력 정책의 일반적 원칙에서 벗어나는 것이었다.

이런 상황하에서 한국에 대한 거액의 공적 자금에 의한 경제협력의 필요성을 말하자면 '정치적 이유'에서 구축할 필요가 있었다.

왜냐하면, 거액의 경제협력 요청은 대통령 본인을 포함한 한국 정부 최고위층의 방침에 따른 것이며, 이에 어떤 형태로든 대응해야 하는 것은 김대중 재판 이후 긴장 상태가 계속된 가운데서도 한일 관계를 안정시키는 데 불가결하다는 인식이 외무성 간부, 특히 신임 스노베 차관과 기우치 아시아국장 등에게 강했기 때문이다.[22]

---

21) 1981년 8월 10일자 외무성 문서 「대한 경제협력 문제(対韓経済協力問題)」의 난외(欄外)에 "아시아국으로 되돌려진 경제협력국의 안(アジア局に投げ返した経協局の案)"이라고 되어 있으며, 내용으로 보아 아시아국 작성 문서에 경제협력국이 수정, 가필한 것으로 생각된다. 특히, 이 문서의 손으로 쓴 부분은 경제협력국이 수정, 가필한 부분으로 생각된다(본문 인용 부분은 모두 타이프로 쓰인 것이며, 내용으로 보아 아시아국을 중심으로 작성된 부분으로 생각된다).

22) 당시 필자가 두 사람과 접촉한 경험에 입각한 것임.

또 외무성 당국도 전체적으로 두 가지 이유로 대한 경제협력에 관한 논리를 제대로 정리해 둘 필요가 있었다.

하나는 경제협력국과 소위 경제협력 정책 결정의 중심인 4개 부처 가운데 외무성 이외의 성청(경제기획청, 재무성, 통산성)과 외무성 아시아국 관계자 사이에 사고방식 내지 방침 통일이 필요했다는 점이다.

다른 하나는 소노다 외상과 스즈키 총리의 한국에 대한 사고방식과 외무성 사무당국의 사고방식의 통일 내지 조정이 필요했다는 점이다.

대한(對韓) 경제협력의 '논리'

소노다 외상은 전임 이토 외상이 자민당의 소위 비둘기파 그룹에 속해 한반도의 남북대화를 강조했던 것과는 달리 보수적인 사고의 소유자로 인식되고 있었다. 그러나 스즈키 총리와 미야자와(宮沢喜一) 관방장관을 비롯한 구 오히라(大平)파의 핵심적인 인물들이 내각의 중추를 구성하고 있었던 만큼(그리고 아마도 국회 차원에서 북한과도 가까운 사회당을 과도하게 자극하고 싶지 않다는 생각도 있었던지) 소노다도 전두환 정권에 대해서는 대체로 냉정한 태도를 취하는 편이었다.

그런 만큼 외교당국으로서는 외교 정책상의 대한 경제협력의 '논리'를 확실하게 해 둘 필요가 있었다.

이 '논리'는 1981년 8월 시점에서 대체로 다음과 같은 것이었다.

(1) 한국은 3700만 명의 인구 가운데 2500만 명이 20대 미만으로 이루어진 아주 젊은 세대 중심의 국가가 되고 있다. 또 한국에서는 그런 분위기를 반영하여 40대 사람들이 사회의 중추를 차지하고 있으며, 지금은 하나의 세대교체가 이뤄지고 있다. 그리고 이와 맞물려 말 그대로 새로운 정치 체제가 시작되었다.

일본과 한국은 사이좋은 이웃 나라 관계에 있으며, 또한 역사적인 인연도 매우 깊다. 그러한 입장에 있는 일본이 한국의 새로운 출발, 새로운 세대 사람들에 의한 새로운 국가 건설에 응분의 협력을 해 나가는 것은 이웃 나라로서 당연히 해야 할 일이다.

(2) 한국은 내년에 제5차 경제개발 5개년 계획을 시작하지만, 그 시기에 다양한 경제적 어려움에 직면해 있다. 이를 재건하는 데 협력하는 것은 한국 경제와 민생 안정에 기여하는 것이다.

(3) 더구나 한국과 일본 사이에는 오랫동안 무역 불균형이 존재해 총액이 200억 달러 가까이 되고 있다. (본래 이것은 무역상의 문제이며, 경제협력 문제와는 다른 차원의 문제이기는 하지만) 이런 거액의 무역 불균형이 양국 사이에 응어리가 되지 않도록 하기 위해서라도 자금 협력이 필요하다.[23]

이런 생각에 입각하여 일본 정부의 교섭 방침은 다음과 같은 내

---

23) 주21)의 문서.

용이 중심을 이루게 되었다.

(1) 한국이 현재의 경제적 어려움을 극복하고 새로운 5개년 계획을 실행하는 데 필요한 (공적 자금에 의한) 경제협력을 실시한다. 금액은 지금까지의 액수를 상회하는 것이어도 좋지만, 대한 경제협력 전체는 민간 자본 주도형이어야 한다는 방침을 유지한다.

(2) 군사비를 떠안는다는 생각은 어디까지나 배제하지만, 원래 경제협력은 일본의 종합적인 안전보장 정책의 일환이며, 평화와 안정에 대한 기여가 애초 일본의 경제협력에 포함되어 있다는 점은 부정할 수 없다.

(3) 따라서 한국과의 교섭에서 가능한 한 구체적인 프로젝트 내용에 대한 협의를 철저하게 하고, 이에 기초해 경제협력 전체 액수와 내용을 확정해 가야 한다.[24]

이러한 방침에 따라 한국과의 교섭에서는 당분간 다음 두 가지에 초점을 맞추게 되었다. 즉 (1) 경제협력을 증대시키는 이유로서 안전보장 논의의 자리매김, (2) 전체 금액의 제시가 선행되어야 한다는 한국 측의 입장과 구체적인 프로젝트의 합계로 전체 액수를 결정하고자 하는 일본 측 입장의 조정이었다.

8월 중순에 예정되어 있던 한일 외교장관 회담에서는 바로 이 두 가지 문제를 둘러싼 협의가 이뤄질 것이 분명해졌다.

---

24) 1981년 8월 14일자 외무성 문서, 「대한 경제협력에 관한 국내 설명 모습(対韓経済協力に関する国内説明ぶり)」 및 같은 날짜의 외무성 문서 「대한 경제협력」.

한국 정부의 속사정

이러한 한일 간의 큰 차이를 눈앞에 두고 외교장관 회담 개최일이 다가오는 상황하에서 커다란 의문 하나가 생겼다. 그것은 한국의 교섭 태도였다.

과거 수개월의 절충 과정에서 일본의 입장이 확고하고 한국 측 요구가 경제적 합리성이 결여되어 있었던 것에 대해 일본 측의 여러 번에 걸친 지적이 있어서인지 한국 정부 당국도 그것에 대해 충분히 인식하고 있었을 것이며, 이대로는 도저히 교섭이 타결될 가망이 없다는 것이 분명해졌을 것이다. 그렇다면 한국 정부 당국도 교섭의 타결을 목표로 하고 있다면 자신들의 입장 수정을 진지하게 생각하고 그런 뒤 외교장관 회담에 임하는 것이 상식적이다.

그렇다면 한일 외교장관 회담 직전 당시의 한국 정부 내부에서는 일본과의 타협점을 찾기 위한 내부 조정이 이루어지고 있었던 것일까.

2011년 출판된 한국 외무부 고위관리의 회고록에 따르면, 한국 정부 내에서 한국의 입장을 수정할 것인가를 둘러싸고 격렬한 내부 대립이 있었다고 한다.

남덕우 총리 주재로 신병현 경제기획원장관(부총리), 노신영 외무부장관을 비롯한 관계 부처의 장관, 간부들이 참석한 가운에 열린 부처회의에서 신 장관과 노 장관은 큰소리를 낼 정도로 격론을 벌였다.

"처음부터 우리가 너무 무리한 요구를 했어요. 기획원에서 처음에 만들었던 안도 사실은 너무 큰 것이었는데 그것을 두 배로 늘려놓았으니 일본 측도 이것을 호락호락 받아들일 리가 없지 않겠습니까."

언제나 온후한 신 장관도 정색을 하며 따져 물었다.

"그렇다면 (요구의) 목표치를 수정할 필요가 있다는 말씀인데, 노 장관 생각은 어떻습니까?"

이렇게 되면 노 장관도 격렬하게 반론하지 않으면 안 되었다.

"부총리께서 이제 와서 그런 말씀을 하시면 어떻게 하자는 겁니까? 저라고 달성하기 어려운 목표치를 가지고 교섭하는 것이 좋아서 하고 있는 줄 아십니까? 부총리께서 그런 생각이시라면 왜 우리들이 청와대의 각하 앞에서 모여서 조정할 때 그런 말씀을 하시지 않으셨습니까? 그때는 아무 말씀도 안 하고 계시다가 이제 와서 그렇게 말씀하시면 도대체 교섭을 하라는 것입니까, 말라는 것입니까?"

노 장관이 그렇게 대들었기 때문에 회의 분위기는 급속하게 어색해졌다.

남 총리도 낭패한 모습이었지만 그렇다고 해서 목표 수치를 수정하는 것도 불가능했으며, 배석자들에게 함구령을 내리는 게 전부였다.

당시는 대통령 주변 사람들의 기세가 좋아서 말하자면 권력의 절정기에 있었기 때문에 한국 정부 내의 현실적 의견은 봉쇄되고 말았다.[25]

---

25) 이재춘, 『외교관으로 산다는 것』(기파랑, 2011년), pp.149~150.

제3장

외교장관들의
'철학'

험악한 외교장관 회담

———

몇 개월에 걸쳐 한일 간 현안이 되었던 외교장관 회담은 8월 20일 도쿄의 외무성에서 개최되었다(회담은 20일과 21일 두 번 열렸기 때문에 8월 20일 회담을 제1차 회담이라고 부르기로 한다).

제1차 회담에서는 국제 정세와 한반도 정세에 관한 의견 교환이 이뤄졌으며, 현안인 경제협력 문제는 주로 제2차 회담에서 다뤄졌다.

제1차 회담은 시종일관 분위기가 상당히 험악했으며, 회담 내용을 보도한 신문의 제목에도 예를 들면, '엇갈림(すれ違い, 차이)'과 같은 표현이 사용되었을 정도였다.[1]

그럼에도 국제 정세 인식에 있어서는 그다지 큰 '차이(すれ違い)'가 없었다.

소노다 외상이 전체회의에서 한일 양국은 과거에 걸어온 길을 초월하여 세계 평화와 안정을 위해 협력해야 한다고 말했으며, 노 장관도 새로운 차원, 특히 상호 의존 관계에 기초한 한일 관계 수립이

———

[1] 1981년 8월 21일자 「일본경제신문」 기사, '경제협력 엇갈림(経済協力スレ違い)'.

필요하다는 취지의 말을 했다.[2]

그러나 노신영은 국제 정세가 정치적으로도 경제적으로도 불안정하고 긴장 상태에 있다는 것을 특히 강조했다는 점에서 주목을 받았다.[3]

이 점은 북한 문제와도 관련이 있었다. 즉 노신영은 북한이 대화를 거부하면서 대결 자세를 취하고 있고 일본과 한국 사이에 '쐐기'를 박아 이간시키려 하고 있다고 말하면서 이에 (한국으로서는) 일본이 북한과 경제 관계를 심화시키는 것을 바라지 않으며 미국처럼 냉정한 자세를 견지해 주었으면 좋겠다는 취지의 발언을 했다.[4]

이에 대해서 소노다 외상은 한반도 정세가 엄중하다는 것은 잘 이해하고 있지만, 그렇기 때문에 더더욱 긴장 완화가 필요하다면서 일본은 민간 교류는 계속하겠지만 북한 정책에 대해서는 한국이나 미국과도 잘 협의하고 싶다는 취지로 말했다.[5]

나아가 노신영은 북한의 요인, 현준극의 일본 입국 문제를 언급

---

2) 위와 같음.

3) 위와 같음.

4) 본건 외교장관 회담 기록은 외무성에 문의해 본 결과 공표 대상에 포함되어 있지 않다고 해서 당시 필자 및 관계자가 집무 참고용으로 만들었던 개인적인 메모에 입각함. 다만, 본건 외교장관 회담에 대한 한국 측 주요 신문(「조선일보」와 「동아일보」) 보도는 특히 외상의 브리핑에 입각했다면서 한일 간 안보 인식의 '일치'나 북한 문제에 대한 '일본의 이해'를 강조했다.

5) 위의 메모에 의함.

하면서 미국처럼 일본도 북한의 정치적 인물의 입국을 거부했으면 좋겠다고 강하게 그리고 반복적으로 요청했다. 이에 대해 소노다는 입국사증 발급 여부는 국가의 주권에 속하는 것으로 한국 측으로부터 무슨 말을 듣고 이렇게 저렇게 처리할 문제가 아니지만 한일 관계에 틈이 생기지 않도록 유의하겠다고 말했다.[6]

이런 대화는 노신영이 같은 문제를 여러 번에 걸쳐 제기했기 때문에 몇 차례 반복해서 벌어졌지만, 소노다가 (노신영의 여러 번에 걸친 요청에) 북한 사람들의 왕래에 대해서는 약속은 할 수 없지만 (한국 측의 입장은) 유의하겠다고 말하자, 노신영은 (적어도) 미국이 하지 않는 일은 일본도 하지 않겠다고 약속했으면 좋겠다고 다그쳤다.

그리고 유의하겠지만 약속하지 못한다는 취지로 소노다가 대답하자, 이번에는 노신영이 북한의 대결 자세가 계속되는 한 일본도 미국처럼 북한을 고무하는 듯한 조치는 취하지 않을 것이라고 이해해도 좋겠냐고 따져 물었다. 소노다도 '미국처럼'이란 말에 이의를 제기했으며, 노신영은 어떻게 해서라도 일본으로부터 언질을 얻어 내려고 외교적으로는 이례적이라 할 정도로 따졌다.[7]

소노다의 발언으로 봐서도 소노다가 상당히 마음 상해했던 것은 분명하며, 이것이 (후술하는 것처럼) 언론 발표를 둘러싼 한일 간의

---

6) 위의 메모에 의함.
7) 위의 메모에 의함.

알력으로 발전한, 말하자면 복선이었다.

말리는 시누이가 더 밉다

북한 문제에 대해 한일 양국이 주거니 받거니 하는 사이에 작은 해프닝이 벌어졌다.

그것은 노신영 장관이 한국의 속담을 인용하며 일본의 태도를 비꼬려고 했을 때 일어난 '사건'이었다.

노 장관은 일본 측이 남북대화의 촉진이나 남북 간의 긴장 완화, 혹은 그런 태도에 대해 언급하는 것에 위화감을 느꼈던지 한국 속담 하나를 인용하려고 했다.

"때리는 시어미보다 말리는 시누이가 더 밉다"는 속담이었다.

그러나 노 장관은 자신이 일본어를 잘하는 만큼 이 속담의 의미나 뉘앙스를 정확하게 통역하는 게 어려울 거라고 생각했을 것이다. 그는 한국어로 속담을 중얼거리며 한쪽에 있던 통역에게 "이 말을 어떻게 통역하지?"라고 물었다. 이에 통역이 그걸 그대로 직역해 전했지만 일본 측은 그 말이 무슨 의미인지 정확히 몰라 조금은 당혹스런 얼굴을 하고 있었다. 그것을 보고 노신영은 한국어를 잘하는 마에다 대사를 향해 속삭였다.

"일본 측이 알아들을 수 있도록 통역해 주시겠습니까?"

마에다 대사도 갑자기 생긴 일이기도 하고, 또한 미묘한 북한 문제였던 만큼 당황하며 확실한 설명을 하지 않았기에 일본 측은 의아스러운 얼굴을 한 채로 있었다.

요컨대 노신영으로서는 일본 측이 북한 문제에 대해서는 한국 입장을 존중하는 척하면서 실은 뒤에서 북한에 대해 유화적인 태도를 취하고 있어 어설프게 정면에서 북한에 대한 한국의 태도에 분명하게 반대하기보다도 더 음험하고 불성실하다는 감정을 이 속담에 담으려 했던 것일 것이다.[8]

원래 이 속담은 "얼굴을 쳐다보고 욕하는 사람보다도 앞에서는 감싸 주는 척하면서 실제로는 험담을 하는 사람이 더 밉다"는 것을 의미한다. 그러나 이 말의 뉘앙스를 정확하게 이해하기 위해서는 한국의 시어머니와 며느리, 게다가 며느리와 시누이의 미묘한 관계와 그것들에 관한 한국인들 특유의 안타까움이나 반발심을 구별할 필요가 있었다. 따라서 일본 측이 마지막까지 의아스러운 얼굴을 하고 있었다 해도 이상한 일은 아니었다.

북한 문제에 대한 이러한 양측의 공방전으로 전체회의는 끝났다. 그 뒤 소수가 참가하는 회합으로 바뀌었는데, 이 회담에서 노신영은 북한의 무력 증강 상황에 대해서 설명했다.[9]

---

8) 이재춘, 앞의 책, p.152.
9) 주1)과 같음.

또한 이 회담에서 노신영이 앞으로 일본과 한국이 대등한 관계를 구축하고 싶다는 취지의 말을 했으며, 동시에 한반도 정세, 즉 북한의 위협에 대해 한미 양국은 완전히 의견 일치를 봤다는 것을 강조했던 것들이 주목을 받았다.[10]

한편 소노다는 한국이 군비 증강 필요성과 같은 안전보장 문제와 관련시키는 형태로 대일 경제협력 요청을 하는 한 일본으로서는 "한 푼도 원조할 수 없다"는 입장을 취하는 한편, (재정상의 어려움에 대해 언급하면서도) 안전보장과 경제협력을 분리만 할 수 있다면 일본으로서 '상당히 무리가 되더라도' 마다하지 않을 것이지만 결론은 아무래도 정상회담에서 내리고 싶다고 말했다.[11]

이와 같이 제1차 한일 외교장관 회담은 북한 문제 및 안전보장과 경제협력과의 관계 등에 대해 '(의견이) 엇갈린' 채로 끝났던 것이다.

---

10) 주4)의 메모에 의함.

11) 위 메모에 의함. 다만, 동 메모에 의하면 소노다는 경제협력 문제에 대해서 해결의 실마리를 찾는 열쇠를 쥐고 있던 인물로 후쿠다 다케오 전 총리의 이름을 들었다. 이것은 소노다 외상이 스즈키 내각의 각료이었지만 스즈키 총리와는 파벌이 다르고 그렇기 때문에 자민당의 스즈키파와 후쿠다파의 가교 역할을 함으로써 정치적 입장을 강화하려고 했었다는 것을 암시했을 것이다.

'냉랭한' 만찬회

이런 한일 간의 간격은 그날 밤 시로가네(白金)의 구 영빈관에서 열린 소노다 외상 주최 만찬회에서도 표면화했다.

애초 현재의 '도쿄도 정원미술관'이 된 시로가네의 구 영빈관이 만찬회 장소로 결정되기까지 한일 간에 한바탕 소동이 있었다.

본래라면 외상 주최 공식 만찬회는 외상의 '공저(公邸)'라 불리며 정원도 넓고 방도 널찍한 격식 있는 이이쿠라(飯倉) 공관을 사용했었을 것이다. 그런데 공교롭게도 바로 그때 이이쿠라 공관의 현관을 수리 중이라 사용할 수 없는 상황이었다.

이 일 자체에 한국 측은 불만을 표시했다. 현관 천정 수리와 도장(塗裝) 정도라면 공사를 강행해 빨리 마칠 수도 있는 것 아니냐, 한국 관계자들 사이에 이런 말까지 입에 담는 사람도 나올 정도였다.

그렇게 될 것 같지 않다는 것을 알자 한국 측은 만찬 장소에 대해 까다로운 주문을 달았다.

다다미 위에 앉아서 하는 만찬회는 안 된다. 왜냐하면 가령 게이샤를 부르는 일은 하지 않더라도 장관들끼리 앉아서 술을 마셨다고 한다면 그것은 한국에서 기생파티와 같은 것으로 비춰진다. 이런 일은 꼭 피하고 싶다. 그렇다고 해서 호텔에서의 만찬회도 안 된다. 호텔에서 하는 것은 '공식만찬회'라고 할 수 없으며, 한국 외무장관이 일본에서 홀대 당했다는 비판이 나올 우려도 있다. 격식 있는 곳에서 만찬회를 열었으면 좋겠다.

한국 측의 요구는 강력했다.

외무성 당국은 곤혹스러웠다. 요정은 안 되고, 호텔도 안 되고, 외무성 '공저'도 사용할 수 없다. 더구나 '격식 있는' 곳이 아니면 안 된다. 그럼 만찬회를 어디서 열라는 것인가.

누군가 지혜를 발휘하라고 소동을 벌이는 사이, 문득 P호텔 관리하에 있는 시로가네의 구 영빈관은 어떻겠는가 하는 아이디어가 나왔다. "그러고 보니" 하며 그곳의 역사를 아는 사람이 말을 꺼냈다. "거기는 제1차 한일 각료회의가 열린 유서 깊은 곳"이라는 것이었다. 곧바로 연락을 해 보았더니 다행히도 비어 있다고 했다.

구 영빈관답게 구조도, 모습도 당당했다.

현관에 들어서자 바로 두터운 융단이 깔려 있는 홀이 있고, 오른쪽 안에는 조촐하고 아담한 식당이 있었다. 천정이 비교적 낮고 창이 작은 편이라는 게 단점이라면 단점이지만, 아르데코 양식의 분위기나 호화로운 샹들리에가 오히려 격식을 느끼게 하였다.

테이블 중앙에는 소노다와 노신영, 그리고 일한의원연맹 회장 이하 몇 명의 간부가 앉았다.

간단한 인사가 끝나자 대화는 오로지 의원연맹 사람들과 노신영 사이에서만 이루어졌다.

일본 측은 이때다 싶어 "한국 측은 좀 더 현실적이었으면 좋겠다"고 호소하고 "이것은 말하자면 선의의 충고"라면서 한일 친선의 가교 역할을 하는 의원연맹의 멤버들다운 말도 덧붙였다.

노신영은 조금은 여성적이라고도 할 수 있었다. 고도 근시용 무테안경 너머로 가느다란 눈을 감은 듯이 아무 말 없이 듣고 있었다. 그러나 때로는 한숨을 쉬듯 후~하면서 담배 연기를 내뿜는 모습 속에 가만히 참고 있는 감정의 기복이 담겨져 있는 듯 보였다.

이내 노신영은 장황하게 한국의 입장을 설명하기 시작했다. 우선은 북한과의 대결을 말하고 이어 약간 목소리를 높여 테이블에 앉아 있는 참석자 모두가 들어 주길 바라기라도 한 듯 얼굴을 들고 말했다.

"한일 국교 정상화 이후 15년이 지났습니다. 지금 한국은 새로운 시대에 들어서고 있습니다. 이 새로운 시대에 들어오면서 한국 국민은 지난 15년간의 한일 관계는 무엇이었는가, 앞으로는 어떻게 해야 하는가를 생각하고 있습니다."

"국교 정상화 때 일본으로부터 한국이 받은 유상, 무상의 경제협력은 한국을 위해서라기보다 일본을 위해서 쓰였습니다. 그것은 한국의 일본에 대한 누계 200억 달러에 달하는 무역 적자에도 나타나 있습니다. 국교 정상화로 득을 본 사람은 누구인가. 지금 한국 국민은 씁쓸한 기분으로 이 질문의 의미를 곱씹어 보고 있습니다."

노신영의 어조는 조용하고 느렸다. 그런 만큼 목소리에 담겨진 긴박감이 듣는 사람들을 압도해 테이블 주위는 점차 무거운 공기가 싸여 갔다. 더불어 상당수의 한국 측 수행원들이 일 때문에 만찬회에 참석하지 않았기 때문에 테이블에는 빈자리가 눈에 띠었으며, 거기에 답답함을 더해 냉랭한 공기가 흘렀다.

"일본이 경제 발전을 하고 세계 2위의 경제대국이 되어 가는 동안 한국은 방위, 그것도 일본을 위해서이기도 한 방위 지출을 해야 했습니다."

그런 말까지 들어서는, 이라는 생각이 들었을 것이다. 일본 측 의원단 가운데 한 사람이 끼어들었다.

"당신의 말씀은 한국의 친구인 우리들이 모르는 바는 아닙니다. 그러나 그런 논리로는 일본 국민을 설득할 수 없어요. 지금에 와서 15년분의 대가를 치르라는 논리는 일본 국민들에게 통하지 않습니다."

그렇지만 노신영은 물러서지 않고 38도선의 방위가 일본에게 얼마나 이익이 되었는지를 생각해 주길 바란다며 자기주장을 또 폈다.

일본 의원들은 같은 말을 반복해도 소용없다고 생각했는지 끝내 말이 없었다. 소노다 대신은 테이블 주변에서 있었던 논의에 별다른 관심이 없는 듯 왼손에 찬 팔찌 같은 금속제 장신구를 오른손으로 쓰다듬듯이 만질 뿐 스테이크에도 거의 손을 대지 않았다.

침묵이 흘러도 아무도 이야기를 꺼내지도 않아 나비넥타이를 멘 웨이터들의 작은 발자국 소리만 들릴 정도였다.

이렇게 해서 만찬회는 어색하고 서먹서먹함만을 남긴 채 끝났다.

심야의 제국호텔에서

만찬회가 끝나고 한국 외무장관은 묵고 있던 제국호텔로 돌아 갔다.

거기서 작은 드라마가 기다리고 있었다.

이 드라마는 8월 20일 저녁에 이뤄진 소노다 외상의 기자회견 내용이 그 발단이었다.

노신영 장관은 제국호텔로 돌아와 잠시 시간이 지난 뒤 (장관 일행의 방일에 맞춰 일본으로 일시 귀국해 장관 일행과 함께 제국호텔에 묵고 있던) 마에다 주한 일본대사에게 외교장관 회담에 대한 일본 측 기자회견과 한국 측 기자회견의 내용이 현저하게 달라 일본 측의 언론 브리핑 내용을 납득하기가 어렵고 예의에 벗어나기도 한다고 항의 했다.[12]

특히 일의 발단이 되었던 것은 도쿄 주재 한국 특파원들에게 있었다.

그들은 일행의 대변인격인 공로명 차관보로부터 외교장관 회담에 관한 브리핑을 받았다. 이 브리핑에서 회담 내용과 관련해 한반도 정세에 대해 한일 간에 기본적인 인식이 일치했다는 점, 경제협력에 대해 일본 측도 검토를 약속했다는 점에 대한 설명이 있었다.

---

[12] 이 작은 드라마의 과정에 대해서는 필자의 개인적인 메모에 의함.

회담의 구체적인 내용에 대해서는 공 차관보로부터도 특별한 브리 핑은 없었다.

그런데 얼마 지나지 않아 외무성에 있던 일본인 기자단을 위한 소노다 외상의 기자회견에 기초한 외신이 흘러나왔다. 그것은 약 간 애매한 부분이 있기는 했지만 회담 모습, 특히 일본 측의 주장을 잘 정리해 전달했다. 한반도 문제에 대해서는 38도선을 사이에 두 고 엄중한 긴장 상태가 존재하고 있는 것에 대한 인식 문제 이외에 긴장 완화를 위해 남북대화를 하도록 노력할 필요성이 있다고 언 급되었다.

또한 경제협력에 대해서는 한국 측이 처음으로 60억 달러의 차 관을 공식 요청했다는 것, 이에 대해 일본 측은 일본의 경제협력 기 본방침하에서 가능한 한 협력하고 싶다는 의사를 밝히면서 이제 개발도상국의 단계를 벗어나고 있는 한국에 대한 원조는 민간이 주체가 되어야 하며, 일본의 대외 원조는 1년마다 개별 프로젝트에 입각해 이뤄지며 아무런 실적 없이 복수년도에 걸친 금액 지원은 할 수 없다는 설명이 있었다는 것이었다.

일본 측의 언론 브리핑은 두 가지 점에서 한국 측을 자극했다. 하 나는 한국 측 주장을 거의 생략하고 일본 측 입장을 중심으로 설명 하고 있었다는 것이었고, 또 다른 하나는 회담 내용을 너무 세세하 게 외부에 노출시키고 있다는 점이었다.

"한국 측은 기자에게 거의 내용을 말하지 않고 있습니다. 그런데 일본의 언론 브리핑은 일방적으로 회담 내용을 외부로 알리고 있습니다. 우리들 한국 정부 관계자들은 한국의 신문기자로부터 일본은 외부에 설명을 하고 있는데, 한국 정부는 아무것도 말하지 않는 것이 이상하다는 압력을 받고 있습니다."

공 차관보는 노 장관이 묵고 있는 제국호텔의 스위트룸에 (마에다 대사로부터 급보를 받고) 일부러 달려온 기우치 외무성 아시아국장에게 강한 어조로 따졌다.

이에 대해서 기우치는 한국 측을 달랬다.

"일본의 언론은 정부 대변인이 한마디 하면 그것을 바탕으로 여러 곳에서 취재를 해 살을 붙여 보도합니다. 그것에 대해 이제 와서 한국 측이 문제 삼는 것은 어른답지 못합니다"라고 말이다.

이에 대해서 "일본의 언론이 어떻게 보도하든지 그것을 하나하나 문제 삼는 것은 어른답지 못하다고 말씀하시지만, 기우치 상, 이번 경우에는 조금 다릅니다"라면서 그때까지 공로명과 기우치가 주고받는 말을 듣고 있던 노 장관이 끼어들었다.

"조금 전에 저는 텔레비전으로 NHK 뉴스를 봤습니다. 그걸 보고 저는 매우 놀랐습니다. 뉴스는 오늘 만찬을 곁들여 있었던 한일 외교장관 회담에 대한 소노다 대신의 회견을 전했습니다.

11시대 NHK 뉴스에 따르면, 소노다 대신은 외교장관 회담 후의 기자회견에서 경제협력과 안전보장 문제는 전혀 다른 차원의 문제이며, 안전보장이라든가 방위와 관련지은 경제협력은 일절 할 수 없다. 또한 한국이 안보와 관련시킨 경제협력을 고집하고 있는 이상 일본은 일절 경제협력을 할 수 없다고 말했다고 전했습니다. 기자회견에 동석했던 기자들은 모두 그것을 확인하고 있습니다.

이것이 도대체 어떻게 된 것입니까? 외교장관 회담은 내일도 열리는데 첫날 회담만으로 그것도 그 내용을 일본 측에게 유리하도록 왜곡해서 언론사에 흘린다는 것은 실례이며, 예의에 어긋나는 일입니다. 나는 한국의 외무장관으로서 모욕을 당했다고 느끼고 있습니다.

그러한 모욕을 받고 이대로 일본에 있을 수는 없습니다. 내일 아침 첫 비행기로 서울로 돌아가겠습니다. 저로서도 뜻하지 않은 일이지만 그렇게 하지 않을 수 없습니다."

노신영은 단호한 어조로 그렇게 잘라 말했다.

더 이상 말해도 소용없다고 말하고 싶은 듯한 노신영의 태도에도 불구하고 기우치는 한국 측이 마음을 돌리도록 재촉했다. "이대로 외무장관이 자리를 박차고 한국으로 돌아가 버리면 한일 관계는 당분간 냉각된 채 흘러갈 수밖에 없고 그렇게 되면 누가 가장 득을 볼 것인지, 누가 속으로 미소를 지을지 당연히 아실 것입니다"라고 역설했다. 그러나 노신영은 "알고 있습니다"라고 불쑥 한마디 했을 뿐 그러면 어떻게 하라는 것인지 아무런 기색도 보이지 않았다.

내일 아침 비행기로 돌아간다는 것이 본심인지, 아니면 일본 측에 대한 협박인지, 그것을 판단하기에는 비행기 예약 상황을 확인하는 것 이외에는 방법이 없었다. 아시아국 관계자가 갑자기 다른 방으로 가서 대한항공에 알아봤지만 한밤중이라 사무소에는 아무도 없었다. 어렵게 지점장의 자택 전화를 찾아내 알아봤는데 예약이 되어 있다고 간단히 말했다. 상대는 진짜다, 그렇게 느낀 아시아국 관계자는 서둘러 스노베 차관에게 연락했다.

한일 양국 장관에게 남겨진 응어리

얼마 지나지 않아 스노베 외무차관이 제국호텔에 도착했다.

스노베는 우선 노신영의 말을 다시 한 번 들어 보려는 자세를 보였으며, 노신영이 기우치에게 했던 것을 반복하는 데 귀를 기울였다. 그런 뒤에 스노베는 말을 꺼냈다.

"일본 측에게 잘못이 있다고 한다면 죄송합니다. 저도 사과합니다. 또한 소노다 대신도 내일, 아니 오늘(이미 시각은 밤 12시를 넘기고 있었다)이 되었습니다만 오늘 외교장관 회담 모두에서 진의를 설명하도록 하겠습니다.

장관이 정말 귀국하신다고 한다면 그 뒤에 하셔도 좋지 않으십니까? 우선 일본 측의 해명을 들어 보신 뒤 판단하시는 것은 어떠십니까? 예정된 제2차 외교장관 회담도 하지 않고 귀국하신다고 하면 세상의 오해를 사게 되지 않겠습니까. 이번에 꼭 다시 한 번 직접 소노다 대신과 말씀하시길 바랍니다."

그런 스노베의 설득에 노신영도 조금 표정을 누그러뜨리며 "그렇게까지 차관이 말씀하신다면 나는 내 몸을 차관께 맡기는 것 외에 다른 방법이 없습니다. 내일, 아니 오늘 다시 소노다 대신과 만나겠습니다. 다만 그 회담의 언론 브리핑을 어떻게 할 것인가는 사전에 잘 상의해서 상의한 대로 발표를 하기로 합시다."

그렇게 말하고 노신영이 일련의 공방을 일단락 지었을 때 시계는 오전 1시를 넘기고 있었다.

언론 관계자에 대한 대응과 관련한 이러한 한일 간의 차이에 대해서 노신영은 한국의 언론 관계자에게 대일 불만, 소노다에 대한 불신이라는 형태로 불만을 흘려 8월 21일자 한국의 각 신문에 '약속 위반' '불협화음' 등과 같은 형태로 보도되도록 하였다. 그 요지는 다음과 같은 것이었다.

(1) 외교장관 회담은 첫날부터 소노다 외상의 약속 파기로 뜻하지 않은 불협화음이 생겨 버렸다. 한일 양측은 회담 내용에 대한 공표는 물론 배경 설명조차 하지 않기로 약속했음에도 불구하고 소노다 외상은 약 한 시간에 걸쳐 일본 기자들에게 회담 내용을 상세히 설명했다. 그 설명도 일본 측의 입장만을 강조하고 자신(노 장관)의 발언과 본인이 동의한 부분에 대해서는 전혀 언급하지 않았다.

(2) (노 장관 자신의 말이라면서) 양쪽 장관끼리 만나서 이야기를 한 것이 이렇게 바뀌어서는 어떻게 계속 회담을 할 수 있는가. 제2차 회담에서는

녹음기를 두고 말을 하자고 제안하는 이외에 방법이 없다. 약속을 지키지 않는 상대와는 회담하기가 어렵다. 상식이 통하는 회담을 하고 싶다. 백묵은 한국에서도 일본이나 유럽 어디서도 백묵이다. 이런 상식이 통하지 않을 때에는 자신도 각오가 돼 있다.[13]

이런 '불협화음'이 단순히 신문 발표 방식에 대해서만이 아니라 회담에서의 의견이나 인식의 차이 그 자체에 존재했었다는 것은 21일자 한국 신문(석간) 기사에 언급되었다. 그 결과 한일 간 인식의 일치를 강조했던 조간 기사와 차이가 발생하게 되었다.

또한 그런 사정을 반영하여 발표 내용의 차이에 대해 한국 측이 일본 측에 항의했다고 보도되는 사태로 이어졌다.[14]

이것은 노신영 장관의 한국 내에서의 입장을 곤란하게 했을 뿐만 아니라 한일, 특히 두 장관 사이에 커다란 응어리를 남기게 되었다.

---

13) 1981년 8월 21일자 「한국일보」 기사, '상식 안 통할 땐 나도 각오'('한반도 긴장 의견 일치'라는 큰 제목 아래의 작은 제목) 및 같은 날짜 「조선일보」 기사 '연속 외교 결례, 극언 뒤 식언' 및 같은 날짜의 「서울신문」 해설기사 등 참조. 이상의 기사 내용의 일본어 번역은 8월 21일자 주한 일본대사가 외무대신에게 보낸 전보 제1921호.
14) 8월 21일자 「중앙일보」 석간기사, '한반도 안보인식 엇갈린 발표'.

한국 외무장관의 아전인수

이러한 경위가 있었던 만큼 21일 오후 외무성에서 열린 제2차 외교장관 회담은 조금 이례적으로 막이 올랐다.

"우선 전날 회담에 관한 것인데, 언론 발표에 관한 사전 협의에 차질이 발생해 혼란이 있었던 것 같습니다. 그 점은 미안하게 생각합니다. 앞으로는 어떻게 언론에 발표할지 사전에 서로 잘 협의합시다."

회담 모두에서 소노다는 살짝 쉰 목소리로 해명을 했다.

이에 대해서 노신영은 "감사합니다"라고 수긍하는 듯 가볍게 인사를 할 뿐이었다.[15]

노신영이 그 자리에서 다시 한 번 항의하는 듯한 언동을 보이지 않았던 것은 소노다와의 개인적인 관계를 더 이상 나쁘게 하고 싶지 않았기 때문이기도 하지만, 문제의 본질은 언론에의 대응 그 자체라기보다도 안전보장 문제에 대한 생각의 차이에 있었다. 그 점을 이 자리에서 다시 논의한다는 것은 생산적이지 않다는 생각이 있었기 때문일 것이다.

이런 내용을 주고받은 뒤 제2차 외교장관 회담은 주로 경제협력 문제에 대해 논의하였다.

한국 측은 경제개발 5개년 계획에 대해 언급하면서 5년 간 60억 달러에 달하는 공공차관을 공식적으로 요청했다.

일본 측은 방위분담 형식의 경제협력은 불가능하다는 것과 재정 상황의 어려움으로 거액의 협력은 할 수 없다는 것을 강조하면서도 "우호국의 입장에서 성의를 다해" 검토할 것이라고 했으며, 앞으로의 협의에 대해서는 9월 중순 서울에서 각료회의를 개최하여 논의하기로 합의했다.[16]

그러나 회담에서 서로 주고받은 내용은 상당히 긴박한 것이었다.

노 장관은 자신의 발언을 60억 달러 문제의 유래부터 설명하기 시작했다. 4월 대사로서 임무를 마치고 일본으로 귀국하기 직전의 스노베 대사에게 처음으로 엔 차관 60억 달러, 수출입은행 융자 40억 달러를 요청했던 것을 언급하고 지금까지 이에 관한 일본 측의 어떤 명확한 답변 없이 시간이 흘렀다고 말하면서 오늘이야말로 회답을 듣고 싶다고 정중한 표현이기는 했지만 격한 어조로 따졌다.

서울에서는 노신영과 스노베 회담이 노신영의 요청으로 비밀리에 이뤄진 것이며, 노신영 스스로 비공식적인 타진이라고 말했던 사실은 사라지고 어느 새 이전의 '비공식 타진'은 이제는 "이미 이뤄진 공식적인 요청"으로 바뀌었다.

뿐만 아니라 스노베에 대한 타진 직후 이러한 막대한 경제협력을 갑작스럽게 요청 받아도 일본으로서는 검토할 수도 없다고 일

---

15) 이 회담에 동석했던 필자의 메모에 의함.
16) 8월 22일자 「일본경제신문」 기사, '각료회의에서 조정(閣僚会議で調整へ)'.

본 측이 단호하게 당시 다카시마 차관을 통해 최경록 한국대사에게 회답했던 사실도 무시되었다.

그렇지만 회신을 요구받은 이상 소노다도 한마디 하지 않을 수 없었다.

소노다는 "한국의 국가 재건에 응분의 협력을 하는 것은 일본으로서도 당연합니다"라고 말했다. 그러자 바로 노신영은 "원조해 주실 수 있다는 말씀이시네요. 감사합니다"라고 말했다.

노신영은 자신의 주장 가운데 본인에게 유리한 사실만을 확인하고, 또 일본 측 주장 가운데 특정 부분만을 끄집어내 그것을 한국에 유리하도록 다시 해석해서 일본 측에 확인했다.

이런 노신영의 줄다리는 일본 측을 몹시 자극했다.

소노다도 처음에는 온화하게 대접했지만 이래서는 안 되겠다고 생각했던지 도중부터 반격에 나섰다. 일본의 재정 사정은 지금 매우 궁핍하다, 경제협력 배증 5개년 계획이 잘 실시되었다고 해도 모든 국가를 포함한 전체 규모는 5년간 200억 달러를 약간 넘을 뿐이다, 또한 이 가운데 국제기관에 내는 갹출금을 제외하면 양자 간 원조에 사용할 수 있는 것은 150억 달러 정도에 지나지 않는다고 설명했다. 따라서 한국에 대해서만 60억 달러라는 거액을 원조하는 것은 도저히 불가능하다고 말이다.

게다가 소노다는 금액 문제도 그렇거니와 5년간이라는 다년간에 걸친 원조를 약속하는 것 자체가 매년 예산을 결정하는 일본의 방식으로는 불가능한 이야기라고 말했다. 그것도 무엇을 위해 어떤 프로젝트에 원조하는지 내용도 모른 채 단지 전체 금액만 얼마 달라고 하는 것은 일본으로서는 받아들일 수 없다며 소노다는 잘라 말했다.

소노다 외상에게 전달된 서류의 내용

"곤란합니다, 대신님."

눈을 테이블 위로 내리고 가만히 생각하면서 노신영이 한숨과 함께 중얼거렸다. 침묵이 큰 테이블 주변 전체를 감돌았다.

그러고 잠시 노신영은 우리에게 후하고 담배 연기를 내뿜듯이 옆으로 뱉으면서, "잠시 우리들끼리 상의를 하고 싶으니 휴식을 가졌으면 좋겠습니다. 저쪽 소파가 있는 곳을 잠시 빌렸으면……"이라고 조용히 제안했다.

소노다가 그렇게 하라고 가볍게 인사하는 것과 동시에 한국 측 대표는 재빨리 일어나 느린 걸음으로 무쓰 무네미쓰(陸奧宗光) 공의 상반신을 지나 일본 국기 뒤로 정사각형으로 놓여 있는 소파 세트 쪽으로 옮겨 갔다.

5분, 10분. 테이블에 남아 있던 일본 측과 소파로 옮겨 간 한국 측으로 커피를 나르는 잠시 동안 커피 향기와 컵을 나눠 주는 머리를 뒤로 넘긴 여성의 모습이 그때까지의 긴박감을 누그러뜨려 주었다.

그러나 당초 예상을 훨씬 넘어 15분, 20분이 지나도 한국 측의 협의는 끝나지 않았다. 너무 길어질 것 같으면 회담을 일시 중지하고 양쪽 모두 돌아간 뒤 다시 시간을 정해 재개하면 어떨까, 그런 목소리가 일본 측에서 나왔던 것은 휴식시간이 30분 가까이 지날 때였다.

그때쯤 되자 최경록 대사가 일어날 것 같은 모습을 보였으며, 노 장관과 수행원들도 테이블로 돌아왔다.

"한국 측으로서는 이번 경제협력 요청은 과거의 것과 다르다는 생각을 버리지 않고 있습니다. 일본 측이 5년간에 걸쳐 협력할 수 있는 숫자를 제시해 주시는 것이 먼저라고 생각합니다.

그러나 소노다 대신은 협력 대상이라고나 할까 프로젝트에 대해 전혀 알지 못하는 채로는 검토할 수도 없다고 말씀하십니다.

조금 전 저는 한국 측 대표단 한 사람 한 사람에게 어떻게 하면 좋은지를 물었습니다. 최 대사는 물론, 대표단 한 사람 한 사람에게 물었습니다. 그 결과 지금부터 60억 달러 요청 내용을 메모한 것을 전달하고자 합니다.

다만 이것은 소노다 대신 개인에게 전달하는 것으로 사무적인 검토를 위한 것이 아니라 정치적 결단을 해 주시기 위한 참고자료로서 전달하는 것입니다. 이것을 바탕으로 이 프로젝트는 좋다 또는 이것은 나쁘다 하는 (죄인을 문초하는 듯한) 세세한 전의(詮議)가 시작된다면 저는 이것을 전달할 수 없습니다.

제가 이 프로젝트 리스트를 일본 측에 전달하는 것에 대해서는 대통령의 재가를 받지 않았습니다. 따라서 제가 한국에 돌아가 별도로 연락드릴 때까지 이 리스트는 공식적으로 전달하지 않은 것으로 해 주시기 바랍니다."

그렇게 말하면서 노신영은 10페이지 정도의 타이프 인쇄 서류를 테이블 너머 소노다에게 전달했다.

자료가 전달된 이상 어쨌든 경제협력에 관한 협의는 이 자료를 일본 측에서 검토하고 난 뒤에 하자는 것이 지극히 당연한 것이었다.

이렇게 해서 경제협력 문제는 리스트의 주고받음과 함께 일단락되어 외교장관 회담 테마는 다른 의제, 특히 1978년 이후 열리지 않고 있는 양국 주요 각료에 의한 한일 각료회의 개최 문제로 옮아갔다.

외상의 기습

"각료회의에 대해서는 일본 국회나 각료들의 사정에 비춰 9월 10일과 11일이 좋다는 이야기를 비공식적으로 들었습니다만, 그때까지 조금 전의 리스트에 관한 검토가 끝날 것 같습니까?"

노신영은 가만히 소노다의 얼굴을 응시하면서 물었다.

"어떠한가?"

소노다는 옆에 있는 기우치 아시아국장 쪽을 쳐다보며 물었다.

"1, 2주 이내에 결론을 낼 수 있는 것이 아닙니다. 무리입니다."

반은 한국 측에, 반은 대신에게 대답하듯 단호한 어조로 기우치가 말했다.

"그렇게 되면 각료회의에 맞출 수 없게 됩니다. 그렇게 되면 각료회의를 열어야 하는가 하는 이야기가 될 것입니다. 그러나 모처럼 외교장관 회담을 연 체면도 있으니……."

노신영은 반은 소노다에게 질문하는 듯, 반은 혼잣말을 하듯 중얼거렸다.

일본 대표단은 사전 협의에서처럼 소노다가 여기서 바라던 대로 각료회의의 연기를 결단할 것으로 믿어 의심하지 않았다. 그러나 소노다의 머릿속에는 다른 생각이 떠올랐던 것 같았다.

여기서 연기하면 소노다는 경제협력 문제 해결에 열의가 없다고 보일 것이다. 뿐만 아니라 해결이 늦어지는 것은 소노다 때문이라는 비난이 집중할 것이다. 그 정도라면 대장대신, 통산대신을 비롯해 각료들을 데리고 서울로 날아가 아무 성과가 없어도 본전이다. "기로에 서면 편한 쪽을 선택하지 마라. 편한 길 앞에는 분명히 적이 기다리고 있다." 소노다다운 '철학'이 여기서 고개를 들고 있었던 것 같았다.

"어떤가, 외교장관 회담에서 이렇게 달아 오른 공기를 식혀 버려서는 안 돼. 괴롭고 힘들고, 곤란한 선택이라는 것은 알고 있어. 그러나 책임은 내가 진다. 어때, 각료회의를 9월에 개최하는 것으로 하기로 하지."

소노다는 탁한 목소리에 가까운 쉰 목소리로 해맑은 웃음을 띠면서 몸을 옆으로 구부려 기우치 쪽을 봤다.

소노다 류(流)의 기습, 묘책(妙策)이라고 할 수 있었다. 그러나 소노다의 목소리는 테이블 건너편 한국 대표단의 귀에도 충분히 들릴 정도로 컸다.

"그렇게 하겠습니까?"

문자 그대로 몹시 못마땅해 오만상을 찌푸린 얼굴로 기우치가 중얼거렸다. 한국 측 일행은 놀란 얼굴이었으며, 일의 자초지종을 긴박했던 모습으로 쳐다보고 있었다.

전두환 정권에 대한 알레르기

한일 외교장관 회담은 한편에서는 장관 간에 응어리를 남겼지만 다른 한편에서는 경제협력 문제에 대해서 (표면적으로는 차치하고 실제로) 한국으로부터 경제협력의 내용(프로젝트)에 대해 어느 정도 구체적인 윤곽을 제시받음으로써 일본 측이 검토를 하는 데 실마리가 풀렸다.

또 각료회의 개최가 결정되어 한국 측이 주장하는 '정치적 결단'을 위한 수순도 일단은 만들어지게 되었다.

이런 흐름에 따라 몇 가지 움직임이 시작되었다.

하나는 한국 정부 내부에 관계부처 국장급으로 구성된 '한일경제협력추진실무자회의'라고 부를 만한 연락회의가 만들어져 실무자 협의 준비가 시작되었던 것이다.[17]

이것은 종래 노신영이 주장했던 고도의 정치적 판단에 의한 위로부터의 총액 제시를 우선한다는 생각을 사실상 일부 변경한 것이었다. 이는 정치적 결단을 촉진하기 위해서라도 실무자들이 프로젝트별로 예비적 검토를 하자는 것을 거부하지 않는 쪽으로, 한국 측이 조금씩 방향 전환을 할 조짐이 있다는 것을 뜻했다.

그렇기 때문에 일본 측 내부에서도 경제협력 교섭을 위한 "'토대'가 만들어졌다"는 분위기가 생겨 각료회의 준비라는 명목으로 외무성 간부가 향후 교섭에 관한 사무적인 사전 협의를 위해 한국을 방문하는 일도 생겼다.[18]

한편 한일 외교장관 회담이 '인식 차이' 같은 요소를 보인 채 끝나면서 한일 간에는 정부 이외의 정치적 지렛대를 만들어 양국 간

---

17) 8월 24일자 「동아일보」 기사.
18) 9월 4일자 「일본경제신문」 기사, '와타나베 참사관 서울로(渡辺参事官ソウルへ)'.

한일 경제협력자금 100억 달러의 비밀

의 정치적 대화를 촉진하고 분위기를 개선하려는 움직임이 더욱 강해졌다.

다케이리 요시카쓰(竹入義勝) 공명당 위원장과 다케시타 노보루(竹下登) 자민당 의원의 한국 방문은 이런 움직임의 좋은 예였다(물론 이런 움직임의 배후에는 새로운 한국 정권과 정치적 지렛대를 구축하려고 했던 일본 정계의 생각도 숨겨져 있었다).[19]

다케이리 위원장과 다케시타 의원은 각각 노신영 외무장관과 회담을 했을 뿐만 아니라 다케이리는 전두환 대통령과도 면담을 했다.

노신영과 전두환 모두 다케이리 일행에게 한국이 처한 상황과 국방비 부담의 어려움을 호소하면서 일본의 협력을 요청했다.[20]

노신영의 발언 가운데 특히 주목할 만한 점은 노신영이 '과거 15년간의 (한일) 유착' 구조를 타파하는 것이 전두환 정권의 생각이라는 것을 강조하고, '신시대'의 사고에 대해서 다음과 같이 말했던 것이었다.

"현재 정부의 중추를 차지하는 40대 세대는 (1965년의) 한일 국교

---

19) 다나카 전 총리가 9월 3일에 있었던 자민당 다나카파 회합에서 한일 경제협력 문제에 언급했던 것을 그 하나의 예로 봐도 좋을 것이다. 9월 3일자 「일본경제신문」 기사, '대한 경제협력 확충에 전향적, 다나카 전 총리 표명(対韓経済協力拡充に前向き田中元首相表明)'.
20) 8월 27일자 「일본경제신문」 석간기사, '대한 협력, 안보 차원에서(対韓協力, 安保次元で)' 및 8월 27일자 주한 일본대사가 외무대신에게 보낸 전보 제1938호.

정상화에 반대하여 시위를 했던 세대입니다. 그들로부터 나는 '당신(노 장관)은 우리들이 거리에서 시위를 하고 있을 때 경찰관들의 보호를 받으면서 청사에 들어가 일을 했다. 그 결과라고 할 수 있는 한일 관계의 현상(現狀)을 보고 당신이 아시아국장으로서 추진했던 국교 정상화가 잘된 것이라고 단정할 수 있는가?'라는 소리를 자주 듣습니다.

우리 젊은 세대는 한국은 전후 일본의 정치적 식민지로부터는 벗어났지만 국교 정상화 때문에 이번에는 일본의 경제적 식민지가 돼 버렸다고 생각하고 있습니다. 그들이 이번이야말로 일본이 한국인을 열등민족, 피지배민족으로 보지 않고 정말로 도움의 손길을 내밀어 주었다고 말할 수 있는 협력을 부탁하고 싶습니다.'[21]

이것은 한국의 대일 경제협력 요청이 '동북아시아의 안전보장 면에서의 협력'일[22] 뿐만 아니라 박 정권 시대의 대일 관계를 부정하고 '새로운' 형태의 대일 관계를 구축하기 위한 상징적 의미를 가지고 있다는 것을 암시하는 것이었다.

그렇기 때문에야말로 다케이리가 노신영에게 "한국 측의 생각을 실현하는 데 야당의원으로서 힘을 다하고 싶지만, 그 표현 방법에 대해서는 우리들이 받아들이기 쉽도록 배려해 주길 바랍니다. 또한 경제협력의 액수에 대해서는 종래의 실적에 비해 너무나도 많다는 인상을 지울 수 없었는데, 그것도 생각해 주길 바랍니다"고 말하자 노신영은 다음과 같이 반론했다.

"작년의 대한 경제협력 액수와 비교하면 많은 것은 분명하지만, 한국 측 입장에서 말하면 국교 정상화 이후 15년간의 실적을 비교의 전제로 삼는 것이 잘못입니다. 애초부터 현재 대통령 이하 모든 관계자가 과거 15년간 한일 관계를 이러한 방향으로 가지고 온 것 자체가 대단한 잘못이라고 생각하고 있습니다. 이번 한국 측 요청은 과거의 15년간과 같은 단순한 경제협력을 넘어 동북아시아의 안전보장이라는 입장에서의 협력을 부탁하고 있는 것입니다."[23]

말하자면 한국 측은 안전보장상의 전략론을 한일 관계의 바람직한 모습이라는 도의론과 결부시키고, 더구나 그 필요성을 구시대(박정희 대통령 시대)의 청산과 새시대(전두환 대통령 시대)의 방침이라는 국내 정치상의 고려에 두고 있었다.

그에 비해서 일본 측은 경제협력의 요청에 응함으로써 한일 관계를 안정시키는 것 자체에 대해서는 찬성하지만 도의론이나 과거 청산과 같은 생각에는 동의할 수 없었다. 그 뒤에는 전수방위를 기본으로 하는 일본의 안전보장 정책이 있었다.

또한 군사쿠데타에 의해서 정권의 자리에 오른 전두환 정권을 상대로 안전보장상의 의미가 강한 협력관계를 맺는 것은 일본 국내

---

21) 위의 전보에 의함.
22) 위의 전보에 의함.
23) 위의 전보에 의함.

에 정치적 알레르기가 있다는 것을 암암리에 (한국 측에) 이해시키려고 했던 것이었다. 그것은 동시에 야당인 공명당 간부의 한국 방문 그 자체가 일본에 존재하는 전두환 정권에 대한 일종의 알레르기를 줄이는 효과를 가질 수 있다는 것을 의미했다고 말할 수 있을 것이다.

군사 목적의 경제협력은 불가능

한편 이 단계에서 일본의 국회의원과 노신영과의 회담에서 주목할 만한 다른 하나는 언론에 대한 대응을 둘러싸고 한일 간에 존재하는 인식 차이였다.

지난번 한일 외교장관 회담은 일본 측의 언론 대응을 둘러싼 한국의 반발로 분위기가 크게 나빠졌지만, 이 점과 관련해서 노신영은 다케시타에게 다음과 같이 말했다.

"이번 방일(노신영 자신의 일본 방문) 시 나는 대통령에게 '언론에 한국의 입장을 누출하면 일본 측은 한국의 계획적인 선전으로밖에 보지 않을 것이다. 한국 쪽에서 과거를 반복하지 않겠다고 말하면서 그런 일을 하면 스스로가 부정한 과거를 반복하는 꼴이 된다'고 말해 귀국 때까지 언론과 전혀 만나지 않겠다고 보고하고 승낙을 받았을 정도였지만, 일본을 방문해 보고 일본에서는 이런 태도를 지키는 것이 얼마나 어려운가를 통감했습니다.

통상 외교 교섭에 대해서는 결과가 어떻든지 교섭 중에는 그 내용을 밖으로 누출하지 않는 것이 철칙일 것입니다. ('일본 60억 달러 차관 조기 처리 난색'이라는 제목의 25일자 「한국일보」 1면 톱기사를 가리키며) 이러한 기사가 도쿄에서 들어오기 때문에 어려워지는 것입니다. 왜 이런 것을 일본 측은 언론에 말을 합니까? 일본 측에서 무엇인가 할 말이 있다고 외교 루트를 통해 알려 주면 조용한 대응이 가능했었는데 유감스럽습니다."[24]

그러나 노신영의 이런 언동은 단순히 소노다 외상과의 외교장관 회담 당시 기자회견에 관한 불만과 항의에 그치는 것이 아니었다.

노신영의 말의 배후에는 언론에 대한 대응을 초월한 일본과 한국의 기본적인 입장 차이가 놓여 있었으며, 그런 차이가 일본과 한국 각각의 언론 대응에 영향을 미치고 있다는 것에 대한 한국 측의 초조함이 담겨져 있었다.

즉 한국은 안보 문제나 북한 문제 등에 대해서 미묘하게 다른 한일 양측의 입장을 다소 호도해서라도 의견이 거의 일치했던 것으로 세상에 알리고 싶었던 것이다. 그러기 위해서는 양측의 입장을 명백하고 구체적으로 세상에 알리는 것은 한국에게 마이너스 효과

---

24) 8월 25일자 주한 일본대사가 외무대신에게 보낸 전보 제1964호.

가 있는 것으로 간주했던 것이다.

한편 일본 측으로서는 안전보장 혹은 군사적 목적이 담긴 경제협력은 가능하지 않다는 점을 명백하고 강하게 주장하고 있다는 것을 세상에 알려줌으로써 역으로 경제발전이나 사회개발 관련 사업에 대한 협력의 길을 터 두려는 고려가 작용하고 있었다.

또한 경제협력 전체 액수나 내용에 대해서도 한국 측은 정치적 결단을 요망하고 있었던 이상 액수나 내용이 언론의 관심 표적이 되어 정치 결단을 간섭받는 것을 우려하고 있었다. 한편 일본 측은 어느 정도 경제협력 액수 및 내용이 한국 측 요청의 내용으로 세상에 알려지도록 하는 것이 통상적인 형태의 경제협력 교섭을 위해서도 도움이 된다고 판단하고 있었다.

그런 만큼 일본 측은 비교적 쉽게 한국과의 교섭 내용을 언론에 흘리고 언론은 그 덕분에 취재 경쟁이 심해져 기자들은 매일 기우치의 아자부 자택을 방문했었다. 더구나 이런 언론의 한국 문제 열기 뒤에는 하나의 전환 의식이 잠재해 있었다. 즉 종래 일본 언론의 주류는 한국 내 '민주세력'의 움직임을 고무하고 박 정권 이후의 군사정권에 비판적이었다. 전두환 정권의 '한일 유착' 비판은 원래 일본의 '좌익' 언론이 잘 쓰는 말이었다. 그렇지만 박 정권의 붕괴로 인해서 '신시대'에 대처하는 일본 언론의 바람직한 모습에 대한 자문자답이 시작되었던 것이었다.

그 사이, 즉 한일 외교장관 회담이 개최되고 한 달 정도 지나는 동안 한국 신정권의 생각은 일본한테도 더욱 명확하게 보였다.

그 하나가 소위 안전보장과 경제협력과의 관련 문제이다.

일본 측의 여러 번에 걸친 설명에도 불구하고 한국이 안전보장 문제와 경제협력 문제를 밀접하게 관련시켜 요구하고 있었던 이유는 무엇일까? 또한 언제까지 그런 태도를 취할 생각인가 하는 점이다.

이 점에 대해서는 단순한 통상의 경제협력 요청이라면 프로젝트별로 심사를 함으로써 대폭적인 증액이 불가능했기 때문에 증액하는 대의명분으로 '안전보장'이 제기되었다는 것이 점차 분명해졌다.[25]

또한 동시에 한국의 국내 여론에 대한 체면도 있고 해서 일본에게 (요청이라는 형태로) 말하자면 '머리를 숙이고' 금전적인 협력을 요청하고 있다는 비판을 가능한 한 피하고 싶었기 때문에 (일본은 본래 그렇게 해야 한다는) '도의적' 논의를 전개하고 싶다는 동기가 있다는 것도 밝혀졌다.[26]

한편 대일 강경론을 주창하고 거액의 금액을 고집하고 이에 응하지 않으면 대일 관계 악화도 불사하겠다는 생각은 청와대에 강했으며 한국 외교당국은 그런 청와대의 강경론을 충실하게 실행하는

데 지나지 않다는 것도 서서히 드러났다.[27]

이것은 일본 측으로 하여금 청와대에 직접적인 압력을 강화할 필요가 있다는 것을 한층 더 인식시키게 된다.

나아가 이 사이 한국은 일본에 대한 압력을 강화할 수단으로서 미국과의 연계를 암시하게 된다.

예를 들면, 9월 9일자 한국의 석간신문들은 워싱턴 발 연합통신을 전하면서 한국의 정부여당인 민정당 사무총장과 아미티지 국방부 동아시아태평양담당차관보와의 면담을 보도했으며, 아미티지가 "미국 정부는 한반도의 안정이 일본의 안보에 직결되고 있기 때문에 한일 양국이 강력한 경협 관계를 추진해야 한다는 점을 강조했다"는 취지로 보도했다. 이것은 한국이 미국의 의향을 하나의 대일 압력으로 사용하고자 했던 증거의 하나로 볼 수 있을 것이다.

---

25) 예를 들면, 한국의 유력한 저널리스트가 주한 일본대사관 간부에게 전한 정보(8월 28일자 주한 일본대사가 외무대신에게 보낸 전보 제2002호).

26) 위와 같음.

27) 9월 4일자 주한 일본대사가 외무대신에게 보낸 전보 제2106호.

제4장

한국의 '극일'

네 가지 차원의 회의

———

제11차 한일 각료회의는 1981년 9월 10일과 11일 이틀간 서울 구도심의 작은 언덕 위에 있는 산뜻하고 멋진 신라호텔에서 개최되었다.

이 회의는 한일 간 외교 교섭의 일환으로 볼 때 한 가지 회의라기보다도 네 가지 차원의 회의가 합체된 것이었다.

첫 번째 차원은 한일 쌍방의 관계 각료 전체가 한자리에 모여 토의하는 전체회의이다.

두 번째 차원은 외교장관 혹은 재무장관처럼 개별 각료 간의 회의 혹은 카운터파트회담이다.

세 번째 차원은 일본 측 각료의 전두환 대통령 예방과 면담이다.

그리고 네 번째 차원은 각료들을 수행하고 있던 국장급 수행원과 한국 측 사이의 소위 실무자 차원의 회담이었다.

전체회의에서는 국제 정세, 한반도 정세, 그리고 현안인 경제협력 문제가 논의되었지만, 핵심적인 회의는 9월 10일 오전 중에 열려 11일 오후에 마무리 회담이 열렸다.[1]

10일 오전 회의에서 한국 측의 노신영 외무장관은 "새로운 차원의 우호협력 관계를 구축" "건전하고 올바른 관계의 구축" "상호의존 관계와 연대의식에 입각한 협력" "보다 높은 차원에서의 협력 확대와 심화"와 같은 표현을 사용하여[2] 한일 관계를 새로운 차원에서 강화해야 한다는 생각을 강하게 제시했다.

이에 대해서 일본 측은 "협력 방도를 검토해 보고 싶다"고 말하는 데 그쳐[3] 앞으로 한일 관계를 어떻게 구축해 갈 것인가에 대한 마음가짐을 강하게 제시하지는 않았다.

국제 정세와 한반도 정세에 대해 한국 측은 소련의 팽창주의를 언급하고 국제 정세의 불안정과 분쟁 요인의 증가를 언급하면서 서방측이 방위 노력을 강화할 필요성이 있다고 주장했다. 특히, 북한에 대해서는 무력 증강에 의해 한반도에서 긴장이 격화되고 있다면서 북한 문제에 대해 일본은 한국과 사전 협의를 해야 한다는 취지의 희망 사항을 피력했다.[4]

이에 대해서 일본 측은 한반도의 긴장과 그에 대한 한국의 방위

---

1) 1981년 9월 10일자 「일본경제신문」 석간 기사, '일본 안보원조 거부(日本 安保援助 拒む)' 및 9월 12일자 「일본경제신문」 기사 '일한 각료회의 끝나 신문 발표(日韓閣僚会議終え 新聞発表)'.

2) 9월 10일자 주한 일본대사가 외무대신에게 보낸 전보 제2213호.

3) 주1)과 같음.

4) 9월 11일자 주한 일본대사가 외무대신에게 보낸 전보 제2214호.

한일 경제협력자금 100억 달러의 비밀

노력에 이해를 표함과 동시에 남북대화 촉진의 중요성을 강조했다.[5]

현안이었던 경제협력 문제에 대해서는 주로 이승윤 재무부장관이 한국의 경제 정세(외채 누적과 원리금 상환의 부담에 허덕이고 있다)와 함께 한국 측 입장을 설명했다.

그리고 대일 무역 적자가 1965년의 국교 정상화 이후 1981년 8월 말까지 누계 211억 달러에 달하고 있다고 지적하고, 일본 측의 각종 자금의 확대 및 신용조건의 대폭적인 개선을 요구했으며, "한일 간의 경협 문제는 안전보장에 관한 현실을 고려하여 재정립되지 않으면 안 된다"고 주장했다.[6]

경제기획원장관 회담

경제협력 문제와 관련해 주목할 만한 것은 한일 양측의 경제기획청 장관(고모토 도시오(河本敏夫) 장관과 신병현 부총리) 간의 개별회담이었다. 일본 측으로서는 경제계획의 한국 측 담당자가 대일 경제협력 요청에 대해 (정치 논리가 아니라) 어디까지나 경제 논리, 즉 경제

---

5) 주1)과 같음.
6) 9월 11일자 주한 일본대사가 외무대신에게 보낸 전보 제2215호.

계획의 일환으로서 설명할 수 있을까가 주목해야 할 점이었다.

다시 말해 한국의 외무장관이 '안전보장상의 이유'로 거액의 경제협력을 요청하고 있었던 데 비해 경제계획의 담당부처인 경제기획원이 어디까지 '경제적인 이유'를 설명할 수 있을까가 일본 측이 주목해야 할 부분이었다.

그렇지만 한국 측의 주장은 그때까지 노신영이 소노다에게 해 온 것과 크게 차이가 없었으며, 경직되어 있었다.

경제기획청장관 회담은 이 단계에서 한일 양국의 경제협력 문제에 대한 사고방식을, 이를테면 논점을 정리하는 형태로 진행되었다. 하지만 다음과 같이 대조적이었다.

■ **신병현 부총리**

(1) 나 자신이 회담 고문으로서 참가하고 있지만 부총리로서 이번 회의에 실망하고 있다. 실망 원인은 다음과 같다.

(가) 안전보장과 경제협력을 분리한 소노다 대신의 발언이다. GNP의 6%를 국방비로 계상하고 있는 한국은 안전보장과 경제를 분리할 수 없는 불가분의 관계에 있다. 오타와 서밋에서도 세계평화를 위해 경제에 중점이 놓여 있었지 않았는가.

(나) 일본 측은 민생 안정을 위해 매년 1억 달러의 경제협력을 제공해 주고 있지만, 한국의 GNP는 현재 600억 달러, 1986년에는 900억 달러(1981년 기준) 규모이며, 이 정도(1억 달러) 원조로는 한국의 경제운영상 플러스가 되지 않는다. 한국 측의 국방을 전제로 한 요청은 반드시 필요하며, 민생 안정을 위한 대승적 차원(에 서서), 동북아시아에서의 한국 입장을

이해하면 이번 요청은 이해해 줄 수 있다고 생각한다.

(2) 209억 달러의 무역역조 문제에 대해서는 세계에서도 무역수지의 균형을 맞추는 것이 상식이며 차원이 다른 노력이 필요하다. 이를 위해서는 한일 간의 수평분업 및 부품생산 분업화가 필요하며, 서로 무역을 확대하는 것이 양국 경제에 기여한다.

현재 수출입 500억 달러의 한국 무역액은 1986년에는 1천억 달러에 달해 한일 양국은 서로 시장으로서 혜택을 보게 될 것이다. 5년 후를 예측해 보면 100억 달러의 경협은 큰 액수가 아니다. 자유로운 교역을 하고 있는 유럽을 본보기로 삼아야 한다. 한국도 선진공업국으로 나아감에 따라 점차 시장 저해요인을 제거하는 것이 필요하다.

■ **고모토 장관**

(1) 60억 달러 경제협력에 대해서 일본 측은 한국 측 요청 내용을 충분히 알고 있지 못하다.

8월 하순 기반정비를 중심으로 한 수십 항목의 투자 내용, 예를 들면 상하수도, 교통, 항만, 철도, 댐, 농업개발 항목에 대한 해설을 들었지만, 내용에 대한 충분한 설명을 받지 못하고 있다. 경제협력 기금을 담당하는 나조차 이런 상태이기 때문에 일본 측(의 다른) 각료는 모른다고 생각한다.

(2) 경제협력에 관한 우리 나라의 기본적인 생각은 다음과 같다.

(가) 우리 나라는 세계평화와 안전을 위해 최대한의 노력을 하고 있다. 전후의 평화 헌법하에서 자위대는 방위에만 엄중하게 제약되고 있다. 가령 무기수출 3원칙이 있고 역사적 배경이 있다. 군사적으로 엄중한 한국의 정세는 잘 이해하고 있지만, 군사적으로 부담을 떠안는 것은 할 수 없다.

(나) 산업 면에서 봐도 한국은 선진공업국에 진입하려 하고 있다. 경공

업부문에서 일본은 한국과 비교해 매우 뒤져 있다. 또 중공업에 있어서도 일부는 한국(쪽)이 우위에 있다는 것을 볼 수 있게 되었다.

우리 나라의 경제원조에는 기반정비를 중심으로 한다는 기본적인 방침이 있어 제5차 경제개발 5개년 계획에 포함된 기반정비에 대해서는 어느 정도 검토할 수 있다고 생각한다.

(다) 일본의 경제협력 중기목표는 1월에 나오며 1981~1985년 사이의 ODA를 배증하여 214억 달러로 결정하였다. 평화 헌법하에서 직접 군사력 증강을 위해서는 공헌할 수 없기 때문에 이 분야에서 협력하고 싶다.

일반 예산의 25%를 국채로 조달하고 있는 엄중한 상황이라 214억 달러라면 대성공이다. 타국과의 균형을 생각하면서 한국에게 최대한 어느 선까지 협력할 수 있는지 내용을 검토할 시간이 필요하다.

(3) 무역 불균형 문제

(가) 조금 전에 200억 달러가 넘는 무역 불균형 이야기가 나왔지만, 일본의 통계로는 200억 달러가 조금 되지 않아 대체로 200억 달러의 불균형이 15년 동안 발생했다. 세계 공통의 인식으로서 경제 격동기에는 나라마다 무역 균형을 잡기가 곤란하다. 일본은 대미, 대EC에 각각 170억 달러, 100억 달러가 넘는 흑자이며, 한편 석유 수출국가에 대해서는 큰 폭의 적자이다. 무역은 글로벌하게 생각할 필요가 있다.

(나) 한국의 무역 적자에 대해서는 무역 내용을 분석하면 그 이유가 충분히 이해가 될 것으로 생각한다. 다만 쌍방이 노력해서 불균형을 줄여야 하며, 확대균형을 위해 세밀한 노력이 필요하다.[7]

---

7) 9월 14일자 주한 일본대사가 외무대신에게 보낸 전보 제2257호.

금액만 말하는 한국 외무장관

각료회의의 일환으로 개최된 한일 외교장관 개별회담은 옛날 궁궐이 있었던 광화문에서 가까운 외무부 내 장관실에서 열렸다.

커다란 원형 테이블 뒤 벽에는 서울의 광경이 세 장의 사진으로 나뉘어 장식되어 있다.[8]

오른쪽 끝은 완만한 곡선 지붕들이 흩어져 있는 오래된 식민지 시대의 서울 원경(遠景)이다. 가운데는 한국전쟁으로 초토화된 거리 모습이다. 왼쪽 끝은 근대적인 빌딩들이 줄지어 서 있는 지금의 서울이다. 일본의 식민지가 되었던 한국의 고통과 굴욕, 그리고 같은 민족이 서로 죽이지 않으면 안 되었던 내전의 고난과 비통함, 나아가 거기서 딛고 일어서 오늘날의 부흥을 이뤄 낸 한국의 긍지와 희망의 표현에 다름 아니었다.

무엇인가 위기적인 상황이 일본과 한국 사이에 일어날 때 한국인은 이 세 가지 영상을 마음속 어딘가에 비추고 있는 것은 아닐까. 그리고 그런 과거를 보며 어떤 때는 그것을 증오하고, 어떤 때는 그것을 자랑스럽게 생각하고, 오늘날의 자신들을 과거의 거울 속에서 비춰 봄으로써 자신을 확인해 보고 있을 것이다.

---

8) 그 뒤 세 장의 사진은 장관실에서 철거되었다.

순간, 일본 측 외상 수행원들의 마음속에서 이런 생각들이 오갔다 해도 이상한 일이 아니었다. 즉 이와 같은 한국인의 심정에 대해 동정하면서도 한편에서는 받아들일 수 없는 부분도 있는데, 이런 생각이 드는 자신의 마음 깊은 곳 어딘가에 모멸감이라고 하는 떨쳐 버렸던 감정이 깃들어 있지 않았는지를 되짚어 보지 않으면 스스로가 견딜 수 없는 그런 심리 같은 것들 말이다.[9]

한일 양측 합쳐서 8명 정도의 사람들이 원형 테이블 주위의 큰 의자에 앉아 있었다. 언론취재(사진촬영)가 끝나자 노신영은 소노다의 건강에 대해 정중한 말로 묻고는 다음과 같이 말을 꺼냈다.[10]

"8월에 도쿄에 갔을 때 고무라 주타로(小村寿太郎)의 전기를 샀습니다. 『포츠머스의 깃발』이라는 책입니다. 지금 이 책을 읽고 있습니다."

---

9) 이 외교장관 회담 기록은 공표되지 않았지만, 당시 신문보도에 따르면 다음과 같다. 9월 11일자 「일본경제신문」 석간 기사, '원조 계속 협의하기로 일치(援助, 継続協議で一致)' 및 '일한 각료회의 개별회담 내용(日韓閣僚会議個別会談の内容)'. 한일 외교장관 회담에서 노신영은 "한국의 안전과 일본의 안전이 떼려야 뗄 수 없다"며 대일 무역누적 적자가 약 200억 달러에 달하고 있는 것을 들면서 일본 정부가 대폭적인 경제협력을 결단할 것을 요청했다. 이에 대해서 소노다 외상은 "경제협력과 안전보장 문제를 직접 관련시키는 것은 일본의 대외 경제협력의 원칙에 비춰 불가능하다"고 지적, 결국 이 문제는 계속 협의해 가기로 되었다. 그렇지만 정치적 판단의 선행을 주장하는 한국 측과 실무적인 내용의 검토를 중시하는 일본 측 주장은 대립한 채 앞으로의 협의 방식을 외교 루트로 협의하기로 했지만, '언제, 어디서 누가 이 문제를 협의할 것인가 하는 구체적인 이야기까지는 이르지 못했다'고 보도했다.

10) 이하의 회담 모습은 이 회담에 참석했던 필자의 메모에 의함.

소노다는 노신영의 진의를 확인하듯이 눈을 한곳으로 모으고 상대 얼굴을 똑바로 쳐다봤다.

메이지의 국운을 짊어지고 어려움을 겪던 고무라의 고뇌는 신생 한국 외상으로서의 고뇌와 서로 통하는 것이 있을지도 모르겠다, 소노다는 그렇게 생각했을지 모른다. 소노다가 아무 말도 하지 않고 침묵하자 노신영은 '그렇다면'이라는 듯 단도직입적으로 물었다.

"안전보장과 경제협력과의 관계에 대해서 일본 측 사정은 잘 알고 있습니다. 나는 소노다 대신을 곤란한 입장에 처하게 하는 듯한 일은 하고 싶지 않습니다. 한반도의 안전보장 문제와 경제협력의 문제는 분리해서 다루기로 합시다. 다만 한국 측으로서는 그것을 확실하게 신문에 말할 수는 없습니다. 그것은 이해해 주시기 바랍니다."

소노다는 잠시 아무 말 하지 않은 채 눈앞의 커다란 테이블을 내려다봤다. 잘 알겠다고 말하면 상대는 반드시 그렇다면 경제협력의 내용, 금액과 조건 이야기를 합시다, 라고 말할 것은 불을 보듯 뻔했다.

"분리하는 것을 국민여론 앞에 분명하게 밝히지 않고서는 일본 측으로서는 협력할 수 없습니다. 그것은 몇 번이나 말씀드린 대로입니다."

소노다의 목소리에는 힘이 없었다. 노신영의 다음 말을 반 이상 예상하고 있는 듯했다.

"일본 측이 세상에 어떻게 설명하실지는 일본 측 문제입니다. 여기까지 말씀드리면 이제 안전보장 문제에 관해 더 이야기할 것은 없다고 생각합니다. 금액 이야기를 하시죠."

과거 몇 개월간 한일 간의 대응이 다시 한 번 반복되려고 했다.

소노다는 천천히 입을 열었다.

"또 같은 논의를 반복해도 어쩔 수 없습니다. 금액, 금액이라고 말하지 말고 제 성의를 믿어 줬으면 합니다."

소노다의 머리에는 그 날 아침 한국 신문에 '금액극소 성의극대(金額極少 誠意極大)'라는 제목으로 일본의 태도를 비꼬아 비판하는 논설이 실렸던 것이 떠나지 않았음에 틀림없었다.

"소노다 외상님의 성의는 믿고 있습니다."

노신영은 기책(奇策)과 줄다리기에 능한 정치가 소노다의 평판을 잘 알고 있었다. 동시에 소노다는 맥아더가 국화 문장이 들어간 금배를 재떨이 대신 쓰고 있는 것을 보고 자신의 담배를 손으로 비벼서 껐을 정도로 한결같은 마음의 소유자라는 것을 들었던 것 같기도 했다.

노신영 자신이 성의를 갖고 교섭에 임하면 소노다도 알 것이며, 그 경우 한국 측의 성의라는 것은 기책이나 기교 없이 단지 한결같은 마음으로 계속 요청을 하는 것이다, 노신영은 그렇게 마음에 다짐하고 있었던 것 같았다.

"소노다 외상님의 성의는 제가 믿습니다. 그러나 성의만으로는 국민을 설득할 수 없습니다. 금액에 대해 약속을 해 주시지 않으면 국민들은 또 일본에게 속았다고 말할 것입니다.”

노신영은 그렇게 말하고는 피고 있던 담배 연기를 크게 공중에 내뱉었다.

“그것은 지금까지의 이야기와 조금 다르지 않습니까?”

기우치가 끼어들었다.

“지금까지의 말씀으로는 금액은 비밀리에 제시하겠다는 것이었습니다. 그렇다고 해도 일본 측으로서는 그렇게는 할 수 없습니다. 더구나 외부에 당당하게 금액을 발표하게 되면 그것이야말로 프로젝트 검토를 마치고 실무적인 것들을 마친 뒤가 아니면 안 됩니다.”

예전에 스위스의 제네바에서 한쪽은 대사, 다른 한쪽은 공사라는 직책의 차이는 있었지만 같은 임지의 외교관으로서 함께 골프도 즐겼던 사이인 만큼 기우치도 노신영에게 솔직하게 말하기 쉬웠던 것인지 담담한 말투로 끼어들었다.

노신영은 기우치의 발언에 직접적으로는 대답하지 않았지만, 다시 담배 연기로 그린 큰 원을 장관실의 높은 천정을 향해 천천히 내뿜고 조금은 억제된 어조로 입을 열었다.

“일본의 사정은 제 나름대로 잘 알고 있다고 생각합니다. 무리한 말을 할 생각은 없습니다. 그러나 대통령은 협의가 어떻게 되고 있는지 크게 걱정하고 있습니다. 어떻습니까? 아주 개인적인 느낌이라도 좋습니다만, 어느 정도 금액이라면 어떻게든 할 수 있다고 말해 주실 수 있겠습니까?"

"그것은 불가능한 일이라 할 수 없습니다. 할 수 없는 이유는 벌써 몇 번이나 설명했습니다."

말이 바뀌고 표현이 바뀌어도 경제협력 총액에 관한 약속을 요구하는 노신영과 그것은 불가하다는 소노다 사이에 같은 말들이 반복되었다.

긴장된 가운데 응수를 한 뒤 노신영은 가볍게 자리를 고쳐 앉아서 가만히 소노다를 직시했다.

"어떻습니까? 60억 달러와 40억 달러 사이의 어디에서 정리하는 것으로 대통령과 총리가 협의하시도록 하는 것으로 해서는……."

노신영의 어조는 필사적인 생각이 담겨져 있는 것처럼 엄숙하고 무게가 있었다.

"그것은 도저히 무리입니다. 정치적으로 무리입니다."

그렇게 말하면서 소노다는 상대에게 당사자 능력이 결여되어 있다는 것을 강하게 느끼기 시작했다.

교섭은 아직 입구 단계에 머물러 있었으며, 더구나 일본 외무대신이 도저히 금액은 말할 수 없다고 말하는데도 무리하게 최고수뇌 사이에 숫자 교섭을 하자고 갑자기 제안하는 것은 상식에서 벗어난 것이다. 그렇지 않으면 본인은 교섭의 책임을 회피하려 하고 있다는 것으로밖에 해석할 수 없다.

소노다의 얼굴은 흐려졌으며, 말수도 점점 줄어들었다.

"5년간 40억 달러, 무슨 일이 있어도 안 됩니까?"

"불가능합니다."

"그럼."

가볍게 상반신을 앞으로 숙여 하얀 담배를 꺼내면서 노신영이 채근했다.

"그럼, 얼마라면 좋겠습니까? 40은 안 된다고 말씀하신 이상 얼마라면 될 것 같은지 말씀해 주실 수 있겠습니까? 그렇지 않은 한 본인은 내일이라도 사임해야 할지 모르겠습니다.

60, 60이라고 계속 말해 왔는데 오늘 저는 40이라는 숫자를 말했습니다. 이쪽이 이만큼이나 양보했습니다. 소노다 대신님, 어떻게든 여기에서만이라도 일본 측이 생각하고 계신 목표를 들려주시기 바랍니다."

한국의 '무례'

소노다는 아무 말이 없었다.

상대방의 처사는 외교장관 간의 협의로서는 무례에 가까운, 말하자면 목표를 달성하기 위해 억지로 밀어붙이는 것이다. 그러나 긴 한일 관계의 역사를 생각하고 한국 국내에서의 상대방 입장을 생각해 보면 일본 측으로서도 "마음대로 하라"고 냉담하게 할 수도 없는 상황이었다.

그런 한편 일본 국내의 재정적 제약, 제도상의 어려움, 그리고 무엇보다도 여전히 안전보장 문제와의 분리가 명확하지 않은 지금, 대한 경제협력 금액을 구체적으로 운운하는 것은 국회 논의나 신문 논조 등을 통해 정치적인 폭풍을 불러올 게 틀림없었다.

소노다는 옆에 있는 기우치를 흘끗 볼 뿐 아무 말도 하지 않았다. 그러나 기우치를 슬쩍 보는 게 마치 무엇인가를 하라는 것처럼 어렴풋하게 호소하는 것 같은 빛을 띠고 있었다.

그 시선은 보통 때와는 달리 빛이 났으며, 그것과 한일 양쪽에 고조되고 있던 긴장감이 기우치를 결단하게 했던 것이다. 아마도 소노다와의 어떤 사전 협의에 입각해서일 것이지만 기우치는 다음과 같이 말했다.

"지금부터 말씀드리는 것은 저 자신의 목은 물론 어쩌면 소노다 대신, 아니 경우에 따라서는 총리 자신의 자리에도 영향을 미치는 일입니다. 제가 여기서 일정한 숫자를 언급했다는 것이 세상에 알려지면 소노다 대신도 저도 정치적으로 완전히 생매장될 것입니다.

그러나 지금에 와서 장관의 입장을 도와주려면 저 개인적인 느낌으로 하나의 숫자를 말씀드릴 수밖에 없다고 생각합니다. 에누리 없이 이 이상은 절대로 안 된다는 숫자를 말하면 제 느낌으로는 13억 달러입니다. 다만 이 숫자는 대통령 외에 어떤 인물에게도 언급하지 않기 바랍니다. 그리고 제가 여기서 이 숫자를 언급했다는 사실은 앞으로의 교섭에서 절대로 반복하지 않기 바랍니다."

기우치는 작은 하얀 종이를 왼손에 쥐고 단호하게 잘라 말했다.

"실례지만 그런 숫자로는 들었다고 해도 의미가 없습니다. 물론 굳이 거기까지 말씀해 주신 소노다 대신님이나 기우치 국장의 성의는 감사하지만, 그런 숫자는 협의의 기초가 되지 않습니다."

노신영이 쓰는 말투가 조금은 난폭해졌으며, 초조함이 온몸에 넘쳐흐르는 것을 역력하게 느낄 수 있었다.

"40억 달러 이하로는 아무리 해도 안 됩니다."

노신영은 도움이라도 청하듯 불쑥 말했다. 그대로 양쪽 외교장관 모두 입을 열지 않았으며 1분 이상 침묵이 계속됐다.

"경제협력 문제에 대한 해결의 실마리를 찾지 못하면 공동성명을 낼 수 없다고 생각합니다. 대통령도 그렇게 생각하고 있습니다."

길고 숨 막히는 회담 속에서 처음으로 '공동성명'이란 말이 노신영의 입에서 흘러나왔다. 동시에 경제협력 문제에 대한 '협의'는 일단 종료되었다.

소노다 외상 시안의 내용

각료회의 공동성명에 대해서는 일찍부터 한국 측으로부터 초안이 제시되었다.[11]

우선 일반적으로는 회의 후 당연히 공동성명이 발표될 것으로 예상되었다.[12]

그러나 경제협력 문제 해결의 전망이 보이지 않고, 또 한반도 정세 인식에 대한 한일 간의 견해 차이도 있어서 공동성명 작성은 난항할 것으로 예상되었다.[13]

이런 사정으로 일본 정부 내부에서는 무리해서 공동성명을 내려고 하면 한일 간에 내용을 둘러싼 알력이 증폭될 수 있으며, 그렇다고 해서 무던한 성명으로는 한일 양국의 여론으로부터 오히려 비판을 받을 수 있다면서 공동성명 발표를 고집하지 않는다는 방침이 유력해졌고 소노다 대신도 그런 쪽으로 기울고 있었다.[14]

그런 이유도 있어 한국 측으로부터 제시된 안에 대한 일본 측의 대책은 제시되지 않았다.

그러나 공동성명 문제에 대해서는 일본 측 대표단이 서울에 도착

---

11) 외무성 문서, 날짜는 불분명하지만 원문은 아래와 같음. 문서번호, 작성자 명 등이 없지만 내용으로 보아 한국 안이라는 것은 분명하다. 내용이 너무 길어 이 장의 맨 뒤에 수록하기로 함(역자 주).

12) 예를 들면, 1981년 9월 5일자 「일본경제신문」 기사, '재정이 허락하는 범위에서 대한 협력 일한 각료회의 공동성명에 포함(財政の許す範囲で対韓協力 日韓閣僚会議共同声明に盛る)'.

13) 위와 같음.

14) 당시 공동성명 작성에 관여했던 필자 자신의 메모에 의함.

15) 위와 같음.

한 다음 날 아침 작은 드라마가 있었다. 다음과 같은 드라마다.[15)]

신라호텔의 소노다 대신의 스위트룸, 아침 7시 15분.

모인 사람들은 대신을 비롯한 아시아국장과 북동아시아과장.

스위트룸에는 왼쪽에 8명 정도가 앉을 수 있는 커다란 식사용 테이블이 있고, 오른쪽에는 수수하고 어린 풀색의 소파 두 개와 안락의자 세 개가 나란히 있었다. 흰 바탕에 감색 목욕가운을 입은 소노다가 그중 하나에 앉아 있었다. 전날 판문점 견학 이후 저녁을 먹지 못할 정도로 심했던 설사도 까맣게 잊은 듯이 소노다는 엷은 복숭아색 얼굴로 낮은 테이블 위 종이를 가만히 내려다보고 있었다.

동석했던 외무성 관계자들은 조금은 걱정스런 얼굴로 소노다의 모습을 지켜보고 있었는데, 여기에는 숨겨진 사정이 있었다.

원래 소노다의 서울 방문 일정을 짜는 데 가장 어려웠던 점은 소노다의 건강 문제였다. 소노다는 지병 때문에 보행에도 어려움을 느끼고 있었고 수십 미터 이상 쉬지 않고 걷는 것을 피하고 싶은 상태였다.

그렇기 때문에 판문점 견학이나 고 박정희 대통령 묘소 방문 등 많은 일정이나 행사 동안 차에서 내려 걷는 거리가 어느 정도인지가 큰 문제였다.

더불어 소노다는 서울 도착 직후부터 설사를 했기 때문에 노신영 장관 주최 만찬회에도 참석하지 못할 정도였다.

노 장관을 비롯해 한국 측은 이런 상황에 최대한 배려하였으며, 또 일본 측의 요청으로 소노다의 건강 상태에 대해서는 보도되지 않도록 배려를 했다.

그러나 일본 측 수행원으로서는 소노다의 건강 문제는 교섭 일정이나 방식에 영향을 미칠 뿐만 아니라 언론 관계자에 대한 대응 시에도 신경을 쓰지 않으면 안 되었던 문제인 만큼 걱정거리이기도 했다.

"그런데, 공동성명 말인데……."

소노다는 낮은 목소리로 입을 열었다.

"오늘 아침 일찍 한국 측 안을 읽어 보았는데, 확실히 수정하지 않으면 안 될 부분도 있어. 그러나 이것을 재료로 하여 교섭할 수 있지 않은가. 공동성명을 만든다고 하면 제시할 수 있는 일본 측 안을 만들어 둘 필요가 있어."

전에 없이 소노다의 목소리에는 변명 같아 보이는 모습이 풍겼다. 9월이라고는 해도 냉방이 되고 있는 방에 목욕가운만 입고 앉아서 진지하게 종잇조각을 내려다보고 있는 소노다의 모습에는 어딘가 이상한 분위기가 느껴졌다.

서울로 출발하기 전 그렇게나 분명하게 이번에는 공동성명을 내지 않는다, 과거 열 번의 한일 각료회의의 선례를 깨더라도 이번에 한해 공동성명을 만들지 않을 것을 각오하자고 잘라 말했던 것은 소노다 자신이었다.

경제협력 문제를 해결할 전망이 매우 낮다. 그래서 이 문제 해결 전망이 서지 않는 한 공동성명을 내놓아도 공염불로 끝난다. 그렇다면 의미 없는 공동성명을 내서는 안 된다. 소노다도 외무성 간부도 의견이 일치되어 있었다.

그렇지만 한국과의 경제협력 교섭이 해결 방향으로 가고 있는지 어떤지 아직 불분명한 단계에서 공동성명의 일본 안 작성에 착수하려는 소노다는 무슨 생각을 하고 있는가. 어떻게 해서든 공동성명을 작성해 이번 각료회의를 '결렬'에서 적어도 '계속 협의'로 이끌어 가고 싶어 하는 정치적 고려인 것인가. 그런 의문이 동석했던 외무성 관계자들 머릿속에 떠올랐다.

"이것은 조금 전에 연필로 한국 안을 수정해 본 거야. 그 정도까지 수정하면 좋지 않을까 생각해. 비서관에게 복사해 두라고 했으니까 여러분들이 검토해 줘."

소노다는 전문 사본에 연필로 손을 본 것을 다시 복사한 문서를 비서관에게 배부시켰다.

동석했던 외무성 관계자들은 비서관이 배부한 문안을 보고 약간 낭패한 모습을 보였다. 다소 연필로 손을 댔지만 한국 측 문안이 거의 대부분 그대로였던 것이다.

이런 문안으로는 일본 국내의 반응은 뻔했다. 한국 페이스의 공동성명이라고 격렬하게 반발할 것이었다. 게다가 시간적 여유 문제도 있었다.

이미 시계는 7시 반을 지나고 있었다. 소노다와 노신영과의 개별 회담은 9시로 예정되어 있어 거기서 공동성명을 낼 것인가와 내용에 합의하지 않으면 안 된다. 그러나 남은 1시간여 동안 공동성명의 일본 안을 만들고 외무성만이 아니라 대장성, 통산성, 농림성, 운수성, 경제기획청 등 5개 부처 간부의 동의를 받아, 그 위에 그것을 깨끗하게 타이핑하여 한국 측에 제시할 수 있도록 준비하는 것은 거의 불가능하다.

동석자의 침묵을 보면서 소노다는 천천히 자리를 고쳐 앉아 지금까지 긴장하고 있던 입가를 조금 누그러뜨리면서 입을 열었다.

"'이것은 대신의 지시도 아니고 일본 측 안도 아니다. 소노다가 시험 삼아서 만들어 본 하나의 시안이다.' 그렇게 생각해 주면 좋겠어. 여러분들이 이것을 바탕으로 어떻게든 고치고 첨가하여 안을 만들어 줘. 이에 대해서는 걱정 말고 충분히 신중하게 검토해서 다듬어 주길 바랄게."

소노다가 그렇게까지 말하는 이상 동석했던 외무성 직원도 못하겠다고는 말할 수 없다. 어쨌든지 빨리 5개 부처 국장들에게 연락하여 대기 태세를 갖출 것, 8시 40분을 목표로 각 성 국장회의를 호텔 내에서 열 것, 그리고 한일 외무장관 회담을 15분 또는 20분 늦추는 것에 대해 서둘러 한국 측에 연락할 것 등에 대해 전령을 통해 세 가지 사항에 대한 전달이 끝나자 국장과 과장 두 사람은 서로의 눈을 쳐다봤다.

"40억 달러 이하로는 죽습니다"

만에 하나, 정말로 만에 하나를 위해, 즉 만일 공동성명 작성을 결단하지 않을 수 없게 되었을 때를 위해 그것도 교섭 단계에 맞춰 일본의 주장을 100% 담은 안에서부터 한국의 입장을 최대한 받아들인 유연한 안, 그리고 중간 안까지 몇 가지 안이 깨끗하게 타이핑 되어 (사전에 비밀리에) 준비되어 있었다.

그것을 아는 사람은 둘뿐이었다. 두 사람은 비교적 한국 안에 가까운 중간 안을 꺼내 대신의 제안과 비교하기를 5, 6분, 종잇조각을 한 손에 들고 대신이 있는 스위트룸으로 갔다.

"조금 전 대신께서 말씀하신 부분도 명심하면서 저희들이 만들어 본 하나의 안이 이것입니다. 이것을 한국 측에 던져 보면 어떨까 합니다. 다만 언제, 어떻게 해서 이것을 한국 측에 제시할 것인가는 지금부터 시작되는 외교장관 회담의 진행 상황을 보면서 결정하면 어떨까 합니다."

기우치는 방금 면도를 한 턱을 왼손으로 가볍게 만지면서 도전하는 듯한 목소리로 소노다에게 제안했다.

소노다는 고개를 끄덕일 뿐 아무 말도 하지 않고 조용히 건네진 두 장 정도의 종이를 읽어 내려갔다.

"잘 만들어졌군. 이대로 가자. 이건 기우치 군, 당신 주머니에 넣어 둬. 이걸 언제 꺼낼지는 당신이 말한 대로 회담의 진행 상황을 보고 결정하자."

이런 일이 있고 난 뒤 한일 외교장관 간의 개별회담에서 공동성명에 관한 논의가 시작되자 그때까지 공동성명의 문안 작성에 적극적이었던 한국 측으로부터 역으로 소극적인 발언이 나왔다.

"공동성명을 낼 것인가 내지 않을 것인가에 대해서 일본 측에 무리한 말을 하고 싶지 않습니다. 그러나 경제협력에서 일본 측이 양보를 해 주지 않는 한 공동성명을 내도 저는 한국 국민들로부터, 당신은 일본에게 속고 있다는 말을 듣게 될 뿐입니다."

그렇게 노신영이 발언했다.

소노다는 잠시 침묵한 뒤 입을 열었다.

"이번 회담에서 합의되지 않아도 외교장관 회담을 거듭해 이야기를 이어 가고 거기서 수뇌회담에 가지고 가는 방법 이외에 없지 않을까요?"

어떻게 해서든지 협의를 계속한다는 것으로 이번 외교장관 회담을 마치는 것 이외에 방법이 없다는 생각이 소노다의 머릿속에 점차 자리를 잡아 갔다.

그러나 협의를 계속한다는 것으로는 앞이 전혀 보이지 않는다. 앞이 보이게 하려면 일본 측이 실질적인 면에서 양보해야 한다. 그것은 안 된다. 그렇다면 절차를 정해 그 절차대로 양쪽이 따르기로만 합의하고 내용은 그 절차를 밟아 가는 단계에서 정할 수밖에 없다.

다만 각료회의도 열린 현재 남겨진 절차는 총리와 대통령 회담 밖에 없다. 소노다는 수뇌회담 가능성을 흘림으로써 앞으로의 절차에 중점을 부여하여 계속 교섭이라는 형태로 가져가려는 것처럼 보였다.

"적어도 대략적인 합의가 없으면 수뇌회담도 열리지 못합니다. 40억 달러 이하로는 저는 죽습니다. 대통령도 정권을 유지할 수 없게 될지 모릅니다."

노신영의 어조에 점차 비장함이 감돌았다.

노신영은 이 순간 어쩌면 최근 읽은 고무라 주타로의 전기를 떠올리고 있을지도 몰랐다.

러일 강화회의에 임하는 고무라의 입장은 고통스럽고 난처했다. 일본의 전비는 바닥을 쳤고 전쟁을 계속하는 것도 불가능에 가까웠다.

그러나 그것을 알고 있던 것은 정부 원로들뿐이며 국민들은 연전연승에 도취해 있었다. 엄청난 성과를 기대하는 국민들의 목소리와 절대로 강화를 성사시켜야 하는 국가의 난처한 입장 사이에 끼여 고무라가 고뇌하고 있다는 것은 누구보다도 본인이 잘 알고 있었다.

그러나 고무라에게는 다섯 손가락 조금 넘을 정도이기는 했지만 그의 고뇌를 이해해 주는 원로들이 있었다.

한편에서는 지금 60억 달러는 말할 필요도 없고 100억 달러라도 당연히 제공해야 한다고 생각하는 한국의 여론이나 청와대 대통령

측근들의 압력이 있고, 다른 한편에서는 그런 금액은 절대 불가능하다는 일본의 입장이 있었다. 둘 사이의 커다란 틈에 끼여 고뇌하는 노신영의 발목을 잡고 몸을 이리저리 끌어내리려는 자는 있어도 "당신의 고뇌는 누구보다 잘 안다"고 말해 주는 사람이 과연 몇 명이나 한국 정부 내에 있을까. 고무라의 고뇌를 그린 『포츠머스의 깃발』의 내용을 떠올리면 노신영이 그러한 절망감과 비슷한 고뇌를 느끼고 있다고 해도 이상한 일이 아니었다.

그러나 이런 고뇌 뒤에는 노신영의 강렬한 사명감이 있었음에 틀림없다.

듣기로는 노신영은 일부러 주일 한국대사관에 지시를 내려서까지 고무라 주타로나 무쓰 무네미쓰에 관한 사료를 모으게 하여 그것을 숙독했다고 한다.

혼자 북한에서 탈출하여 고학으로 외교관이 된 노신영은 주위로부터 입지전적인 인물로 불리었으며, 그런 만큼 치밀하게 공부하는 사람이었고 외교에 몸을 바친다는 사명감이 강한 인물이었다.[16] 그런 노신영이 메이지 시대에 활약했던 일본 외교관의 접근 방법을 배우려 했던 것은 단순히 일본 외교사나 일본의 접근 방법의 원점을 이해하려고 했었기 때문만은 아니다. 국난을 앞에 두고 국가에 대한 강한 사명감에 불타 일을 했던 메이지 시대 일본 외교가의

---

16) 이재춘, 앞의 책, p.150.

한일 경제협력자금 *100억 달러의 비밀*

모습 속에 노신영은 자신을 투영함으로써 깊고 넓은 일본과의 심리적 차이를 마음속에서 메우려 했다. 그것 또한 노신영이 가진 사명감의 일부였지 않았을까.

소노다는 이때 회담 중 처음으로 테이블 위에 있던 담배에 손을 내밀었다. 노신영이 라이터 불을 가까이하고 소노다의 옆얼굴을 가만히 봤다.

"한일 관계는 실로 어렵습니다."

"운명적, 숙명적인 것이 있습니다."

두 외교장관은 서로 고개를 끄덕였다. 그러나 두 사람이 서로 가슴을 트고 지금까지와는 달리 서로가 친밀함을 느끼게 되었던 바로 이 순간, 협의의 쟁점인 경제협력 문제는 두 사람의 손을 떠나가고 있었다. 그리고 두 외교장관은 서로의 마음속을 배려하면서도 어슴푸레하게 그것을 느끼고 있었음에 틀림없다.

1945년 8월 10일 특공대로서 출격하고자 치도세(千歲) 비행장에 집결했던 기억을 갖고 있던 소노다와 한국전쟁의 전란을 피해 평양에서 서울로 탈출해 군고구마를 팔면서 고학으로 대학을 졸업한 노신영의 사이가 이 정도까지 가까워진 적은 없었다고 말할 수 있다.

그렇지만 한일 양국을 둘러싼 정치의 흐름은 이 두 사람을 흘려보내 다시 두 사람을 서로 대립하는 강 양쪽에 서게 만들었다.

그리고 그것을 상징하는 것처럼 한일 각료회의의 공동성명은 결국 발표되지 않았다.

"일본 정부는 가난하다"는 와타나베 대장상의 말

한일 각료회의 일본 측 대표단과 전두환 대통령과의 면담(1시간 정도의 오찬을 포함하여)은 9월 11일 한국 대통령 관저인 청와대에서 개최되었다.[17]

모두인사로 전두환 대통령은 소노다 대신의 몸 컨디션이 좋지 않은 것에 대한 걱정의 말을 했다. 이것은 소노다가 전날부터 몸 컨디션이 나빠져 노신영 장관 주최 만찬회에도 결석하여 한국 언론으로부터 무례하다는 비판이 있었던 것을[18] 염두에 두고 소노다가 컨디션을 회복하여 회담에 출석하였다는 인상을 내외에 심어 주고 동시에 개인적인 위로의 말을 표현했던 것이었다.

전두환은 발언 가운데 특히 두 가지 점을 강조했다.

하나는 한반도를 둘러싼 군사 정세다.

전두환은 박 대통령의 갑작스런 죽음은 한국 안전보장상의 문제를 초래했다는 취지의 말을 하면서 일본 대표단의 판문점 시찰 감상을 듣고 싶다는 말을 꺼냈다.

동시에 회담에 이어 열린 오찬 석상에서 전두환은 소련의 군비

---

17) 본 면담의 내용은 주한 일본대사가 외무대신에게 보낸 전보 제2242호에 의함.
18) 9월 11일자 「일본경제신문」 기사, '일본은 성의가 없다, 한국 각 신문이 비난(「日本は 誠意ない」韓国各紙が非難)'.

증강, 특히 장거리 미사일 개발에 대한 우려를 표명하면서 미국 방위 예산의 대폭적인 증대가 어렵다는 것을 언급하고 이런 국제 정세에 대처할 필요성을 강조했다.

또 전 대통령은 "새로운 차원에서의 우호관계"를 구축하고 싶다는 점을 강조하고 이제까지의 관계는 "진정한 의미에서의 협력 관계가 아니다"면서 양국 지도자가 교체된 지금이 새로운 관계를 구축할 좋은 기회라는 취지의 말을 했다.

이에 대해서 일본 측은 전두환이 남북대화의 추진을 제창하고 있는 것을 높이 평가하는 형태로 남북대화의 추진을 호소하고 동시에 "옛날 얼굴이 보이지 않는" 것은 한일 관계의 대화에 어려움을 초래하고 있다고 말했다.

경제협력 문제에 대해서는 와타나베 대장상이 "일본이란 '나라'는 부자나라일지 모르지만 '정부'는 예산 면에서 국채 이자 지불액과 공공사업비가 같을 정도로 어려움에 처해 있으며, 가난하고 의지가 되지 못합니다. 한국으로서는 (오히려) 일본의 민간경제계로부터의 (자금)도입을 생각하는 것이 현명할 것입니다"라고 말한 데 대해서 전두환은 한국의 속담을 인용하면서 "가난한 자는 허세를 부리고 부자는 어렵고 힘들다고만 말합니다"고 응수하는 장면도 있었다.

전두환의 '극일'은 무엇인가

여기서 전 대통령과 일본 측 대표단의 회담 내용 가운데 주목해야 할 또 한 가지 과제, 즉 대통령의 방일 문제에 대해 언급하지 않으면 안 된다.

일본 측 각료로부터 미국이나 아세안을 방문하면서 일본에 오지 않은 이유가 뭐냐는 뉘앙스의 코멘트가 있었던 것을 배경으로 전 대통령은 "그것은 그들 국가로부터 초청장을 받았기 때문이며 일본으로부터는 좀처럼 초대가 오지 않기 때문입니다"라고 말했지만,[19] 여기에는 한일 간의 미묘한 심리 상태가 숨겨져 있었다.

즉 통상 한국에 신정권이 들어서면 수뇌는 이웃 나라이자 중요한 파트너인 일본을 인사를 겸해 방문하여 정상 간 대화의 길을 열어 둔다. 그렇지만 한국의 신정권이 고분고분하게 그런 행동을 하지 않았던 것은 왜일까. 그리고 일본 측도 그런 대화를 조기에 실현하려 하지 않았던 것은 왜일까. 여기서 다시 한 번 묻지 않으면 안 된다.

일본 측 입장에서 보면 군사쿠데타로 집권하고 더구나 광주 사건이라는 학생과 노동자가 연루된 유혈 사건을 일으킨 정권과 정상 차원의 대화를 조급하게 갖는 것을 주저했던 것은 자연스런 일이었다.

---

[19] 9월 21일자 주한 일본대사가 외무대신에게 보낸 전보 제2242호.

더불어 스즈키 총리, 이토 외상 등 당시의 정권 중추부는 소위 비둘기파적인 사고의 소유자들로, 한반도에서의 남북대화를 중요하게 생각하는 태도를 취하고 있어 한국의 정권과는 커다란 차이가 있었던 것도 영향을 미쳤을 것이다.

나아가 김대중에 대한 사형 판결도 영향을 미쳤다.

특히, 재판의 '투명성'이 문제가 되었다. 또 앞에서도 언급한 대로 북한 요인의 일본 입국 문제도 한일 간의 미묘한 쟁점 사안이었다. 그렇기 때문에 외교당국도 수뇌 측근도 한일 간 정상 차원의 대화를 하는 것은 리스크를 수반하기 때문에 어렵다고 판단하고 있었다.

더욱이 수십 년의 세월이 지나 당시 상황을 현재 냉정하게 분석해 보면 한일 간에 커다란 사고의 차이가 있었으며, 또 장기에 걸친 박 정권 이후 한국에 신정권이 등장한 이상 오히려 조기에 정상 차원의 한일 대화를 실현시켜 일본 측의 '성의'를 보여 주는 외교적 선택이 일본의 국내 정치상 문제가 있기는 했었다. 하지만 일본 측으로서 그것이 정말로 곤란했었는지 어떤지에 대해서는 약간 의문이 남는다.

다만 이 경우 일본 측이 주저했던 것은 물론이거니와 한국 신정권의 태도에도 상당한 변칙성이 있어 정상 차원의 대화를 둘러싸고 한일 간에는 말하자면 일종의 악순환이 일어나고 있었던 것에 눈을 돌릴 필요가 있다.

한국 측이 신정권인 이상 '인사'라는 형태로 일본을 방문하는 것은 자연스런 외교적 선택으로 있을 수 있었음에도 불구하고 한국 측은 경직되어 있었다.

미국 방문 길에 들르는 형태로조차 일본을 방문하려는 의도를 전혀 보이지 않았던 것이나 수십억 달러의 경제협력 문제가 당돌하게 제기되었던 것은 그 배경으로 한일 간의 소위 윤활유적 역할을 해 온 전통적인 정치적 파이프가 한국의 정권에서 기능하지 않게 되었다는 것을 보여 줬다.

이와 같이 전두환 정권의 대일 태도에는 패기 또는 경직된 부분이 있었으며, 그것이 한일 간의 커뮤니케이션을 현저하게 어렵게 하고 있었다.

이것은 예를 들면 전두환이 8월 15일 광복절 기념사에서 '극일'(일본을 극복한다)의 길을 제창한 것에도 나타나 있었다.

일본과의 '대등한 관계' 수립을 전면에 내세웠던 전 정권의 심리 뒤에는 박정희 정권이 결국 일본에 의존한 경제발전 정책을 펴 일종의 한일 유착 구조를 만들었던 것에 대한 강한 비판 심리가 있었으며, 그것이 일본의 식민지주의에 대해서 새롭게 반성을 요구하는 것, 그리고 그렇게 함으로써 새로운 한국에 대한 자부심을 확립하고 싶다는 심리와 결부되어 있었다.

나아가 그런 심리는 한반도의 안전 확보에 대한 강한 우려와 국민의식의 고삐를 죄는 것과 연동되어 있었다.

참고로 이 '극일'이라는 말은 어쨌든 반일과 친일 사이를 왔다 갔다 하면서 한국의 국민감정을 극복하고 "일본이 뭘 할 수 있는가!"라며 나라를 하나로 단결시키려는 전두환 정권의 기세를 상징하는 말이었다.

정치적 군사적인 경제협력

한일 각료회의는 각료 전체회의, 개별회의, 전두환 대통령과의 면담이라는 세 차원 이외에 수행원(실무자)에 의한 실무 차원의 회담이 있었다. 이 소위 실무자회담은 당시 상황하에서는 특별한 정치적 외교적 의미를 가지고 있었다.

일본 측으로서는 특히 이 실무자회담에 주목하고 있었다. 왜냐하면 이 회담에서 한국 측이 어디까지 대일 경제협력 문제에 대해서 정치적 혹은 군사적인 이유가 아니라 경제적 혹은 사회적 필요성을 실무적으로 설명할 수 있는가, 그것이 일본 측으로서는 그 후의 검토에 있어서 대단히 중요했기 때문이다.

이것은 각료회의 출석을 위해 서울에 간 와타나베 미치오(渡辺美智雄) 재무상이 이전부터 잘 알고 지내던 한국 정계의 최영철과 회담했을 때 "일본으로서도 기꺼이 협력할 것이지만 좀 더 돈을 내기 쉽게 해 주지 않으면 곤란하다"고 말했던 것에도 암시되어 있

었다.[20]

그렇지만 9월 11일 열린 실무자회담에서 한국 경제기획원의 제 5차 경제개발 5개년 계획에 관한 브리핑에서는 "60억 달러의 (대일) 경제협력 요청 액수는 5개년 계획의 자금계획에는 포함되어 있지 않으며 이것과 직접 관련이 없다"고[21] 설명해 일본 측이 요구했던 (대일 요청의) 경제적 근거에 관한 설명은 전혀 이뤄지지 않았다.

그뿐만 아니라 경제기획원 관계자는 "60억 달러의 차관 요청은 방위와 관련해 이뤄진 것으로, (5개년) 계획 기간 중의 7 내지 8%의 경제성장률도 이것과 관계없이 산정된 것이다"라고 말했기 때문에 [22] 일본 측 관계자는 곤혹스러워했다. 이런 내용들은 대외적으로 공표되지 않았다.

이상 네 가지 차원의 한일 간 접촉과 대화를 통해 한국의 대일 경제협력 요청은 오로지 신정권의 정치적, 군사적 고려에 입각한 것이었으며, 이에 대한 일본 측의 찬동과 지지의 소위 '증거'를 의미하며, 한국경제 그 자체의 필요에 의한 것은 아니었다는 것이 한층 명확해졌던 것이다.

---

20) 1981년 9월 10일자 「일본경제신문」 기사, '기자수첩(記者手帳)'.
21) 주한 일본대사가 외무대신에게 보낸 전문 제2251호.
22) 위와 같음.

군인 대통령 vs 자민당 리버럴파

각료회의 전후부터 한일 양국에서 '정치적' 움직임이 활발해졌다. 이것은 60억 달러의 경제협력 문제를 둘러싼 정부 간 교섭이 난항하고, 더구나 그 배경에 한국의 신정권과 일본 사이의 '정치적' 파이프가 단절되었다는 인식이 양국 관계자 사이에 점차 깊어졌기 때문이다.

그런 움직임은 이미 공명당 관계자나 일부 자민당 관계자의 방한과 같은 형태로 나타나고 있었지만, 하나의 커다란 전환점이 된 움직임은 9월 중순의 일한의원연맹과 한일의원연맹 회의였다.

한일 양국의 의원연맹은 1981년 9월 16일과 17일 이틀 동안 서울에서 제9회 합동총회를 개최, 한국에서는 이재형 회장 이하 169명이, 일본 측에서는 야스이 켄(安井謙) 회장 이하 57명의 의원이 참가했다.[23]

의원단은 이틀간의 회의 후 17일 공동성명을 발표했지만, (공동성명 작성에 참가했던 일본 측 의원에 따르면) 한일 간에는 상당한 인식의 차이가 있었으며 성명문 작성도 상당한 난항을 겪었다고 한다.

예를 들면, 한국 측은 북한의 군비 증강과 도발을 강조하고 북한에 대한 비난의 톤을 강하게 전면에 내세우려 했고, 반면에 일본 측 (작성 담당자)은 전례가 없다면서 이를 회피하려고 했다. 하지만 한국 측의 강력한 주장에 의해 결국 '동아시아에서 북한의 현저한 군

사력 증강 및 끊임없는 도발 행위에 의해 위기가 상존'한다는 문구가 성명에 포함되었다.[24]

두 번째 차이점은 경제협력 문제에 대한 것이었다. 한국 측은 한국의 방위 노력이나 군사비 부담에 대한 일본 측의 원조 내지 협력으로서 경제협력 문제를 다루려 한 데 비해 일본 측은 경제협력은 어디까지나 한국의 국가 재건과 민생 안정을 위한 것이라고 주장해 의견이 엇갈렸다.[25]

결국 공동성명의 문안에는 일본 측이 한국 측과 타협해 '일본국 의원단은 이러한 인식하에 대한민국의 방위 노력을 높이 평가하고 과중한 국방비 부담에 의한 한국의 어려운 경제 사정에 대해서 깊은 이해를 표명함과 동시에 대한민국에 대한 경제협력에 성의를 다해 노력할 것을 확인했다'는 문구가 공동성명에 포함되었다.[26]

이런 차이는 공동성명 채택 후의 공동기자회견에서도 나타났다.

한국 측 대변인이었던 김윤환 의원은 다음과 같이 말했다.

"현재 양국 사이에 최대 현안인 60억 달러의 경제협력 문제에 대해서 일본 측 의원이 한국 측의 입장을 잘 이해하고 인정해 주신 것은 의의가 있었다고 생각합니다. 앞으로 양국 의원은 활발한 활동

---

23) 1981년 9월 17일자 주한 일본대사가 외무대신에게 보낸 전보 제2280호.
24) 위 전보 및 1981년 9월 18일자 주한 일본대사가 외무대신에게 보낸 전보 제2310호.
25) 위 전보 제2310호.

을 통해 정부의 이해와 국민의 계몽에 대한 노력을 강화해 갈 것이지만, 그런 의미에서 정상회담(수뇌회담)을 위한 분위기 조성을 위해서도 의미가 있었다고 생각합니다."

이렇게 김 의원은 정상회담을 위한 정지 작업이 이뤄지고 있음을 강조했다.

이에 대해서 일본 측 대변인인 모리(毛利) 의원은 신중한 태도를 취했다.

"정상회담은 가급적 빨리 열었으면 좋겠지만, 스즈키 총리도 회담을 열려면 나름대로 준비가 필요하며, 이의 개최를 위해서는 정부 간 교섭, 국민 차원의 여론 환기 등이 필요합니다."[27]

이런 양측 의원단의 의견 '차이'는 당시 양국에 있어서의 일반적인 인식 차이를 반영하고 있었다.

일본 측은 한국으로부터 당돌하게 제시받은 60억 달러 운운하는 경제협력 문제의 해결 전망이 보이지 않은 채 정상회담을 모색하는 것은 불가능했으며, 우선 실무 차원, 장관 차원에서 충분히 협의하여 쌍방의 접점을 찾는 것이 선결과제다, 또 그렇게 함으로써 일

---

26) 주23)과 같음.
27) 1981년 9월 17일자 주한 일본대사가 외무대신에게 보낸 전보 제2282호.

본 국내 여론의 지지를 쉽게 얻을 것이라는 입장이었다는 것은 기자회견에서도 엿볼 수 있었다. 그리고 그 배후에는 군사쿠데타로 정권을 잡은 전두환 정권에 대한 경계심과 불신감이 남아 있었다.

한편, 한국 측은 비상사태에 직면했던 한국에 대해 일본이 협력해 주는 것은 과거의 행태로 봐서도 당연한 것이며, 일본과 한국이 과거를 청산하고 새로운 관계를 시작할 좋은 기회이며 그러려면 우선 정상들 간의 신뢰관계 구축이 중요하다는, 그런 사고방식에 서 있었다.

여기에는 일본의 식민지 지배라는 과거사 청산 같은 문제는 적어도 정부 사이에는 이미 해결되었다는 일본 측의 감각과 이 문제는 완전하게는 청산되지 않았다고 보는 한국 측의 생각 사이의 괴리가 숨겨져 있었다.

더불어 톱다운(Top-down) 형의 정책결정 방식을 취하는 군인 대통령의 한국과 자민당 리버럴파를 중핵으로 한 스즈키 정권 사이의 체질상 차이도 미묘하게 영향을 미쳤다.

군사협력도 종래의 경제협력도 아니다

이런 한일 간의 괴리는 각료회의를 통해서도 메워지지 않았으며, 오히려 괴리의 존재를 한층 더 명확한 형태로 세상 일반에게 인식시켜 버렸다고 말할 수 있다. 그런 한편에서는 미묘한 형태이기는 하지만 일본과 한국의 괴리가 좁혀져 가는 징후도 조금씩 나타났다.

그런 하나의 증거는 각료회의로부터 2주 정도 지난 9월 말 한국 외무부 간부가 주한 일본대사관 직원에게 각료회의 성과라면서 다음과 같이 말한 것에도 나타나 있다.

"지난 각료회의는 세상 일반에게는 결렬이라든가 타협 실패라고 전해졌지만, 외무부로서는 한일 양국이 인식을 함께하고, 보다 한층 이해를 깊게 하기 위해 필요한 과정이었다고 평가하고 있다. 실제로도 경제 문제에 대해서 합의는 이루지 못했지만 한반도를 둘러싼 정세 인식에 대해서는 상당한 부분에서 의견의 일치를 볼 수 있었다."[28]

그리고 이 외무부 간부는 다음과 같이 덧붙였다.

"한국 측으로서는 우선 큰 틀에서 일본 측의 의사표시를 기다리고 있었는데, 이것이 제시되면 안보와의 연결이나 방위의 대신 부담이라는 문제에 대해 언급하지 않고도 이야기를 해 나갈 수 있을 것으로 생각한다."[29]

즉 한국 측은 경제협력 문제가 실은 방위협력이라고 하는 원칙

---

[28] 1981년 9월 29일자 주한 일본대사가 외무대신에게 보낸 전보 제2406호.
[29] 위와 같음.

내지 논리를 서서히 철회하는 쪽으로 방향을 선회했던 것이다.

이것은 구체적으로 무엇을 의미하고 있었던 것일까? 그것은 다음과 같이 말할 수 있을 것이다.

즉 "방위를 위해 필요하다"라는 간판을 내리면 당연히 왜 '경제적'으로 60억 달러가 필요한지 논리를 제시하지 않으면 안 되고, 바로 일본 측이 말하는 경제협력 프로젝트의 구체적인 실적 쌓기 논의로 들어가게 된다. 따라서 한국 측은 이 단계에서도 공식적으로는 그런 논의를 기피하고 있었다.

실제로 앞에서 인용한 외무부 간부는 대사관 직원에게 또한 "일본 측이 말하는 실적 쌓기 방식을 취하면 190억 엔(1980년 1년 동안 일본의 대한 경제협력 금액)을 교섭의 스타트라인에 놓고 시작하지 않을 수 없으며 이것은 과거 15년의 잘못을 계속 이어 가는 것이 되기 때문에 절대로 동의할 수 없다"고 말했다.[30]

이것은 60억 달러의 경제협력 문제가 일본의 대한 **군사**협력이 아니며, 또 **종래의** 경제협력의 연장도 아니라 실은 새로운 한국 정권에 대한 일본의 '정치적' 지지를 보여 주는 상징의 문제라는 것을 암시했다.

그것은 역으로 일본 측 입장에서 보면 다음과 같은 의미를 가지고 있었다.

즉 한국 측이 서서히 안전보장과 경제협력을 분리하는 방향으로 양보한다고 해도 그런 생각을 대통령 자신이 공개적으로 인정할 수 있는가 하는 문제이다. 말하자면 경제협력 문제는 금액의 문제인 것은 물론이거니와 그 논리 내지는 대의명분에 대한 기본적인 합의가 필요하며, 그러기 위해서는 한국 측이 일본 측의 법적, 정치적 제약이나 사정을 충분히 이해할 필요가 있었다.

이렇게 해서 한일 양측에 약간의 시간차를 두고 정치적인 분위기를 만들려는 움직임이 활발해졌다.

한국 외무부의 고위관리도 "앞으로의 진행 방법에 대해서는 당분간 사태를 진정시키면서" 할 필요가 있다고 말했으며,[31] 또한 (앞에서 인용한) 합동기자회견에서 한 모리 의원의 발언("준비가 필요하다"고 말한)도 그런 생각을 반영한 것이었다.

그리고 실제로 일본 정부 관계자의 공식 발언에도 그런 태도가 눈에 띄었다.

예를 들면, 9월 12일 미야자와 관방장관은 한일 양국 관계의 타개책에 대해서 "잠시 쉬어 가면서 양쪽이 천천히 생각하는 게 좋을 것이다"라고 말했다.[32] 10월에 들어와 소노다 외상도 유사한 발언을 했다. 즉 "경제협력 금액이나 군사비를 대신 부담하는 것은 불가능하다는 점에서 (양국 간에) 커다란 차이가 있다. 상호 이해가 필요

---

30) 위와 같음.
31) 위와 같음.
32) 1981년 9월 12일자 「일본경제신문」 석간 기사, '냉각기간 두고 재협의(冷却期間おき再協議)'.

하며 시간을 두고 이야기를 좁혀 갈 것"이라고 말했던 것이다.[33]

그러나 이런 '시간의 필요'가 무엇을 의미하는지에 대해서는 한 일 양측에서 약간 달랐다.

일본 측으로서는 소노다 외상의 말처럼 군사비를 대신 부담한다는 성격을 한국 측이 철회 내지 변경하기 위한 시간이 필요하다는 입장이었다.

한편 한국 측 입장에서 보면 시간이 필요한 것은 일본 측이 경제 협력에 대해서 큰 폭의 금액 변경을 위한 정치적 결단을 하기 위한 것이었다. 그리고 한국 측으로서는 경제협력은 어디까지나 정부 간의 공적 자금에 의한 대규모의 협력이지 않으면 안 되었으며, 민간 자본이 주체가 되어서는 안 되었다.

양자 사이의 차이는 우연히도 10월 중순 일본과 한국의 입장에 대한 한 일본 신문의 보도에 나타났다.

즉 소노다 외상은 "민간 자본도 포함한 혼합 차관에 의한 경제협력을 요청해 온다면 금액 면에서 협의에 들어갈 수 있다"는 생각을 표명했다.[34] 한편 노신영 한국 외무장관은 민간 자본을 포함한 것에 대해서는 "지금까지의 한일 간 협의를 무시하는 것이다"라고 마

---

33) 1981년 10월 3일자 「일본경제신문」 석간 기사, '대한 원조 타결에는 시간 필요(対韓援助決着には時間)'.

에다 대사에게 말했으며, 동시에 "일본이 안보와 경제협력을 관련
시키지 않는 차관의 제공을 제안해 올 경우 이것을 받아들일 것인
지 어떤지에 대해서는 교섭 과정에서 검토해 결정할 문제이다"(한
국 국회에서의 답변)라고 말해 일본 측이 어떤 형태의 제안을 해 올
것을 기대한다는 입장을 표명했다.[35]

저널리스트 출신 정치가의 이면 공작

이러한 일종의 교착 상태가 발생하면서 외교 루트와는 다른 루트
로의 시도가 진지하게 이뤄지게 되었다.

그런 중요한 하나의 움직임은 한국의 청와대와도 가깝고 동시에
일본에도 지인이 많았던 김윤환 한일의원연맹 간사장의 움직임이
었다.

김윤환은 일본인과 거의 동등한 수준의 일본어를 구사하는 저널
리스트로 주일 특파원으로 활약했던 경력의 소유자다. 그는 일본
의 정계, 관계에도 지인들이 많아 한일 간의 가교 역할을 했지만,

---

34) 1981년 10월 17일자 「일본경제신문」 기사, '한국, 민간자금 포함한다면 경제협력 협의가
능(韓国, 民間資金含めるなら経済協力で協議可能)'.
35) 1981년 10월 20일자 「일본경제신문」 기사, '차관, 안보와 분리(借款安保と分離も)'.

박 정권 시대는 한일 간의 정치적 연결고리가 튼튼했기 때문에 또 김윤환 자신이 저널리스트였던 것도 있어서 눈에 띠는 정치적 움직임은 없었다.

그렇지만 전두환 시대가 되어 전두환 정권이 군사 정권에서 민주 정권으로 이행하기 위해 정당 결성에 힘을 쏟게 되자 그 공작에 협력하고 국회의원이 되어 급속하게 전두환 정권의 핵심부에 가까운 존재가 되었다.

또 김윤환은 같은 저널리스트 출신인 허문도와도 친했으며, 말하자면 기세가 등등했던 전두환 정권과 이에 대해 어쩔 줄 몰라 하던 일본 사이를 중재함으로써 자신의 정치적 영향력을 강화하려 했다.

김윤환은 대담하면서도 세심한 주의를 소홀히 하지 않는 성격이었다. 또한 김윤환은 아주 남자답고 단정한 얼굴이었다.

그런 김윤환 의원은 10월 중순 일본을 방문하여 후쿠다, 다나카 전 총리 등의 정계 요인, 스노베 외무차관 등의 외무성 관계자와 접촉했으며, 그 결과 다음과 같은 '해결책'에 관한 생각을 굳혀 그것을 일본 정부 및 한국 정부 관계자 양쪽 모두에게 비밀리에 전달했다.

(1) 안보 논의는 어느 정도 역할을 다했기 때문에 더 이상 하지 않는다(더 이상 논의하는 것은 일본의 협력자들을 난처하게 할 뿐이다).

(2) 차관은 5개년 계획의 프로젝트와 관련해 요청한다.

(3) 융자기관은 기금만이 아니라 수출입은행도 포함하는 것으로 한다(수출입은행의 융자조건 여하에 따라서는 기금분과 평균화하여 전체적으로 상당히 유리한 조건이 실현가능할 것이다. 또 수출입은행에는 다양한 형태의 융자가 있기 때문에 일부를 상품차관이나 은행 간 차관[뱅크론] 같은 것으로 하기 쉬울 것이다). (기금이란 당시의 해외협력기금을 말함)

(4) 어쨌든 내년도 실적을 만드는 것이 급선무이기 때문에 일본 측에 정치적 결단을 하도록 하여 내년도 원조액을 적어도 금년의 3배 정도로 하고, 이것을 초년도분으로 하며, 그 뒤 늘리도록 한다(적당한 프로젝트를 가져오면 기금분과 수출입은행분을 합쳐 40억 달러 정도로 늘리는 것도 가능할 것이다).[36]

그렇지만 이 '해결책'에는 (김윤환 의원 자신도 인정하고 있었던 것이지만) 두 가지 커다란 장애물이 있었다.[37]

하나는 단년도 방식의 경제협력 공여라는 방식을 채택하고 있는 일본 측이 다년에 걸친 거액의 경제협력을 할 수 있는가 하는 점이었다.

또 다른 하나는 어디까지나 한국의 안전보장을 위한 협력이라는 점에 고집하는 전두환 대통령의 입장을 어떻게 고려할 것인가 하

---

[36] 1981년 10월 16일자 주한 일본대사가 외무대신에게 보낸 전보 제2554호.
　　1981년 10월 20일자 「일본경제신문」 기사, '차관, 안보와 분리(借款, 安保と分離も)'.
[37] 위와 같음.

는 점이었다.

이 두 문제를 남겨 둔 채 한일 교섭은 이윽고 제3막을 맞이하게 되었다.

별첨 : 주11)에 포함된 외무성 문서

정치문제

1. 제11차 한일 정기각료회의는 1981년 9월 10일과 11일 이틀에 걸쳐 서울에서 개최되었다.

회의에는 한국 측에서 신병현 부총리 겸 경제기획원 장관을 고문으로 하여 노신영 외무부장관, 이승윤 재무부장관, 고건 농수산부장관, 서석준 상공부장관, 박봉환 동력자원부장관, 윤자중 교통부장관이 최경록 주일 대사 및 최창락 경제기획원 차관과 함께 참석했다.

일본 측에서는 소노다 스나오 외무대신, 와타나베 미치오 대장(재무)대신, 가메오카 다카오 농림수산대신, 다나카 로쿠스케 통상산업대신, 사오카와 세이주로 운수대신, 고모토 도시오 경제기획청 장관이 마에다 도시카즈 주한 대사와 함께 참석했다.

2. 회의는 다음 사항을 의제로 채택하고 토의했다.

(가) 국제 정세 및 양국관계 일치

(나) 한 · 일 경제관계

ㄱ. 양국 경제정세 일치

ㄴ. 경제협력

ㄷ. 무역

(다) 기타

3. 양국의 각료는 최근의 국제 정세가 아프가니스탄, 폴란드 사태 등에 의해 동서 간의 긴장이 고조되어 전반적으로 유동적이고 불안정한 양상을 띠고 있으며, 특히 동서아시아에서 최근 초래된 강대국 간의 군사적 불균형이 이 지역의 평화와 안정에 대한 위협 요소로 등장하고

있다는 것에 의견을 같이했다.

양국의 각료는 동북아시아 지역의 안정과 평화를 촉진하기 위해서는 한일 양국이 준엄한 국제 정세에 대한 공동인식을 바탕으로 자유진영 일원으로서 상호협력하면서 각각 가능한 역할을 수행해 가야 한다는 것에 의견의 일치를 보았다. 양국의 각료는 이러한 정세하에서 금년 2월의 한미 정상회담과 5월의 미일 정상회담은 대단히 시의적절했으며, 의미 있는 것이었다는 것에 대해서 의견의 일치를 보고 극동 및 태평양 지역에 대한 미국의 확고한 방위 결의를 높이 평가했다.

4. 양국의 각료는 한반도에서의 평화안전 유지가 일본을 포함한 동북아시아의 평화안전 유지에 필수적이라는 것에 의견의 일치를 보았다. 한국 측 각료는 북한이 한국의 대화재개 제의를 거부하면서 계속해서 전력을 증강하는 한편 대결적 자세를 유지하고 있는 것이 한반도의 긴장 고조 원인이 되고 있다는 것을 지적하고 이에 대처하기 위해서 한국은 우선 자체 방위력을 강화해 가지 않을 수 없는 입장을 설명했다.

또한 한국 측 각료는 한반도의 평화적 통일을 달성하기 위한 전두환 대통령의 남북한 최고당국자회담 제의 등 남북대화 노력을 설명하고, 북한이 현재 거부 자세를 보이고 있음에도 불구하고 인내와 성의를 가지고 끈기 있게 긴장 완화와 평화 공존을 위한 조치를 추진해 갈 방침이라고 표명했다.

일본 측 각료는 한반도의 평화와 안정을 위한 한국의 방위 노력과 남북대화 노력을 지지하고, 제5공화국이라는 새로운 국가 건설을 위한 한국 정부 및 국민의 의지와 노력에 경의를 표했다.

또한 일본 측 각료는 북한의 전력 증강과 대결 정책에 의해 한반도의 긴장이 고조되고 있다는 인식을 표명하고, 일본으로서도 자유진영의 일원으로서 북한의 대결 정책을 고무하는 일은 하지 않을 것이며, 북일 관계는 앞으로 한국 및 미국과 긴밀하게 사전 협의하여 추진해

간다는 방침을 선명하게 했다.

양국의 각료는 주한 미군의 계속 주둔을 공약한 미국 정부의 시책을 전폭적으로 지지하고, 이러한 미국의 공약이 한반도와 동북아시아의 안전에 기여할 것이라는 것에 의견이 일치했다.

5. 양국의 각료는 한일 관계에 대해서 검토하고 의견을 교환했다.

양국의 각료는 한일 양국이 상대방의 번영 속에서 자국의 번영이 가능하다는 공통인식하에 대국적인 견지에서 상호 신뢰를 구축해 가야 하며, 새로운 차원에서 양국 관계를 추진함으로써 진정한 선린우방이 될 수 있도록 상호 노력해 가지 않으면 안 된다는 것에 의견을 같이했으며, 이러한 기본인식을 바탕으로 양국의 제반문제에 대처해 가기로 합의했다.

양국의 각료는 이러한 시점에서 지난 8월의 한일 외교장관 회담이 새로운 차원의 양국 관계의 발전을 위한 중요한 계기가 되었다는 것에 의견의 일치를 보았다.

한국 측 각료는 재일 한국인의 법적지위, 복지문제 및 사회참여 기회 확대 문제가 새로운 한일 관계 구축에 있어서 매우 중요한 문제라는 것을 강조하고, 이에 대한 일본 정부의 각별한 배려를 요망했다.

일본 측 각료는 재일 한국인의 일반 영주권 부여를 포함한 출입국관리령의 개정, 국민연금의 문호 개방 등 최근의 조치에 관해 설명했다.

한국 측 각료는 이들 조치를 평가함과 동시에 일본 측에 대해 앞으로도 협정 영주권의 재설정, 국민연금의 특별조치 및 사회적 참여 확대 등의 세 가지에 대한 개선을 요망했다.

이에 대해서 일본 측은 재일 한국인의 지위, 복지 증진과 관련한 제문제의 중요성에 비춰 계속해서 호의적으로 검토할 것이라고 밝혔다.

양국의 각료는 양국 국민 간의 상호이해와 존중을 통해 선린우호협력관계를 발전시켜 가는 것이 장기적인 시점에서 매우 중요하다는 것에 의견을 같이했으며, 앞으로 양국 간의 문화교류를 점진적으로 확대해 가기로 합의했다.

양국의 각료는 금년 8월의 외교장관 회담에서 합의된 재일 한국인 문제에 관한 국장급 실무자 간 정기회의와 문화교류 문제에 관한 정부 간 정기 실무자협의회가 문제의 원활한 해결에 기여할 수 있도록 상호 노력해 가기로 합의했다.

(중략)

12. 양국의 각료는 지금까지의 정기 각료회의가 양국 간 선린우호 협력관계 증진에 크게 기여해 왔다는 것을 높이 평가하고, 특히 이번 회의에서는 시종 우호적인 분위기 속에서 새로운 차원의 우호 협력관계를 발전시키려 하는 양국 대표들의 진지한 노력이 있었으며 앞으로 한일 간의 우호 협력관계를 위해 대단히 유익했다는 것에 만족의 뜻을 표명했다.

양국의 각료는 제12차 한일 정기 각료회의를 내년에 도쿄에서 개최하며, 상세한 것은 외교 경로를 통해 결정하기로 합의했다.

일본 측은 제11차 한일 정기 각료회의에 즈음하여 한국 정부와 국민이 보여 준 환영에 대해 심심한 사의를 표명했다.

경제문제

양국의 각료는 양국의 경제 정세에 관해 검토했다.

한국 측 각료는 1980년의 한국 경제가 제2차 오일쇼크 및 그 후 계속되고 있는 일시적인 정치혼란과 1980년도의 농작물 흉작에 의한 5.7%의 마이너스 성장, 57억 달러의 경상수지 적자 등을 기록하는 어려움을 거쳤지만, 제5공화국의 출범을 계기로 정치, 사회가 안정됨에 따라 경제여건도 안정기반을 회복하고 수출 증대로 인한 산업생산과 출하의 호조, 재고 감소 등의 회복 국면을 보이고 있으며, 물가 면에서도 유가 등 수입원자재 가격의 안정에 힘을 얻어 그 상승률이 크게 둔화하고 있는 사정 등에 의해 금년도는 6~7%의 경제성장을 이룰 전망이라는 것을 설명했다.

또한 한국 측 각료는 1982년부터 시작되는 제5차 경제사회발전 5개년 계획이 경제안정 기반의 정착, 지속적 성장기반의 강고화(強固化), 소득계층 간과 지역 간의 균형 발전에 의한 국민복지 향상을 기본목표로 하고 있다는 것을 설명했다.

양국의 각료는 양국 간의 경제협력 확대에 관해 의견을 교환했다.

양국의 각료는 1982년부터 착수되는 한국의 제5차 경제사회발전 5개년 계획 기간 중, 적절한 중장기 차관의 도입이 필요하다는 점에 주목하여 양국 간 경제협력 관계가 앞으로도 더욱 확대되어야 한다는 것에 의견을 같이했다.

양국의 각료는 특히 자유진영의 '종합 안전보장 전략' 측면에서 일본의 대한 경제협력이 강화되어야 한다는 것에 의견을 같이했다. 이와 관련하여 한국이 지출하고 있는 과중한 방위비 부담을 경감시키고 동시에 한국의 국가건설을 지원하기 위해 일본은 지난 한일 외교장관 회담에서 한국 측이 요청한 정부개발원조에 대해 적극적으로 지원할 것을 약속했다.

특히, 1978년부터 근래 수년간 대폭적으로 확대되고 있는 한일 간의 무역역조 현상에 비춰 보아 이러한 일본의 대한 경제협력은 이루어져야 한다는 점에 인식을 같이했다.

양국의 각료는 양국 간의 민간 경제교류가 상호 호혜평등의 기초 위에서 앞으로도 계속해서 확대 발전해 가는 것이 바람직하다는 것에 의견을 같이했으며, 특히 일본 측은 전자, 기계 등 고도의 기술과 자본을 필요로 하는 분야에 일본 기업인이 한국에 적극적으로 투자하도록 권장하기로 했다.

양국의 각료는 세계경제의 확대 발전을 위해 자유무역 체제를 유지 강화하는 것이 필요하다는 것에 의견을 같이했다.

양국의 각료는 1965년 양국의 국교가 정상화된 이후 금년 상반기에 이르기까지 한국의 대일 무역 적자가 누계 205억 달러에 달하고 앞으로도 이러한 추세가 계속될 우려가 있다는 것에 주목하고, 이러한 무역 불균형 현상이 양국 경제 관계의 발전에 커다란 장애 요인이 될 위험성이 있을 뿐만 아니라 한국 국민의 대일 감정과도 직결되는 정치성을 띠고 있다는 사실에 유의하고 이를 시정하기 위해 노력하기로 합의했다.

일본은 대한 무역 불균형 시정을 위해 다음과 같은 일련의 조치를 취하기로 했다.

1. 일본이 한국 상품에 적용하고 있는 각종 수입규제조치를 철폐한다.
2. 일본의 국제수지 흑자에 수반하는 각종 긴급수입 대상국에 한국을 포함시키고 한국 중화학제품의 수입을 보다 확대한다.
3. 중소기업에 대한 기술협력을 위해 한국으로부터 연수생을 받아들이고 전문가를 한국에 파견한다.
4. 선진기술 이전 촉진을 위해 각종 조건을 완화한다.
5. 한국의 기계류 부품 개발사업에 협력한다.
6. 일본의 수입촉진협의회 서울사무소를 설치한다.

이상 열거한 사항을 구체적으로 실천하기 위한 협의는 앞으로 개최될 한일 무역회담 등 양국 간의 실무자회담에서 진행한다는 것에 합의했다.

제5장

전두환과 세지마 류조

일본의 내각 교체

일종의 침체 상태에 부닥친 한일 교섭의 제3막은 일본에서의 내각 교체로 시작되었다.

한국과 감정적인 충돌을 일으켰던 소노다 외상 대신 1981년 11월 30일 사쿠라우치 요시오(桜内義雄)가 외무대신에 취임했다.

사쿠라우치는 자신이 관여했던 스포츠단체의 교류를 통해 한국과도 관계를 가지고 있어서 한일 교섭에 적극적으로 임하려는 자세를 보여 주었다. 그는 외상 취임 직후인 12월 4일 최경록 주일한국대사와 회담했다.

이 회담에서 일본 측은 (수십 억 달러 규모의 다년도에 걸친 경제협력 문제가 쟁점이었기 때문에) 그때까지 한일 간에 논의가 이뤄지지 않고 실시 전망조차 불투명했던 당해 연도(1981년)의 경제협력을 구체적으로 어떻게 할 것인지에 관해서부터 우선 협의를 시작하면 어떻겠느냐고 제안했다.[1]

이 제안은 이에 앞서 (12월 1일) 스즈키 총리가 기자회견에서 한일 경제문제에 대해 "아직 쇼와 56년도(1981년)의 문제가 해결되지 않았기 때문에 이것을 우선 서둘러 해결하고 싶다"고 말했던 것과[2] 궤를 같이하는 일본 측 방침이었다.

이 방침은 다년도에 걸친 협력 총액에 대한 정치적 결단을 요구하는 한국과 구체적 협력 안건(소위 프로젝트)에 대한 실무적 논의의 선행을 주장하는 일본 측과의 대립을 어떻게 해서든지 메우기 위한 현실적인 방법으로 생각되었기 때문이다.

다시 말해 다년도에 걸친 총액에 대한 논의로 쓸데없이 시간을 보내고 있으면 당면한(1981년도분) 경제협력은 실시되지 못하고 자금의 흐름이란 관점에서 보면 한국 측에 불리했으며, 재빨리 논의를 시작하는 편이 좋을 것이라는 생각이 있었다.

또한 일본 측은 쇼와 56년도(1981년)분의 논의를 통해 한국으로부터 경제계획에 포함된 프로젝트의 위상이나 다년도에 걸쳐 실시될 프로젝트에 대한 설명을 들을 수 있을 것으로 기대했다. 또한 일본 측은 복수년도에 걸친 계획의 전체상을 이해하는 데 유익할 것으로도 생각했었다.

사쿠라우치의 제안에 대해서 최 대사는 "양국의 입장 차이도 있기 때문에 본국 정부에 전하겠다"고 말하면서 협의를 활성화하는

---

1) 1981년 12월 5일자 「일본경제신문」 기사, '대한 차관 우선 56년도(1981년)분을 협의(対韓借款 まず56年度分を協議)'.
2) 1981년 12월 2일자 「일본경제신문」 기사, '총리, 56년도(1981년)분 우선 착수를 표명(総理, 56年度分優先着手を表明)'.

것에 대해서는 전향적인 자세를 보였다.[3]

그러나 12월 7일 노신영 한국 외무장관은 마에다 주한 일본대사에게 "일본 정부 수뇌부가 60억 달러 차관문제의 해결에 적극적인 자세를 보여 준 것을 높이 평가한다"고 말하면서도 한일 간의 사고의 차이가 여전히 너무 크기 때문에 1981년도분만 분리하는 형태로 실무자 회담을 열 수는 없다는 한국의 입장을 전해 왔다.[4]

비공식 루트의 가동

이렇게 공식회담을 계속해도 한일 간의 간극이 쉽게 메워질 가능성이 없다는 것이 더욱 명확해진 이상, 나아가 협의를 계속한다고 하면 일종의 비공식 루트를 통한 접촉이 되지 않을 수 없다.

일본 측은 그때까지의 접촉을 통해 다년도에 걸친 협력과 전체 금액에 대해 '성의'를 가지고 검토한다는 자세를 비공식적으로 전달하면서도 단년도 방식의 예산 편성이라는 일본의 원칙 또는 일본 측의 정치적 사정(즉 안전보장과 직접 연계하는 경제협력은 불가능하

---

3) 주1)과 같음.
4) 1981년 12월 8일자 「일본경제신문」 기사, '한국, 사쿠라우치 제안을 거부(韓国, 桜内提案を拒否)'.

다는 원칙)으로 프로젝트를 바탕으로 한 실무회담을 쌓아 감으로써 경제협력의 전체적인 그림이 자연스럽게 드러날 것이라는 입장을 취하고 있었다.

그런데 한국은 전체적인 그림에 대한 정치적 결단을 우선 요구했다. 한일 간의 간극을 메우기 위해서는 비공식 루트를 통해 좀처럼 공식적으로 전하기 어려운 전체적인 그림에 대한 일본 측의 생각을 전하고 일본 측에 '성의'가 존재한다는 것을 구체적으로 확인함과 동시에 한국 측의 속내를 끄집어내는 것이 필요했다.

그간의 사정은 「일본경제신문」 해설 기사에 간결하고 명확하게 지적되어 있다.

이 단계에서 실무자 협의에 들어가는 것을 한국 측이 거부하고 있는 것은 ① 1981년도 분이 어느 정도 늘어날 것인가, ② 5개년 계획에서는 전체적으로 어느 정도가 될 것인가와 같은 금액 면에서의 예측이 충분히 이루어지지 않고 있기 때문인 것으로 보인다. 한국 측으로서는 이 점에 대한 확신이 없는 가운데 실무자 협의에 들어가면 일본 측에 의해 크게 삭감된 채 밀릴 것이라는 의심을 가지고 있다는 것도 당연하다고 말할 수 있다.

일본 측은 이런 의심을 해소하기 위해 스즈키 총리, 사쿠라우치 외상이 '열의와 성의'를 일부러 강조했다. '열의'란 것은 1981년도분 엔 차관의 대폭적인 증액이며 '성의'는 5개년 계획 전체에 대한 배려를 잊지 않겠다는 의사표시였다.

그러나 한국 측 입장에서 보면 이런 일본 측의 자세를 정부가 '보증'하는 듯한 확실한 약속을 요구하고 있는 것이었으며, 또한 앞으로는 일본 측이 어떠한 방법으로 1981년도분 엔 차관의 증액, 5개년 계획 전체에 대한 예측을 제시할 수 있는가에 달려 있었다. 한국 측은 외교장관 회담에서 언질을 받고 싶었지만, 일본 측으로서는 "실무자 회담에서 쌓아 간다"는 원칙에서 볼 때 이에 응하기 어려웠다. 이렇기 때문에 절충은 비공식 루트를 통해 이뤄지지 않을 수 없었다. 교섭은 '수면 아래'에서의 아슬아슬한 협의로 옮겨 간 것처럼 보였다.[5]

무대 전면에 등장한 인물

여기서 무대 전면에 등장한 것이 세지마 류조(瀬島龍三)였다(일시적으로 한일 간의 교량 역할을 했던 김윤환은 이를테면 한국 측의 '대리인'이었으며, 일본 측의 의향을 한국 정부 요인에게 정확하게 전달할 수 있는가에 대해서는 약간 의문이 있었다. 또한 김윤환이 정치가인 이상 그 자신의 정치적 생각이 개입될 우려가 있었다. 게다가 김윤환은 일본의 수뇌와 직접 면담할 수 있는 위치에 있지 않았다).

세지마는 행정개혁사무 등을 통해 일본 정부 요로에 가까웠을 뿐만 아니라 이토추(伊藤忠) 상사 시절부터 삼성물산의 총수인 이병철과 친했으며, 그 인연으로 1980년 6월 도큐(東急)의 고토 노보루(五島昇)와 함께 한국을 방문하여 전두환 대통령과도 면담했던 경험이

---

5) 1981년 12월 8일자 「일본경제신문」 해설 기사, '증액 확약 요구하는 한국(増額」確約求める韓国)'.

있었다.

그 이후 세지마는 예전에 전두환의 군대 시절 친구이자 당시 삼성물산 상무를 겸하고 있던 군 출신의 권익현과 친교를 맺게 되었으며, 세지마-권 루트는 한일 정상 간 커뮤니케이션의 배후 루트가 될 수 있는 상황이었다.[6]

이런 사정하에 사쿠라우치는 1981년 12월 세지마에게 "비공식적인 특사로서 방한하여 전두환 대통령과 회담하고 정부 간 교섭을 위한 정지 작업을 해 줬으면 좋겠다"고 요청했다.[7] 세지마가 이 요청을 받아들인 배경에는 세지마 특유의 신념인 극동의 안전보장 확보가 있었을 것이다.

세지마는 1982년 1월, 정월 초부터 한국을 방문하여 전두환과 면담했다.

전 대통령은 경제협력 문제에 대한 대통령 자신의 생각에 대해서도 당연히 언급했으며, 이에 대해서 세지마도 일본 정부의 생각을 말했던 것으로 보이지만, 향후 교섭의 추진 방식에 대한 협의에 관해서 세지마는 그때의 면담 내용을 다음과 같이 말하고 있다.

나는 스즈키 총리, 사쿠라우치 외상의 양국 관계에 관한 기본적인 생

---

6) 이에 대해서는 『瀬島龍三回想録 幾山河』(産経新聞ニュースサービス, 1995년), pp.420~421.
7) 위의 책, p.423.

각을 전하고, 양국 정부가 성의를 갖고 교섭에 임해 가능하면 3월쯤 외교장관 회담에서 실질적으로 타결하고 싶다. 타결될 경우 5, 6월쯤 방한하고 싶다는 스즈키 총리의 의향을 전했다.

또한 이를 위해 1월부터 양국 정부의 고위급 실무자회담을 열어 교섭을 시작하는 것이 좋겠다. 실무자회담은 경제협력을 위한 프로젝트 검토와 함께 협력의 총액을 함께 검토하는 병행 방식이 바람직하는 취지 등 우리 정부의 생각을 전달했다.

대통령은 스즈키 총리와 사쿠라우치 외상의 배려에 진심으로 감사해했다. 다만 이번에 한국 정부가 대일 경제협력 교섭을 시작하게 된 것은 대통령 자신의 발의로 외무부장관에게 지시해 이뤄진 것이라고 했다.

(중략) 이날의 결론으로서 총액은 정부 간 교섭 과정에서 협의하기로 했으며, 교섭은 외교장관 회담을 중심으로 하고 이를 위한 준비회담으로서 고위급 실무자회담을 가능한 한 빨리 연다는 데 동의했다. 나는 대통령이 바라는 대로 다음 날 아침 노신영 외무장관과 회담을 하고 전날 밤 합의된 선에 입각하여 구체적 문제에 대해 의견을 교환했다.[8]

유치한 한국의 태도에 대한 일본의 대응

세지마와 전 대통령과의 회담에 의해 향후 교섭의 대체적인 절차가 확고해졌으며, 1월 중순 서울에서 한일 실무자회담을 개최하기

---

8) 위의 책, pp.423~424.

로 되었다.

일본 정부는 대략 다음과 같은 방침으로 이 회담에 임하게 되었다.

우선 외교장관 회담을 한일 양측의 사정이 허락하는 가능한 한 빠른 시기에 개최할 수 있도록 경제협력 문제에 대한 실무적 협의를 통해 교섭을 궤도에 올려놓는다.

또한 대한 경제협력은 한국의 경제개발 5개년 계획에 관한 구체적인 프로젝트별로 그리고 연차 베이스로 한다는 방침을 관철시키기로 했으며, 국방비를 대신 부담한다는 성격을 갖지 않는다는 방침을 유지한다.

따라서 소위 ODA(정부개발원조) 배증계획에 따라 일본의 경제협력이 실행에 옮겨진다고 하더라도 총액이 5년간 214억 달러(그 가운데 세계은행 등 국제기관을 경유한 협력을 제외하면 양자 간 개별적으로 합의하여 실행되는 금액은 150억 달러) 정도라는 점과 국제적으로도 ODA는 최빈국 중심으로 공여되어야 한다는 것이 일본 정부의 방침이기에 한국처럼 소위 중진국에 대한 공여에는 한계가 있다는 점을 충분히 설명한다.[9]

동시에 구체적으로 프로젝트 베이스로 검토하기 위해서 5개년 계획 중의 자금조달 계획이나 외자와 내자(국내자금)의 관계, 일본에 요청하는 프로젝트의 우선도 등에 대해서 한국 측에 설명을 요구한다.[10]

그리고 실무자회담 후의 절차 내지 시나리오로서 다음과 같은 방

한일 경제협력자금 100억 달러의 비밀

침을 세웠다.

(1) 한국 측의 프로젝트 리스트에 대해서 상세한 검토를 한 후 의견 교환을 하기 위해 한국 측이 일본으로 대표단을 파견(시기는 향후 외교 루트를 통해 협의하기로 하지만 일단 2월 상순부터 중순을 목표로 함)

(2) 이에 따라 다시 한 번 고위급의 사무 차원의 절충을 할 가능성을 남겨 두면서 실무 차원의 절충이 잘 되지 않으면 봄에 외교장관 회담 개최

(3) 외교장관 회담에서 금년도(및 경우에 따라서는 내년도) 엔 차관의 구체적인 숫자에 대해서 원칙적으로 타결할 수 있도록 한다.[11]

이렇게 해서 1월 14일과 15일 한국의 외무부에서 한일 실무자협의가 개최되었다.

이 협의에서 한국 측은 5개년 계획의 내용을 설명했으며, 동시에 댐·고속도로·상하수도 등 사회 인프라 정비를 위한 프로젝트에

---

9) 제목과 작성자 이름 없음. 1982년 1월 11일 작성 외무성 보고서로, 다가올 실무자회담에 대한 일본 측 방침을 적은 것이다. 내용으로 봐서 외무성 경제협력국이 아시아국과 협의를 한 뒤 작성한 문서로 보임.

10) 주요 내용은 다음과 같다. 주9)의 자료. (1) 5개년 계획 기간 중의 자금수요 예측과 일본 원조와의 관계, (2) 대일 요청 프로젝트와 기 발표된 5개년 계획과의 관계, (3) 내자분의 준비에 대한 전망과 대일 원조요청의 관계, (4) 대일 요청 프로젝트의 (시간적) 우선도, (5) 미사용분의 사용 전망, (6) 세계은행 등 국제기관, 제3국으로부터의 자금도입계획 전망과 진척 상황.

11) 주9)의 자료.

대한 일본의 협력을 요청하고 각 프로젝트의 개요에 대해서도 설명했다.[12]

이로써 일본 측의 종래의 주장, 즉 한국의 대일 경제협력 요청은 어디까지나 제5차 경제개발 5개년 계획에 입각한 한국의 사회적, 경제적 필요에서 나온 요청이며, 방위 협력을 위한 것이 아니라는 주장이 일단은 받아들여진 모양새가 되었다.

그러나 한국 측은 일본에 상품 차관을 요청했으며, 그 대금을 가지고 내자분을 충당하겠다는 의도를 밝혀 여전히 일본의 대한 경제협력 방침과는 괴리가 있었다.[13]

나아가 더 큰 괴리는 다년도에 걸친 일본의 경제협력 '총액' 제시 문제였다.

일본 측으로서는 5개년 계획에 포함된 개별 프로젝트에 대한 협력이 결정되면 대부분의 프로젝트가 다년도에 걸쳐 실시되는 이상 (형식적으로는 매년 협력 금액을 결정한다고 해도) 사실상 다년도에 걸친 협력 총액이 저절로 '드러날' 것이라는 입장이었다.

미묘한 말의 뉘앙스 문제도 있었다. 한국 외무부 관계자의 말에 의하면, '드러나다(にじみ出てくる)'에 상응하는 한국어는 찾기 어렵

---

12) 1982년 1월 16일자 「일본경제신문」 기사, '차관 문제, 한국이 11항목 제시(借款問題, 韓国が11項目提示)'.

13) 위와 같음.

다. 이 표현은 매우 일본적이라는 것이었다.

한편 한국 측은 전체 금액의 제시는 일종의 정치적 약속이며, 프로젝트의 설명은 그런 정치적 약속을 하기 위한 자료 제시라는 입장이었다.[14]

이런 괴리에도 불구하고 한일 간의 교섭은 일단 궤도에 올랐으며, 외교장관 회담 성사를 위해 제2차 실무자회의를 조만간 도쿄에서 개최하게 되었다.

이런 흐름 속에서 일본 국내 여론도 한편에서는 한국에게 냉정함을 요구하면서도 전체적으로는 한국에 대한 경제협력에 전향적인 태도로 바뀌고 있었다.[15]

한편 일본 정부는 제2차 실무자회의에 대비해 한국의 외자 도입 계획과 그 타당성에 대해서 국제적인 원조기관의 객관적인 견해를 듣고자 세계은행의 한국 담당자에게 물어보기로 했다.

그 결과 세계은행의 전망에 따르면, 1982년부터 1986년까지의 5년 동안 한국이 도입할 공적 자금 총액은 985억 달러로 그 가운데 세계은행 등 국제기관 경유 자금이 35억 달러, 양자 간 협력은 50

---

14) 주12) 기사 및 1982년 1월 15일자 「일본경제신문」 기사, '프로젝트 제시를 약속(プロジェクト提示を約束)' 및 1월 16일자 「일본경제신문」 기사, '일본, 이해를 표시(日本，理解示す)'.

15) 예를 들면 1982년 1월 18일자 「일본경제신문」 사설, '일한 협력 추진을 위해서(日韓協力推進のために)'.

억 달러라는 것이 밝혀졌다.[16]

중소득국 한국에게 왜 원조를 해야 하나

　이런 모든 흐름 속에서 일본 정부는 2월의 제2차 실무자회의에
임하게 되었지만, 당시 일본 정부 당국의 입장에서 보면 한국과의
조정이 필요한 중요한 사항으로 다음과 같은 것이 있었다.

　하나는 중소득국이 되고 있는 한국에게 거액의 경제협력을 해야
하는 '구실 만들기'였으며, 이 점은 특히 경제기획청과 대장성이 문
제시해 온 부분이었다. 5개년 계획에 대한 협력이라고 해도 그것만
으로는 대규모 원조를 하는 논리가 되지 못하며, 이 점을 어떻게 생
각할 것인가의 문제가 있었다.

　그렇지만 이 점은 말하자면 정치적 설명의 문제이며, 실무자회담
차원을 초월한 문제였다. 다시 말해 실무자 차원의 협의에서 납득
이 가는 프로젝트별 설명이 있다면 그 후 전체 금액을 어디에 넣을
지 일본 측으로도 일종의 정치적 결단을 한다는 것이 막연한 형태

---

16) 주미 일본대사가 외무대신에게 보낸 전보, '한국의 경제 1982년 1월 30일자 전망 및 세
　　계은행 융자 방침에 대해서(韓国の経済　1982年1月30日付見通しおよび世銀の融資方針に
　　ついて)'.

로 상정되어 있었다.[17]

한편 '실무적'으로 해결하지 않으면 안 되는 몇 가지 곤란한 점들도 있었다.

우선 한국 측이 1월에 제시해 온 프로젝트의 성격에 관한 것이었다.[18]

첫째, 한국 측 요청 안건 중에는 부산지하철사업이나 경인지역 LNG공급망 건설 사업 등 수익성이 높은 사업이 포함되어 있어 이런 사업에 대해 더구나 국민소득이 이미 중진국 수준인 한국에게 정부 자금 ODA를 제공하기 어렵다는 점이었다.

둘째, 한국 측 프로젝트에는 주택건설이나 택지개발 같은 거의 자국 국내 기술과 자금으로 실행이 가능해 외국으로부터의 자금 원조 대상이 되기 어려운 프로젝트가 포함되어 있었다.

또한 이 점과 관련이 있지만 한국은 상품 차관을 요청했지만, 극도로 외자 사정이 나쁘거나 기초적인 물자의 수입조차 곤란한 나라 이외에 상품 차관을 공여하지 않는다는 일본의 방침과 한국 측

---

17) 이 점에 대해서는 일본 정부 수뇌도 인식하고 있었다는 것이 1월 16일의 스즈키 총리의 기자회견 발언에 잘 나타나 있다. 1982년 1월 16일자 「일본경제신문」 석간 기사, '일한 협의를 평가(日韓協議を評価)'.

18) 제목이 없으며 작성자는 내용으로 봐서 외무성 경제협력국으로 생각되며 제2차 실무자 회담에 있어서의 발언 요지를 담은 페이퍼 및 1982년 2월 17일자 북동아시아과 작성문 서 「일한경제협력 문제 제2회 실무자협의 기우치 아시아국장 모두 발언(日韓経済協力問題第2回実務者協議木内アジア局長冒頭発言)」에 의함.

요청 사이에 괴리가 있었다.

경제적이지 않은 경제협력

2월 18일과 19일 이틀간 도쿄에서 개최된 제2차 실무자회담에서 일본 측은 위와 같은 문제점을 중심으로 한국 측의 설명을 청취했으며, 동시에 일본의 기본적인 입장을 설명했다.

이에 대해 한국 측은 한국이 처한 어려운 상황을 호소하고 자금 도입 필요성을 5개년 계획에 맞춘 형태로 설명했다.

한국이 처한 상황에 대해서는 공로명 차관보가 모두 발언에서 다음과 같이 설명했다.

"한국은 GNP의 6% 이상을 방위비로 투입하지 않을 수 없고 지금까지 네 번에 걸친 경제발전 계획을 달성했음에도 불구하고 국민경제는 균형 잡힌 발전을 이루지 못했다. 예를 들면, 주택, 상하수도, 보건, 교육 등에 적정한 투자가 이루어지지 못했으며, 서울과 부산 등의 대도시에서는 학급당 학생수가 70명 이상인 과밀 상태이며, 상수도 보급률은 50%, 하수도는 8%라는 매우 빈약한 상태다. 또 급속한 공업화 때문에 공해 문제가 발생하고 있다."[19]

또 구체적인 자금 수요에 대해서는 5개년 계획 기간 동안 외자가 375억 달러 필요하며, 그중 3분의 1은 공적 자금 원조, 3분의 1은

상업차관, 3분의 1은 뱅크론(은행 간 차관)을 계획하고 있다는 설명이 있었다.[20]

나아가 일본 측이 제기한 의문점 중 하나였던 특정 프로젝트의 상업성 문제에 대해서는 예를 들면, LNG공급망 정비는 공업용이 아니라 일반가정용이기 때문에 채산이 맞지 않아 상업 베이스로는 힘들 것이라는 설명이 있었다.

이밖에 주택 건설 등 일본 측이 외자 필요성에 의문을 표명했던 프로젝트에 대해서도 한국에서의 주택 건설, 특히 공공주택의 공급은 사회적, 정치적 중요성이 있는 프로젝트라는 설명이 있었다.

한국 측에는 대체로 일본 측의 질문 내지는 의문점에 가능한 한 기술적, 실무적으로 설명하고자 하는 자세가 보였으며, 일본 측 대표단의 단장이 마무리 발언에서 '대단한 전진'이라고 평가할 정도였다.[21]

---

19) 1982년 2월 19일자 북동아시아과 작성 자료, '일한 경제협력 제2차 실무차원회의(日韓経済協力第2回実務レベル会議)' p.1.

20) 위 자료, p.5.

21) 위 자료, p.20.

이면에서 흘린 눈물

이와 같이 일본 측이 실무자회담의 진전을 평가할 수 있었던 뒤에는 한국 측 대표단 단장을 맡았던 공로명 차관보의 설명이 일본 측으로서는 (납득이 가지는 않았어도) 이해하기 쉬웠던 점이 크게 기여했다.

공로명은 개별 프로젝트마다 설명을 함에 있어서 한국 측 수행원인 과장들에게 일임하지 않고 자신이 때때로 전면에 나서 때로는 과장들의 설명을 일본 측이 알기 쉽게 바꿔 말하거나 통역에 가까운 역할을 했다. 더구나 체면을 버리면서까지 가끔은 유창한 일본어로 설명해 주었다.

그러나 여기에는 작은 해프닝이 있었다.

회의 당초 개별 프로젝트에 대한 설명은 한국의 경제기획원 과장이 했다.

그런데 설명하는 어조가 비교적 빨랐을 뿐만 아니라 전문용어가 많아 통역이 제대로 따라가지 못했다. 더구나 이를 위한 전문 통역사도 있지 않았으며, 한국 외무부의 일본과장이 통역을 맡았었다. 물론 일본과장은 그렇지 않아도 바빴으며 개별 프로젝트의 문서를 충분히 사전에 다 읽었을 리도 없었다. 더욱이 동료인 다른 국 과장을 위해 외무부의 일본과장이 통역을 한다는 것에는 심리적인 저항감이 있었으며, 그런 요소도 작용하여 통역은 원활하지

한일 경제협력자금 100억 달러의 비밀

못했다.[22]

이에 속을 태우던 공 차관보는 일본 측의 체면도 있고 해서 "이 과장! 왜 그래? 아직 술이 덜 깼나!"라고 빈정거렸을 정도였다.

그 결과 공로명 자신이 주로 설명하는 역할을 맡았지만, 많은 사람들 앞에서 창피를 당한 일본과장은 이중으로 상처를 받게 되었다.

외교 교섭의 성과 이면의 눈물이었다.

어쨌든 이 협의를 통해 (한국 측의 **실무적** 설명에도 불구하고) 한국의 대일 요청이 본질적으로 경제적이라기보다 대단히 정치적인 것이라는 것이 새삼스런 말 같지만 더욱더 명확해졌다.

실무자회담이라는 '연극'

한국의 대일 요청이 '정치적'이란 증거는 5개년 계획과의 관계를 보면 알 수 있다.

한국이 일본에 협력을 요청한 프로젝트 하나하나에 대한 설명을 들으면 그 내용, 특히 금액이 한국이 수립한 5개년 계획과 비교하면

---

22) 이재춘, 앞의 책, pp.155~156.

실제보다 부풀려진 경향이 있었으며, 본래 정치적이며 대략적인 대일 요청을 무리하게 5개년 계획에 맞추려 했던 징후가 느껴졌다.

한국 측은 이에 대해서 다가올 올림픽 계획과 관련하여 수정이 이뤄지고 있기 때문이라고 설명했지만, 일본 측으로서는 납득하기 어려운 부분이 남아 있었다.

이것은 두 번에 걸쳐 개최된 실무자회담이란 것이 실은 본래 안전보장과 정치적 이유에서 이뤄진 대일 요청을 어떻게 해서든 경제적 내지 민생 안정을 위한 협력이라는 틀 안으로 밀어 넣기 위한 외교적 '연극'이라는 것을 암시하고 있었다.

일본 측은 원래 경제적으로도 이미 상당히 발전한 한국의 요청을 모두 그러한 경제 발전과 민생 안정의 틀 안에 넣는 것은 어렵다고 강조했으며, 그렇게 함으로써 한국 측이 요청하는 전체 금액과 내용을 조금이라도 바꾸려고 노력했다.

한편 한국 측으로서는 일본의 협력을 끌어내기 위해서 일본 측 주장에 따라 실무자회담이라는 '연극'에 참가하고 무리라는 것을 알면서도 실무적 설명을 했다. 그러나 그런 한편에서 문제의 핵심은 경제적 필요성이 아니라 일본의 한국에 대한 정치적 태도의 문제라는 입장을 굽히지 않았다.

일본 측이 "한국은 (1인당 GNP가) 1,600달러에 달해 맨발로 걷는 300달러 국가와는 상황이 다르다"면서 "38도선으로 고생하고 있는 것은 충분히 알고 있지만, 그러나 동시에 세계 유수의 철강업, 조선업을 마음대로 활용하고 있는 나라"라고 말한 데 대해서[23] 한국 측 대표는 다음과 같이 반론했다.

"한국 정부는 제5공화국이 출범하고 민생안정과 사회복지 향상을 위해 전력을 다하고 있으며, 한일 관계에 대해서도 새롭게 재검토하고 있는 중이다. 한국이 극동에서 일본의 우방으로서 지금까지의 양국 관계가 새로운 국면에 접어들고 있다는 것은 일본 측도 잘 알고 있으리라 생각한다.

(한국의) 새로운 세대 사람들은 1960년대 중반의 국교 정상화를 다른 시각, 다른 방향에서 보아 온 사람들이다. 과거 36년간의 양국의 불행한 역사를 청산하기 위해 새로운 양국 관계를 냉엄하게 보고 있는 사람들이다.

유상 2억 달러, 무상 3억 달러의 청구권(1965년에 합의된 한국에 대한 경제협력 금액)으로 해결되었다고는 보지 않는다. 양국의 경제관계에 대해 한국 무역수지의 커다란 부담, 대일 불균형을 다른 시각에서 보고 있는 것이다."[24]

이러한 일본 측 주장과 한국 측 입장의 차이 뒤에는 과거를 청산하고 새로운 차원에서 한일 관계를 개척하고자 하는 한국의 신정권의 기세와 그러면서도 경제적으로 발전한 한국과 일본은 이제

---

23) 위의 책, p.20.
24) 위의 책, p.21.

과거에 집착하지 말고 성숙한 국가 관계로 이행되어야 한다는 일본 측 입장의 괴리가 가로놓여 있었던 것이다.

한일 경제협력자금 100억 달러의 비밀

제6장

위조될 뻔했던 친서

한국이 고집한 차관

두 번의 실무자회담에 의해서 한국이 대일 경제협력 명분으로 요청한 60억 달러의 구체적 내용이 상당히 분명해졌으며, 또한 실무적(혹은 기술적 및 절차적)으로 검토해야 할 포인트가 정리됨에 따라 일본 정부 당국은 다가올 외교장관 회담을 위해 구체적인 제안 작성에 착수했다.

제안의 골자는 다음과 같은 것이었다.

첫째, 한국 측의 대일 요청 프로젝트를 크게 셋으로 나눠 각각에 대해서 개별적인 협력 방법을 생각하는 것이었다. 즉 LNG공급망 정비나 철도 관련 프로젝트는 수익성이 높은 것으로서 수출입은행의 융자 대상으로 한다. 또한 주택이나 도로 건설은 세계은행 또는 아시아개발은행과 일본의 시중은행과의 협조융자 대상으로 생각한다. 그 밖의 사업은 소위 ODA인 엔 차관의 대상으로 한다.[1]

---

1) 1982년 3월 4일자 외무성 작성문서 「대한 경제협력 문제(우리 측 회답 안)(対韓経済協力問題(我が方回答案))」.

둘째, 엔 차관 전체 금액의 대략적인 목표로 세 가지 안을 상정하고 이를 수립해 보기로 했다.

첫째 안은 과거 5년간(1976~1980년)의 대한 경제협력 총액 1,065억 엔을 배로 늘려 향후 6년간에 걸쳐 공여한다(다만, 매년 공여액수는 1981년의 225억 엔을 기초로 해 점차 늘려 간다).

두 번째 안은 당면한 1981년도 공여액을 전년도의 배(380억 엔)로 늘리고 오는 1982년도부터 1986년까지 5년간 공여액 총액을 지금까지의 (제4차) 5개년 계획(1977~1981년) 기간 중의 공여총액의 배인 2,420억 엔으로 한다(그렇게 함으로써 1981~1986년의 6년간 공여총액은 2,800억 엔이 된다).

제3안은 1981년도의 공여액을 전년도의 배인 380억 엔으로 하고 여기에 적당한 증가율(예를 들면 ODA 배증계획에 의하면, 매년 엔 차관 전체가 22% 정도 증가하게 된다는 것에 비춰서 대한 엔 차관의 증가율을 15% 정도로 한다)을 곱해 전체적으로 6년간 공여액이 약 15억 달러(3,330억 엔)가 되도록 배려한다.

이러한 세 가지 안이었다.[2]

이 세 안은 모두 전체 공여액이 10억 달러에서 15억 달러가 되도록 했으며, 또한 이를 위한 일종의 '구실 만들기'였다.

---

[2] 1982년 2월 27일자 '경협1(經協一)' 작성문서 「대한 경제협력 문제 대처 방침(안) (対韓経済協力問題対処方針 (案)) 」.

바꿔 말하면 이 단계에서 일본 측은 향후 6년간 최대한 15억 달러 정도까지 대한 엔 차관을 제공하는 것이라면 이것을 인정해도 좋다는 복안을 굳히고 있었다.

한편, 한국 측이 전체 금액을 60억 달러라고 말했던 것에 대해서는 15억 달러의 엔 차관에 20억 달러가 넘는 상업차관, 말하자면 수출입은행의 론을 충당함으로써 전체 금액을 40억 달러가 조금 못되는 선까지 확대해 한국 측의 체면을 세워 주려고 했던 것이었다.[3]

다시 말해 이 단계에서 일본 정부는 하나의 '포괄적 제안'(엔 차관 15억 달러, 수출입은행 22억 달러, 전체적으로 40억 달러에 못 미치는 선)을 은밀하게 만들었던 것이다.

일본 정부는 이러한 방침을 3월 19일 주한 일본대사관 간부를 통해 한국 외무부 아시아국 간부에게 전달했다.

그 내용은 대한 경제협력은 엔 차관, 수출입은행 융자, 시중은행 융자의 세 가지로 하고, 상품차관 공여는 곤란하다는 것을 골자로 한 것이었다.[4]

무엇보다도 여기서 시중은행 융자가 언급되어 있었던 것은 수출입은행 융자가 시중은행과의 협조융자 형태를 취하는 경우가 많다

---

3) 위와 같음.
4) 1982년 3월 20일자 「일본경제신문」 기사, '한국, 일본의 회답에 불만(韓国, 日本の回答に不満)'.

는 것을 고려했기 때문이었다.

이에 대해서 4월 2일 한국 측은 수출입은행 융자 가능성을 전면적으로 부정은 하지 않았지만 수출입은행 융자의 금리 및 일본의 수출입은행 융자가 일본의 수출품과 결부되어 있었던 것을 문제삼았으며, 동시에 상품차관의 공여를 고집했다.[5]

한편 이런 실무 차원의 한일 간 대응은 정치 내지 장관 수준에서의 의사소통과 무관하게 이뤄졌던 것이 아니었다.

한국이 이 문제의 '정치성'을 강조하고 있었기 때문에 일본 측도 대신(장관) 차원에서 연락을 하려고 마음먹고 있었다.

실제로 1월 중순 실무자회담을 개최함에 있어서 사쿠라우치 외상은 노신영 장관에게 자신으로서는 "최대한의 성의를 가지고 임할 각오"라는 정치적 의사표시를 하였고,[6] 또한 이에 대해서 2월 중순 노신영은 사쿠라우치에게 친서의 형태로[7] 가까운 장래에 양 장관 간의 회담 개최도 가능할 것으로 믿고 있다는 의향을 전달하였다.

---

5) 1982년 4월 2일자 「일본경제신문」 석간 기사, '상품차관, 강력히 요청(商品借款, 強く要請)'.
6) 1982년 1월 12일자 사쿠라우치 친서. 원문은 장 말미에 별도로 첨부.
7) 1982년 2월 17일자 노신영 장관의 친서. 원문은 장 말미에 별도로 첨부.

전두환 대통령과 직접 대화할 수 있는 거물 특사

이렇게 해서 두 번에 걸친 실무자회의의 개최와 외교장관의 의사소통에 의해 한일 간의 기본적인 괴리는 좁혀졌으며, 외교장관 회담을 위한 길이 어렴풋이 보이기 시작하였다. 하지만 이러한 사실에도 불구하고 여전히 단숨에 외교장관 회담을 개최하기에는 무리가 있었다.

왜냐하면 수출입은행을 전체 패키지에 포함시킬 것인지의 여부와 한국 측의 60억 달러(노신영은 한때 40억 달러라는 숫자를 은밀하게 누설한 적은 있었지만, 한국의 공식적인 입장은 여전히 60억 달러였다)와 40억 달러를 밑도는 일본 측 전체 규모의 조정, 상품차관 문제 등의 난문제가 남겨져 있었기 때문이다.

이런 난문제를 해결하기 위한 길을 열려면 일본 내부에서 커다란 정치력을 가지고 한국의 전두환 대통령과 직접 대화할 수 있는 특사를 일본이 파견해 은밀하게 한국 측과 협의해야 한다는 생각이 일본 정부 내부에서 검토되기 시작했다.

가장 유력한 특사 후보로 생각되었던 것이 다케시다 노보루(竹下登)였다.[8]

---

8) 瀨島, 앞의 책, p.425.

원래 순리대로라면 이러한 은밀한 협의 자체를 비밀리에 공적인 경로, 즉 외교 루트를 통해 하는 것이 외교상의 상식일 것이다. 그렇지만 이 시기 한국 측의 교섭 창구인 외무부는 경직된 태도를 취하고 있었다. 그리고 한국 외무부가 이렇게 경직되어 있었던 것은 배후에 청와대의 강한 압력이 있어서 한 발자국도 물러설 수 없기 때문일 것이라는 견해가 일본 측에 지배적이었다.

그렇다고 한다면 외무부를 상대로 한 교섭은 표면적으로 계속한다고 해도 핵심인 청와대와 직접 상대할 필요가 있다는 생각이 대두하는 것도 자연스런 일이었다.

더구나 한국 측이 다년도에 걸친 원조의 총액에 대한 일종의 '마음가짐'을 계속 요구하는 이상 어떤 형태로든 대응한다고 하면 그것은 공식적인 정부 간 협의와는 직접 관계가 없는 형태로, 말하자면 개인적인 견해로서 일본 측의 '마음가짐'을 전하는 이외에는 방법이 없다, 이런 생각이 굳어지고 있었다.

그러나 이런 사명을 띠고 한국과 접촉할 '은밀한 사절'을 선정하는 데에는 국내 정치상의 의미도 고려할 필요가 있었다.

즉 아무리 개인적인 견해라고 해도 상대국의 수뇌에 대한 일본 측의 메시지를 전달하는 이상 거기에는 아무래도 정치적 '책임' 문제가 발생한다. 상대측에 전달한 것에 대해서 일본 국내에서 이론이 제기돼도 그것을 제압할 수 있을 만큼의 정치력이 없어서는 안 된다.

여당 자민당 내의 세력에 대해서도, 대장성을 비롯한 정부 관계 당국에 대해서도 정치적으로 제압할 수 있는 실력자가 아니면 은밀한 사절을 맡을 수 없다. 이런 실력자가 등장해야 비로소 돈을 내는 것에 완고한 재정 당국도 돈주머니의 끈을 다소 느슨하게 할 것이며, 자칫 정치적으로 힘겨루기가 발생하기 쉬운 자민당 내에서도 그리고 조금은 엉거주춤한 수뇌부도 "그가 한 것이라면"이라고 납득할 것이다. 이러한 계산이 외무성과 총리 관저 관계자 사이에 존재했다.

그런 생각에서 다케시다 노보루를 비밀리에 특사로 한국에 파견해 대통령과 둘이서 회담하도록 한다는 안이 부상하게 되었던 것이다.

외무성의 진의를 탐색하는 다케시다 노보루

이렇게 해서 3월의 어느 날, 외무성 간부는 나가타쵸(永田町) 사무실로 다케시다 노보루를 찾아갔다.

우선 기우치 아시아국장이 다케시다에게 현재 상태를 다음과 같이 설명했다.

"지난 주 와타나베 (대장)대신과 스즈키 총리가 협의를 하셔서 6년간 13억 달러, 7년간 15억 달러까지는 확대되었습니다. 경제협력 배증계획의 틀 내에서 어떻게든 설명할 수 있는 한계가 이것입니다. 나머지는 수출입은행과 시중은행이, 대장성은 무슨 일이 있어도 시중은행 융자를 추가해야 한다고 강하게 버티고 있습니다.

게다가 엔 차관의 금리 문제도 남아 있습니다. 지금까지는 한국에 대한 원조 금리는 4%였으며 상환 기간은 7년 거치 25년이었습니다만, 대장성은 이제는 중진국이 된 한국에게 앞으로 대폭적으로 원조를 늘린다고 한다면 금리를 올려 4.25%로 해야 한다고 완강하게 주장하고 있습니다. 이렇게 해서 13과 15라는 숫자가 나온 것입니다만, 아직 조건이 좁혀지지 않고 있는 상태입니다."[9]

"그래서 그렇게까지 해도 한국은 절대로 받아들이지 못한다고 하지 않는가. 세지마 아저씨는 20(억 달러)은 넘지 않으면 안 될 거라고 아주 확실하게 말하고 있어요."

---

[9] 금리 문제를 둘러싼 대장성과 외무성의 의견 대립은 사쿠라우치 외상과 와타나베 대장상의 담판에서도 결말이 나지 않았다. 양자 회담에 의해 대한 원조의 총액을 40억 달러, 금리 6%대로 한다는 것에는 합의되었지만, 금리의 계산 방식에 대해서 차이가 있었다. 대장성은 평잔방식을 주장했으며, 외무성은 가중평균을 주장했다. 대장성이 말하는 평잔방식이라는 것은 예를 들면 상환 기간이 한쪽은 10년간 금리 9%, 다른 한쪽이 20년간 금리 4%라는 다른 융자를 동시에 공여할 경우 매년 상환액에 그 금리를 곱해서 25년에 걸친 평균을 내는 방식이다. 즉 11년째부터 금리는 계속해서 4%가 된다는 것을 계산에 넣으려는 것이었다. 문제는 대장성이 말하는 평잔방식으로 계산하면 40억 달러 가운데 10억 달러가 엔 차관으로 나머지가 수출입은행과 시중은행 융자 형태로 하지만 전체 금리는 6%대로 한다는 것이었다. 한편 외무성의 계산 방식에 따르면, 엔 차관을 15억 달러 정도로 하지 않으면 전체가 6%대가 되지 않았다. 외무성과 대장성의 금리를 둘러싼 견해 차이는 결국 엔 차관의 공여액을 (40억 달러 가운데) 어느 정도까지로 할 것인가 하는 문제였다.

다케시다는 양손을 비비면서 홀가분한 어조로 내뱉었다.

"교섭이 타결될 공산은 어느 정도냐고 물으신다면 80%, 아니 솔직히 말해서 거의 타결되지 않을 것입니다. 그러나 40억 달러, 금리 6%대, 그 가운데 15억 달러는 엔 차관, 이것을 한국이 받아들이지 않는다면 세상을 향해 당당하게 일본은 이렇게까지 한국 측에 양보를 했는데도 한국이 받아들이지 않았기 때문에 어쩔 수 없다고 정색할 것입니다. 최대한의 성의를 다했다는 표시를 남겨 두면 됩니다."

기우치는 그렇게 설명했다.

"요컨대 수용하든지 말든지 마음대로 하라고 말하러 가라는 것인가. 그건 40억 달러, 6%대이니 조건이 좋지 않느냐고 설득하러 가는 것과 같아."

다케시다는 중얼거렸다.

그렇게 말한 뒤 다케시다는 아주 아무렇지도 않은 듯한 말투로 같은 파벌의 가네마루 신(金丸信)에 대해 언급했다.

"얼마 전 가네마루를 만났더니 60억 **엔** 정도라면 간단하니 빨리 주라고 말하더군. 60억 엔이라면 좋지만 지금 얘기는 60억 **달러**라고 말했더니 그건 조금 많다고 태평스럽게 말하더군. 가네마루는 이전부터 한국과 인연이 깊으니 그라도 한국에 가 주면 좋을 텐데……."

"엔과 달러를 착각하시면 큰일 납니다."

기우치가 끼어들었다.

"그렇지. 어쨌든 그 사람은 재미있는 사람이야. 그 사람이 어째서 정치가가 되었는지를 아나?"

다케시다는 어떤 이유에서인지 이야기를 딴 데로 돌려 말하기 시작했다.

"가네마루는 어떤 정치가의 비서 같은 일을 하고 있었어. 그게 선거법 위반으로 경찰에 잡혀갔지. 그런데 소문에 의하면, 가네마루는 돈을 건넨 사람의 이름과 금액을 정확하게 명함 뒤에 적어 주머니에 넣어 가지고 있었대. 이게 걸리면 큰일이라며 당황해서 화장실로 뛰어가 잘게 찢은 명함을 먹었다고 하더군. 정말로 입에 넣어 먹었다고 해.

그런 소문을 들은 어떤 정치가가 가네마루는 장래성이 있는 놈이라면서 정계에 발을 들이게 했다고 하네. 말하자면 명함을 먹은 덕분에 정치가가 될 수 있었다는 이야기지."

정말인지 거짓인지 모르겠지만, 이라고 말하고 싶어 하는 다케시다의 말투였다.

"내가 처음에 제국대학에 들어가지 못했던 것은 지금도 이해할 수 없는 수수께끼라네. 고등학교 성적이 나보다도 못한 놈들이 모두 입학했으니 말이야. 누군가가 채점을 잘못한 것은 아닌지 생각될 정도였다니까.

제국대학에 그대로 들어갔었다면 공무원이 되었을 거야. 와세다

(대학)에 들어가 정치가가 된 것이 더 잘됐다고도 말할 수 있지만, 그것도 시험에 실패한 덕분이라고 한다면 그렇다고 말할 수 있지."

이러한 일종의 정치 이야기를 나눈 뒤 다케시다는 마지막에 "내 몸을 기우치 군에게 맡기겠다"라는 취지의 말을 하고 진지한 얼굴로 다음과 같이 덧붙였다.

"내가 가게 된다면 여봐란 듯이 갈 수는 없네. 나중에 들통이 나는 것은 어쩔 수 없지만, 가기 전에 들통이 나면 움직이기가 힘들어. 나리타는 그만두고 오사카나 후쿠오카에서 수염도 기르고 색안경이라도 끼고 갈 정도로 주의할 필요가 있어.

게다가 국회 절차도 있어. 무엇보다도 이것은 최후에는 의장에게 사정을 털어놓고 사후 승인으로 처리해 달라고 해야 할 것이야."

다케시다와 기우치 사이의 이러한 일련의 대화는 다나카 총리의 비서관이었던 기우치와 당시 관방장관 등을 역임했던 다케시다의 오랜 친교 덕분에 아무런 숨김이 없었다. 하지만 그런 것 자체가 일종의 가부키 같은 요소가 있었다.

애초 한국과의 절충을 위한 밀사는 교섭이라기보다도 이를테면 상대에게 말을 전달하러 가는 것과 같다.

더구나 일본 측에는 거의 여유가 없다. 한 번 상대에게 제시하면 그 뒤에는 1억이나 2억을 늘리는 것이 가능한지 어떤지, 그것도 13억으로 6년간, 15억으로 7년간으로 바꿔도, 13을 늘려 15로 했다고 해서 상대는 그다지 기뻐하지 않을 것이다. 일부러 서울까지 가서 상대에게 뺨을 냅다 얻어맞고 올 뿐이다.

만일 상대가 납득해서 타결이 된다 해도 복면 밀사인 이상 공식적인 공으로 인정받지도 못한다. 멍청하게 있으면 정치가로서의 경력에 상처가 될 수도 있다.

이러한 무리한 사절을 받아들여 달라고 요청하러 온 외무당국의 진의를 다케시다는 상대가 잘 아는 사이였던 만큼 한층 예리하게 살펴보려고 했던 것 같았다.

죽도로 등을 맞았던 아픈 기억

이 거물 특사 파견 구상은 실행에 옮긴다 해도 성공할 확률은 이 단계에서 그다지 높지 않았던 것으로 판단되었으며, 비밀리에 추진하는 것에도 사실상 현실적인 어려움이 예상되었기에 결국 취소되었다. 당분간 무대 뒤에서의 절충은 세지마와 그의 카운터파트였던 권익현 루트가 계속해서 활동하게 되었다.

그러나 실무자회담을 통해 프로젝트의 내용에 관한 논의도 시작되었으며, 또한 (한일 간의 차이가 여전히 크다고는 해도) 일단 일본 측의 원조 총액에 대한 목표 수치도 비공식적으로 제시된 상황하였던 만큼 무대 뒤의 배우들도 무대 앞의 계획과 밀접하게 연동해서 움직이지 않으면 안 되었다.

그래서 일본 정부 당국은 이 단계에서 권익현과 외무성 간부(스노베 차관, 기우치 국장)와의 직접 접촉을 세지마에게 요청했으며, 이를 실현시켰다.[10]

회담은 아카사카의 요정 'T'에서 이뤄졌다.

'T'가 회담장소로 선택된 것에는 깊은 사연이 있었다. 'T'의 여주인은 오랫동안 자민당 정치가들과 친했으며, 그 덕분에 그녀에게는 "극비 회담이기 때문에 밖으로 새어나가지 않도록"이라고 말하면 그에 맞춰 준비를 잘 해 줬다. 게다가 여주인은 어디서 배웠는지 '새근새근' 등 묘한 한국어를 입 밖에 내는 일이 있을 정도였으며, 한국인에 대해 낯가림하는 구석도 없는 성격이었다.

어쨌든 권익현과의 회담에서 일본 측은 다시 한 번 일본의 사정을 설명했다.

"일본 정부는 진지하게 그리고 성의를 가지고 한국에 대한 경제협력 문제에 대처하고 있습니다. 사쿠라우치 외무대신도, 스즈키 총리도 이 문제의 중요성을 충분히 인식하고 있습니다.

다만 한국 측의 기대에 반해 현재 경제협력의 전체 규모에 대한 정부 수뇌의 마음 준비가 아직 되어 있지 않습니다. 이는 국회의 예산심의 일정이 늦춰져 각료가 충분히 이 문제에 대한 의견을 교환

---

[10] 필자 자신의 메모에 의함.

할 수 있는 상태가 아니었기 때문입니다.

또한 사쿠라우치 대신은 조만간 방미 길에 올라야 해서 정치적 판단을 내릴 시기는 4월이 될 것입니다. 4월에 마음의 준비가 되면 은밀하게 한국 측과 비공식적으로 접촉하여 실질적인 합의를 하고 싶습니다. 그런 뒤 5월 중에 사쿠라우치 대신이 한국을 방문하여 이 문제를 타결하고 싶습니다.

이러한 계획은 총리의 승인을 얻었으며 동시에 총리의 마음이기도 합니다.”

이에 대해서 권익현은 때때로 가볍게 수긍하면서 말없이 듣고 있었다. 다만 스노베 입에서 4월이란 말이 나왔을 때 4월 중순이냐고 물었으며, 스노베가 그것을 목표로 하고 싶지만 나중에 거짓말을 하고 싶지 않기 때문에 지금으로서는 4월 중이라고 말해 두고 싶다고 말했을 때 너무 늦지 않느냐고 말했다.

이어서 “그럼 저도 한 말씀 드리겠습니다”라면서 권익현도 한국의 사정을 설명했다. 그가 ‘서투른 일본어로’로 담담하게 말했던 것은 요컨대 두 가지였다.

“하나는 타이밍이 문제입니다. 1월 중순과 2월 중순 두 번에 걸쳐 한 번은 서울에서, 한 번은 도쿄에서 열린 소위 실무자회담을 통해 정부의 국장급 협의에서 논의할 수 있는 실무적인 문제는 거의 논의가 끝났을 것입니다.

그렇다면 이제 남은 것은 정치적 판단의 문제입니다. 2월의 실무자회담으로부터 약 1개월, 한국 입장에서 보면 이제 슬슬 일본 측의 정치적 판단도 굳혀져야 할 시기가 아닌가 하고 생각하는 것이 자연스런 일입니다.

게다가 5월 타결이라는 계획대로 간다면 가능한 한 빨리 서로의 속내를 은밀하게 제시하고 절충하지 않으면 1개월 동안의 교섭으로는 결말이 나지 않습니다. 1개월 내에 국민 여론을 납득시킬 수 있는 시책이 필요하며, 그러한 시간적 준비 없이 사쿠라우치 대신이 방한하신다면 반일 시위가 폭발하게 될 것입니다.

시간이 지나면 지날수록 국민은 의심을 가질 것이며, 그렇게 되면 정부 입장도 경직되어 해결에 시간이 걸릴 뿐입니다."

이러한 권익현의 설명 뒤에 회담의 화제는 청와대를 둘러싼 '중간간부'의 대일본관으로 옮겨갔다. 그러자 기우치가 목소리를 높여 이야기했다.

"솔직하게 말해 저희들은 대통령을 비롯한 한국 정부 수뇌에게 어디까지 일본 측의 사정이나 주장이 전해지고 있는지 의문을 가지고 있습니다. 어딘가 대통령과 외무부 사이에, 그리고 외무부에서도 서울 본부와 주일 대사관 사이에 정보가 정확하게 전달되지 않는 것은 아닌가 하는 생각이 듭니다. 작년 여름 이후 60억 달러의 엔 차관은 불가능하다는 것을 그토록 말씀드려 왔는데도 그것이 대통령에게 충분히 전달되지 못하고 있는 것 아닌가요?

교섭이 시작되고 반년 이상 지난 지금 만약 한국 측이 정말로 조기 타결을 바란다면 좀 더 현실을 직시해야 합니다."

이에 대해서 베트남 전쟁에 참가해 두 번이나 사선을 넘나들었던 경험이 있던 권익현은 기우치의 조금은 격한 말투에 전혀 동요하는 모습을 보이지 않았다.

권익현은 말했다.

"알겠습니다. 저는 일본 측 입장이나 사정을 잘 압니다. 그러나 저의 동시대, 그리고 저보다 젊은 세대 사람들에게 일본의 사정을 이해해 주라고는 말 못합니다. 왜냐하면 그것은 지금의 50대, 40대 사람들은 일본에 대해서 어떤 특별한 감정을 가지고 있기 때문입니다.

저 자신을 예로 든다면 일본 분들이 말하는 종전, 우리들이 말하는 해방 때 소학교 6학년이었습니다. 제가 말하는 것도 좀 뭐합니다만, 특별히 자랑도 아무것도 아니지만 저는 성적이 제일 좋았으며 반장이었습니다. 학교에서는 일본어를 사용하고 한국어를 사용하는 것이 금지되어 있었습니다.

그렇지만 어느 날 저는 입을 잘못 놀려 단 한 마디의 한국어를 썼습니다. 그러자 부반장이, 두 번째로 성적이 좋았던 부반장입니다. 부반장이 그것을 선생님께 일러바쳤습니다.

저는 벌을 받았습니다. 1주일 동안 수업을 받을 수도 없었고 피아노 뒤에 똑바로 앉아 있어야 했습니다. 1주일 동안입니다. 그것도 하루에 20번씩 죽도로 등을 맞았습니다. 아팠습니다. 그때는 정말로 혹독했습니다…….”

권익현이 자신의 적나라한 체험을 사실적으로 묘사하면 할수록 일본 측에는 무거운 침묵이 흐를 뿐이었다. 다만 한국대사를 경험했던 스노베는 눈을 살짝 감은 척하면서 몇 번이나 “그렇습니까, 그렇습니까?”라고 중얼거렸다.

그리고 윗옷을 벗고 새하얀 와이셔츠 차림이 된 권익현의 등을 술을 따르러 들어온 여주인이 마치 상처를 만지듯이 살짝 어루만지자 권익현은 순간적으로 놀란 모습을 하였다. 하지만 이내 여주인 쪽을 쳐다보고 가볍게 미소를 지었다.

“서명만은 누군가 흉내 잘 내는 자가 해라”

권익현이 일본을 방문했을 때 일본 내부에서 약간의 혼란 내지 작은 드라마가 있었다.

그것은 전두환 대통령이 스즈키 총리에게 보낸 친서를 권익현이 가지고 와 세지마를 통해 일본 정부 당국에 전달했던 것에서 생긴 드라마였다.

외무성은 이른 시간 내 한국 측에 건네주기 위해 전 대통령에게 보낼 스즈키 총리의 회신을 담은 친서 작성에 착수했다.

친서의 문구 중에 특히 주의해야 할 점이 있었다. 그것은 총리가 방한하든가, 아니면 상대방이 일본을 방문하여 하는 정상회담에 대해 언급하는 방법이었다.

이쪽에서 한국에 간다고는 말할 수 없지만, 한편 아무쪼록 방문해 주십시오, 라고 말하는 것은 언뜻 보면 자연스럽지만 실은 상대에게 일본에 와 달라는 것이 되어 종래의 관행에 비춰 보면 약간은 실례에 해당한다.

그 결과 문구는 '언젠가 기회가 되면 뵙고 싶다'는 취지로 바뀌었다.

친서는 그런 내용으로 만들어져 총리 관저로 전달되어 급하게 스즈키 총리의 사인을 받도록 준비되고 있었다. 그런데 그날 저녁 관저의 총리비서관으로부터 외무성 북동아시아과장에게 긴급한 전화가 왔다.

"급하게 은밀하게 상의할 일이 있으니 어딘가 사람들의 눈에 띄지 않는 곳에서 관방장관의 비서관과 함께 셋이서 만나자"라는 것이었다.

즉시 요정 'T'의 다다미 네 장 반 정도의 작은 방에 셋이 모였다.

"총리는 서한의 문구를 하나하나 정중하게 읽으신 후 서명을 하셨습니다. 그런데 이와 엇갈리게 미야자와 관방장관실에 올렸던 사본을 장관이 보시고는 한 군데를 수정해야 한다고 말씀하시고 직접 손을 댔습니다. 그것이 총리실에 전달되었는데, 확인을 하는 과정에서 가장 중요한 부분에 손을 댔다는 것을 알았습니다. 보세

한일 경제협력자금 100억 달러의 비밀

요, 이 부분입니다."

그렇게 말하고 총리비서관은 서한의 사본을 보여 줬다.

'언젠가 기회를 봐서 뵙고 싶다'는 부분이 '언젠가 만나 뵙는 영광을 얻고 싶다'는 것으로 되어 있었다.

"실은 장관께서 이 부분을 몹시 걱정을 하셔서 조금이라고 따뜻한 느낌이 날 뿐만 아니라 확실하게 간다고는 하지 않으면서 이쪽에서 찾아가겠다는 뉘앙스가 풍기게 하는 것이 좋겠다고 해서 '만나 뵙는 영광'으로 고치셨습니다. 그런데 '만나 뵙는'이라고 하면 어딘지 이쪽에서 찾아간다는 뉘앙스가 풍긴다고 말씀하십니다"라고 관방장관의 비서관이 담담한 어조로 설명했다.

"잉크를 엎질렀다는 핑계를 대고 총리께 한 번 더 서명해 주시라고 새것을 가져갈 수도 있지만, 친서를 꼼꼼하게 읽으신 뒤의 일이라 가장 중요한 부분이 수정되었다는 것이 알려지면 큰일입니다. 그렇다고 해서 솔직하게 사실은 관방장관이 고쳤다고 말할 수도 없습니다. 게다가 '만나 뵙겠다'는 표현은 마지막 페이지에 들어가 있어 서명하는 곳과 가까이 있기 때문에 어떻게 하든 눈에 쉽게 띈텔데 말이에요. 정말 큰일입니다."

총리비서관은 투덜거렸다.

그렇다고 해서 친서를 이대로 방치할 수도 없다. 서명 정도는 누군가 대신할 수는 없을까 하는 의견도 나왔다.

"공문서 위조까지는 아니더라도 서명만 누군가 흉내를 잘 내는 사람이 몰래 하라고 해도…….”

비서관의 소리는 잠겨 있었지만, 그런 고식적인 수단을 취할 것인가. 아니면 혼란이나 질책을 각오한 후 다시 한 번 친서에 서명하도록 총리에게 부탁드리든가, 결단하지 않으면 안 된다는 그런 얼굴이었다.

다음 날 문구를 고쳐 타이핑한 친서를 외무성이 총리비서관에게 다시 전달했으며, 얼마 지나지 않아 총리 관저로부터 스즈키 총리의 서명이 들어간 친서가 외무성으로 돌아왔다.

누가 정말로 사인을 했는지, 총리 관저로부터의 설명은 없었다.

별첨1: 주 6)의 사쿠라우치 외상의 친서

노신영 외무장관 각하

엄동의 날씨에 귀 장관께서 날로 번영하심을 더없이 경사스럽게 생각함과 동시에 귀 장관이 한국 외교의 지도자로서 수행하시는 중책에 대해서 충심으로 경의를 표하는 바입니다.

저는 귀국과는 일찍부터 문화나 스포츠 등의 방면에서 개인적인 우의를 다져왔습니다. 현재는 외무대신으로서 다시 한 번 양국의 우호관계를 어떻게 유지하고 강화해야 할지에 대해서 매일같이 노력하고 있습니다만, 한일 관계를 보다 넓은 국민적 기반 위에 선 안정된 관계로 육성해 가기 위해 노력할 생각입니다.

이러한 관점에서도 현재 현안인 경제협력 문제에 대해서도 국내적 및 국제적 제안은 있지만 저로서는 최대한의 성의를 가지고 처리할 각오이며, 귀 장관의 이해와 협력을 얻을 수 있다면 다행스럽게 생각합니다.

금번 이 문제에 대해서 양국 정부 고관에 의한 예비적 협의가 개최되게 된 것은 본건 해결을 위한 하나의 전진이라고 평가하고 있으며, 위 협의가 성과를 내고 앞으로의 협의를 위한 궤도가 만들어지길 간절히 바라는 바입니다.

저 자신으로서도 귀 장관과 직접 흉금을 트고 회담할 수 있는 날이 빨리 실현되기를 희망하고 있습니다만, 외교장관 간의 회담에서 많은 성과를 얻기 위해서도 정부 당국자 간의 충분한 의사소통이 필요하다고 생각합니다. 이런 의미에서 한국 정부가 일본 측 대표인 기우치 아키다네(木内昭胤) 아시아국장을 잘 접수해 주신다면 다행으로 생각하겠습니다.

가까운 시일에 귀 장관을 뵙게 되기를 기원하면서 귀 장관의 번영하심을 기원 드립니다.

1982년 1월 13일
일본국 외무대신 사쿠라우치 요시오(桜内義雄)

별첨2: 주 7)의 노신영 외무장관의 친서

초춘의 계절,
건승하심을 기쁘게 생각합니다. 또한 각하께서 귀국이 당면한 많은 외교 과제를 수행하시는 데 있어서 특히 한일 양국 관계의 원만한 발전을 위해 항상 열의와 성의를 다해 노력하고 계신 것에 대해서 심심한 경의를 표합니다.

저도 최근 양국 간에 새롭게 싹트고 있는 모처럼의 우호협력 분위기를 더 없는 기회로 삼아 양국 관계의 심화를 위해 가능한 한 모든 노력을 계속해서 하고자 합니다.

각하와 저와의 회담 개최와 관련하여 지난 1월 서울에서 개최된 양국 정부 고위책임자 간의 예비회담이 만족할 만한 성과를 거둔 것을 기쁘게 생각합니다.

저는 이번에 도쿄에서 열리는 제2차 예비회담에 공로명 제1차관보를 수석으로 하는 대표단을 파견하여 이번 예비회담이 부여받은 역할을 충분히 수행함으로써 가까운 시기에 각하를 만나 뵙고 기탄없는 협의를 할 수 있을 것을 확신합니다.

각하의 변함없는 건승과 귀국의 번영을 기원합니다.

1982년 2월 17일
노신영
일본국 외무대신
사쿠라우치 요시오 각하

제7장

'최종안'의 행방

돈가스집에서의 밀담

———

무대 뒤에서 진행되고 있던 드라마는 외상의 방한 일정 조정이라는 단계에 접어들수록 무대 앞으로 이행되는 것이 순리다.

그렇지만 무대 앞에서 한일 교섭을 재개하기 위해서는 두 가지 준비가 필요했다.

하나는 여전히 의견 대립이 두드러진 일본 내부 관계성청 간의 조정이었으며, 다른 하나는 일본 국내의 정치적 결단을 촉진하는 것이었다.

이 두 가지를 실행하기 위해서는 '계기'가 필요했다. 그러한 '계기'로서 외교당국이 생각해 낸 아이디어가 주한 마에다 대사에게 일시 귀국을 요청해 현지 사정을 보고하도록 하면서 교섭의 촉진을 일본 국내 각계에 호소하는 것이었다.

이렇게 해서 마에다 대사는 4월 8일부터 약 1주일간 귀국해 사쿠라우치 외상과 스즈키 총리에게 현지 사정을 보고했다.[1]

또 마에다는 (외무성과 대장성의 사고방식의 차이가 두드러진 상황하에서)[2] 대장대신의 뜻도 있고 해서 대신을 포함해 대장성 간부들과 비공식적인 형태의 간담 기회를 가졌다.

회담은 아카사카의 작은 돈가스집 2층에서 이뤄졌다. 다다미 8장 정도의 바닥에 털썩 앉은 와타나베 대신은 기우치 국장과 마에다 대사가 방으로 들어오자마자 큰소리로 호통을 쳤다.

"어제 신문, 당신 도대체 그건 뭐야. 대장성안 35억(달러) 가운데 엔 차관 10억(달러), 외무성안 40억(달러) 가운데 엔 차관 15억(달러)이라니. 당신들의 언론 플레이에 정말 질렸어."

이어 와타나베는 다음과 같이 말했다.

"대사가 부임국을 감싸는 것은 이해가 가. 그러니 여기에 있는 마에다 대사를 질책할 생각은 전혀 없어. 그렇지만 기우치 군, 당신은 뭐야. 좀 더 국내 사정을 이해하고 말하지 않으면 곤란해. 이런 긴축재정, 세입결함 속에서 몇십억 달러라는 원조를 일국에 선뜻 내놓는 것은 미친 짓이야."

기우치는 반론했다.

"그렇기는 해도 인도네시아에도 연간 600억 엔, 중국에도 600억 엔, 태국에 700억 엔의 경제협력을 하고 있는 시대에 이웃 나라이며 특별한 관계에 있는 한국에게 5년 내지 6년 동안 3500억 엔 내

---

1) 1982년 4월 9일자 「일본경제신문」 기사, '한국, 60억 달러 요청 바꾸지 않아(韓国, 60億ドル要請変えず)' 및 4월 14일자 동 기사, '5월 타결로 국내 조정(5月決着ヘ国内調整)'.
2) 4월 17일자 「일본경제신문」 기사, '대한 원조 5월 연휴 타결은 곤란(対韓援助5月連休決着は困難)'.

　　　　　　　　한일 경제협력자금 **100억 달러의 비밀**

지 3600억 엔 정도의 자금을 주는 것은 당연하지 않습니까? 재정 상의 어려움을 이해하라고 말씀하신다면 외교상의 중요성도 이해해 주셨으면 좋겠습니다."

기우치가 일부러 외교상의 중요성 등 서생 같은 말을 사용한 것에는 특별한 이유가 숨겨져 있었다.

즉 중요한 각료 포스트를 세 번이나 경험했던 와타나베에게 정치가로서의 약점은 외교 면에서 경험이 일천해 일부에서는 국제적인 센스가 없다는 비판이 있다는 것이었다. 그런 아픈 곳을 기우치는 일부러 찔러 와타나베의 반응을 끌어내고 싶어서였을 것이다.

"한국이 일본과의 특별한 관계를 이야기한다면 일본이란 친구와의 관계를 조금 더 중요하게 생각해야 하지 않겠어? 아무리 박 대통령 암살 후 갑자기 등장한 정권이라고는 해도 오래된 친구들을 모두 추방하고 정치 활동을 하지 못하게 한다는 것은 도대체 무슨 말인가. 유착이 없다는 것과 한일 간의 정치적 파이프를 모두 잘라버리는 것은 전혀 다른 문제야. 너무 외곬으로만 행동하는 정권은 오래가지 못해. 도대체 외무성은 정말로 전두환 정권이 괜찮을 거라고 생각하고 있는 건가?"

와타나베도 빈틈이 없는 사람으로 전두환 정권의 체질론을 꺼내며 응수했다.

이 말에는 대장대신으로서가 아니라 한 사람의 정치가로서 와타나베의 감정과 사고방식이 배어나 있었다.

사실 와타나베는 한일 각료회의 참석차 한국을 방문해 전두환 대통령을 예방하기 위해 청와대를 갔을 때 대기실에서 "이 부근에서 박정희가 암살당했던 건가"라고 중얼거려 동석했던 외무성 관계자를 섬뜩하게 만들었던 일도 있었다. 박 대통령 시대의 한일 간 인맥을 모두 잘라 버리려던 전두환 정권의 방식에 정치가로서 불만과 불신을 갖고 있었던 것이다.

전두환 정권의 체질론이 된 이상 마에다 대사도 침묵할 수는 없다고 생각했던 것인지 최근의 한국 정치 상황부터 군내 동향, 그리고 청와대 측근들의 사고방식을 와타나베에게 설명했다. 와타나베는 고개를 끄덕이며 모두 알고 있다고 말하고 싶어 하는 눈치였다.

결국 외무 당국의 관측에 의하면, 와타나베의 진의는 한일 간 앞으로의 정치적 연결고리를 만드는 데 와타나베를 좀 더 활용하라는 수수께끼 같은 것이라고 생각되었다.

관계성청 회의

마에다 대사의 귀국을 전후하여 관계성청 국장회의가 개최되었다. 회의는 모두가 바빴기 때문에 T호텔에서의 조찬 모임 형태로 이뤄졌다. 표면적으로는 커피에 프랑스빵 한 조각을 먹으면서 한다는 것이었지만, 누가 먼저 말을 꺼냈는지 베이컨에 달걀부침까지 나왔다. 그러나 그것은 늙은 여우와 너구리의 바보 시합과 너무나도 비슷했는데도 기묘한 일체감을 느끼게 하는 회의였다.

우선 외무성의 기우치가 입을 열었다.

"저희들의 생각은 몇 번이나 말씀드린 대로 다시 장황하게 반복하지 않겠습니다만, 요컨대 최종적 패키지를 만들어 한국 측에 제시할 시기가 다가왔다는 것입니다."

기우치는 계속했다.

"주요국 정상회담, 소위 서밋도 6월로 다가왔습니다. 무역 마찰은 그렇게 곧 해결되지도 않으며 방위 협의에 이르러서는 백년하청을 기다리는 것과 같습니다. 총리의 입장에서 보면 각국 정상, 특히 미국 대통령을 만날 때 대한 협력은 결말을 냈다는 정도의 말을 할 수 없다면 곤란할 것입니다.

가령 그렇지 않다 하더라도 6월에는 군축 총회와 서밋으로 외교 일정이 꽉 찼으며, 7월 이후가 되면 세입결함 문제나 추가경정예산 문제로 한일 문제를 다룰 여유가 없습니다. 그렇게 되면 이 문제의 해결은 금년 말이나 내년이 돼 버립니다. 거기까지 질질 한국을 끌고 가면 한일 관계는 엉망이 될 것입니다. 그런 의미에서 지금이 결단의 시기라는 것입니다.

교섭 내용입니다만, 저희들은 이번 패키지는 단발 승부라고 생각하고 있습니다. '여기까지 온 이상 더 이상은 불가능하다. 받든 받지 않든 그것은 당신들에 달려 있다.' 이런 식으로 한국 측에 제시하지 않으면 그쪽이 오히려 곤란해져 버립니다. 상대가 불만을 표시하면서 되돌려 보내지 않을 수 없는 형태로 이쪽의 제안을 해서는 시간이 아무리 흘러도 해결되지 않습니다.

게다가 여기까지 한 이상 결렬돼도 어쩔 수 없다고 자신감을 갖고 국내적으로 또한 제3국에 대해서도 말할 수 있는 제안이어야 합니다. 그 대신 그래도 안 된다면 태도를 바꿔 더 강하게 나갈 수밖에 방법은 없습니다.”

각 성청의 국장 모두 아무 말 없이 기우치의 말을 듣고 있었다.

“그래서 숫자입니다만.”

기우치는 테이블을 가볍게 돌리고는 살짝 목소리를 높였다.

“전체로는 40(억 달러), 그중 엔 차관은 15(억 달러), 수출입은행 25(억 달러), 전체 금리를 6%대로 해서 저리 차관이라고 말할 수 있도록 하는 것이 꼭 필요하다는 것입니다.”

이에 대해서 외무성 이외 성청 간부의 반응은 각각 뉘앙스가 달랐다.

경제기획청은 여전히 과거의 한일 간에 교환한 공동성명의 약속을 고집했다.

1972년 이후 세 번에 걸쳐 한일각료회의 코뮈니케(communiqué)는 대한 원조가 정부 주도형에서 민간 주도형으로 바뀌어야 한다고 강조했다. 한국 경제가 발전하고 성숙해져 감에 따라 정부 자금보다 민간 자금의 흐름에 의해서 한일 간의 경제 교류를 원활하게 해야 한다는 생각은 한일 양측에서 합의된 방침이었다.

그것을 이제 와서 원점으로 되돌려 60억 달러나 되는 공적 자금을 요구하는 것은 경제적 논리에 반한다. 더구나 세 번에 걸쳐 확인된 일종의 국제적 합의를 제멋대로 일방적으로 짓밟아서는 국가와 국가 사이의 관계가 안정적인 발전을 하지 못한다.

경제기획청의 생각 뒤에는 이런 논리가 있었다. 그런 논리적 바탕 위에 서면 반론하기 어려운 부분이다.

나폴레옹이라는 별명을 가지고 있었으며, 실제로 키가 작지만 관록이 있는 대장성의 국제금융국장은 한국의 정치적 중요성은 알겠지만, 이라고 일단 대국적인 차원에서 말을 한 뒤에 재정 긴축의 논리를 전개했다.

재정이 어려울 때 무리에 무리를 해서 만든 것이 경제협력 배증계획이다. 1976년부터 1980년까지 5년간의 원조총액을 1981년부터 1985년까지 5년간의 배로 늘리겠다는 이 배증계획 틀 내에서 한국 문제를 처리했으면 좋겠다. 한국에게 진수성찬을 베풀어 다른 국가들을 위한 자금이 부족해져 배증계획에 플러스알파가 필요한 상황이 되어서는 도저히 안 된다는 것이 대장성의 속내였다.

게다가 수출입은행에 대해서는 그다지 인기가 없다, 즉 한국은 높이 평가하지 않는다는 것이 대장성의 주장이었다. 미국이나 서구의 고금리 여파로 수출입은행의 금리에 대한 국제적 신사협정으로 금리의 하한이 올라가 버려 일본의 수출입은행이 빌려주는 금리는 9.25% 이상이 되지 않으면 안 되는데 비해 민간은행의 경우 8.4%의 프라임에 0.2% 정도가 추가될 뿐이라 기꺼이 한국에 빌려 줄 것이다.

일본 정부로서는 무리해서 수출입은행의 활용 방안을 생각할 필요가 없으며, 오히려 민간 자금의 흐름을 원활하게 하는 편법을 강구하는 편이 낫다는 주장이다.

수출입은행분의 금액을 늘리거나 그 조건을 완화하는 데에는 통산성도 열의가 없었다.

한국이 바라는 것은 엔 차관이다. 수출입은행은 아무 말 안 해도 빌려준다. 그것이 한국의 생각이었으며, 풍선을 부풀리듯이 수출입은행의 융자를 늘려 전체가 40억(달러)이라고 자신 있는 태도를 보여도 실제 내용은 15억 달러에 지나지 않기 때문에 속임수다. 통산성의 통상국장은 조금도 웃지 않으면서 그렇게 잘라 말했다.

말할 필요도 없이 친한파로 알려진 통산대신의 의중을 반영해서 인지 "한국에 정부 자금을 대폭 늘려 주지 않으면 현재 산업계의 차가운 분위기로 봐서 민간 자금도 움직이지 않게 되어 한국 경제는 아주 어려운 상황에 봉착할 것이다"라고 말하면서, 암암리에 외무성의 생각에 동조하는 말을 덧붙였다.

"그럼 남은 건 대신 간의 절충이라는 것입니까?"

한 국장이 자문자답하듯 중얼거렸다.

아무도 말하지 않았다. 대신들이 이야기해도 결말이 나지 않는다. 요는 정치적 결단의 문제다. 누구나가 마음속으로 그렇게 생각하고 있는 듯했다.

일본 '최종안'의 내용

이러한 경위를 거쳐 일본 정부는 한일 외교장관 회담에서의 실질적인 합의를 위한 정지 작업 차원에서 구체적인 일본 안을 작성했다.

그 안은 A안과 B안 두 가지였으며, 우선 A안으로 교섭하고 한국 측이 현저하게 난색을 표시할 경우에는 B안을 제시, 이것이 최종안이라고 단언한다는 것이었다.

A안은 대략 다음과 같은 안이었다.

· 전체 경제협력 총액 : 6년간 40억 달러
· 엔 차관 : 13억 달러
· 수출입은행 융자 : 22억 달러
· 민간 자금 : 5억 달러(특히 정부에서 요청이 있을 경우)

B안은 다음과 같았다.

· 전체 경제협력 총액 : 6년간 40억 달러
· 엔 차관 : 15억 달러
· 수출입은행 융자 : 25억 달러

다만 어느 쪽 안의 경우에도 수출입은행 융자의 금리는 이미 약속한 대부분에 대해서는 7.5%, 그 뒤에는 OECD 가이드라인 금리로 한다.[3]

이러한 일본 안의 특징은 특히 세 가지로 요약할 수 있다.

(1) 전체 금액에 대해서는 한국 측의 체면을 세워 어떻게 해서든지 40억 달러 규모로 제시하지만, 내용 면에서는 수출입은행의 융자를 포함하지 않을 수 없다는 것.
(2) 공여기간에 약간의 유연성을 갖게 함으로써 전체 공여금액을 부풀리는 방법을 취하고 있다는 것.
(3) 금리를 가능한 한 낮추는 것에 대해서는 일본 측도 한국의 요망에 유의하고 있다는 것.

"이 정도로는 국내가 폭발한다"

문제는 이러한 일본 측 제안을 어디서 누구로부터 '공식' 루트로 한국 측에 전달할 것인가 하는 것이었다.

이런 제안을 갑작스럽게 외교장관급에서 제시하는 것은 성공 여

---

3) 1982년 4월 28일자 외무성 작성 자료, 기안자는 불명, 「대한 경제협력 대처 방침(対韓経済協力対処方針)」. 다만, 오른쪽 위에 손으로 '과장 휴대용 자료'라는 메모가 적혀 있음. 내용으로 보아 경제협력국이 작성한 자료로 생각된다. 이 안에는 '설명 요령(説明要領)'이 작성되어 있는데, 그 내용은 장 말미에 별도로 첨부한다.

부가 불확실하고 한일 관계에 미칠 파급효과도 크기 때문에 피해야 하는 것은 당연하다고 생각되었다. 한편 통상의 외교 루트, 예를 들면 주한 일본대사 혹은 주일 한국대사를 통한 절충이라면 한국 외교당국을 넘어 어디까지 일본 측의 진의가 청와대에 직접 전달될 것인가에 대해 약간의 의문이 있었다.

또한 국내의 관계성청과 외교당국과의 관계로 보아서도 이때에는 일본 측 사정을 잘 아는 고위급 인사가 특별히 한국을 방문하여 한국 측과 직접 담판을 하는 것이 적당하다고 판단되었다. 고위급이라고 해도 정치가 출신의 특사는 다케시다의 예처럼 실제로는 어렵다. 또한 정부 내부의 제안이 하나로 통일된 이상 정부 내부를 통일하기 위해 거물 정치가가 등장할 필요도 없게 되었다.

그 결과 차관급의 특별사절로 외무심의관 야나기야 켄스케(柳谷謙介)를 한국에 파견하게 되었다.[4]

이렇게 해서 야나기야는 4월 29일부터 5월 1일까지 한국을 방문해 노신영 외무장관, 김준성 경제기획원장관, 이범석 대통령비서실장 등과 회담을 하고 일본의 '최종안'을 제시하고 설명했다.[5]

---

4) 1982년 4월 29일자 「일본경제신문」 기사, '외무심의관을 오늘 한국에 파견(外務審議官をきょう韓国に派遣)'. 야나기야가 특사로 정해져 방한하게 된 경위에 대해서 야나기야 자신은 다음과 같이 말하고 있다(『柳谷謙介(元外務事務次官) オーラル・ヒストリー(오럴 히스토리)(中卷)』(伊藤隆, 政策研究大学院大学, 2005년). 내용이 길어 장 말미에 별첨.

5) 1982년 5월 1일자 「일본경제신문」 기사, '대한 원조 교섭 계속하는 것에는 합의(対韓援助 交渉継続では合意)'.

당시의 모습(회담의 중심을 이루었던 노신영 장관과의 회담 모습)은 당사자인 야나기야 자신의 회고에 따르면 다음과 같다.

한국에서 다양한 분들을 예방한 뒤 노신영 외무부장관과 회담을 했습니다. 이쪽은 미리 일본 측에서 충분히 준비한 것, 당내·각외에서 결정한 것을 가지고 갔습니다. 그렇기 때문에 공식적으로 말할 수 있는 것은 프로젝트별로 협력하는 것이었습니다. '총액 얼마'라는 것은 일본 경제협력의 기본방침으로는 불가능하다는 점을 우선 말한 뒤에 경제협력기금, 수출입은행, 민간 차관을 더해 협력하고 싶으니 쇼와 56년(1981년)과 57년(1982년)도분의 엔 차관에 대해서는 지난 해(1980년) 분의 배로 늘릴 용의가 있다, 그러나 그것은 비공식적이라는 것을 덧붙였습니다. 보다 구체적으로 말하면 엔 차관이 13억 달러, 수출입은행이 22억 달러, 민간 차관이 5억 달러로 기간은 1986년까지라는 것을 내시(內示)했던 것입니다. "이것은 그때까지 한국에 대해서 계속해 온 '민간차관' 중심의 경제협력에서 벗어난 코페르니쿠스적인 전환이며 일본 정부 및 스즈키 총리 이하의 최대한의 결단입니다"라는 것을 누누이 말했습니다(일부 생략).

외무부장관은 "일본의 성의는 이해합니다"면서도 "이래서는 대통령이나 국민이 납득하지 못할 것입니다"라고 말했습니다. 이때는 그것으로 끝났습니다.

(중략)

그 뒤 밤이었는데, 오후 10시부터 노신영 외무부장관과 두 번 회담을 했습니다. 거기서는 이전 안을 조금 수정하고, 이전에 '다케시다' 의원과의 사이에서 "15억 달러까지는……"이라는 안이 있었기 때문에 그것을 바탕으로 '엔 차관 15억 (달러), 수출입은행 25억 (달러), 민간차관 5억 (달러), 기간은 1년 늘려서 1987년까지'라는 안을 제시했던 것입니다.

그러나 노신영 장관은 "이 정도로는 국내에서 폭발합니다. 이 숫자로는 해결되지 않습니다"라고 일축하고 "이것 최종안인가요?"라고 말했기 때문에 나는 "우호국 사이의 협의로 최후 통첩적인 말은 사용하고 싶지 않습니다. 그러나 이것은 할 수 있는 최대한의 것입니다"라고 말했던 것입니다. 장관은 냉정함을 유지하고 있었습니다만, 정말로 고뇌에 찬 표정이었으며, 잠시 침묵이 계속되었습니다. 결국, 거기서 합의는 하지 못했습니다.[6]

일본 측 양보의 한계

이렇게 해서 야나기야 방한과 일본의 '최종안' 제안에도 불구하고 교섭 타결의 방향은 찾지 못했다.

그러나 이 교섭을 통해 일본 측으로서는 한국 측도 일본 측 양보의 한계에 대해 현실적인 생각을 갖게 될 것이라는 점을 중시했다.

또한 앞으로의 교섭은 전체 협력 금액은 물론이거니와 금리와 기간 등의 '조건'도 다루게 될 것이며, 그렇게 되면 갑작스럽게 외교장관 회담에서 타결할 수도 없어 실무적 협의를 계속할 필요가 있다는 분위기가 서서히 만들어진 것으로 보였다.

---

6) 주4) 야나기야의 오럴 히스토리(Oral History: 역사적 중요 인물과의 면담에 의한 녹음 사료, 역자 주)에 의함.

이 점은 간접적이지만 야나기야 방한의 결말이 '교섭 계속 합의'[7] 라는 점과 '외상의 연휴 방한 단념'[8]이라는 두 가지 측면을 포함하고 있었던 것에도 나타나 있었다.

---

7) 주5)와 같음.
8) 4월 30일자 「일본경제신문」 석간 기사, '외상, 연휴방한을 단념(外相, 連休訪韓を断念)'.

별첨1: 주3) 외무성 자료의 '설명 요령'

1. 대한 경제협력 문제에 대해서는 한국 측으로부터 공식 요청이 있은 이후 이미 반년 이상 경과했으며, 한일 간의 최대 현안이 되고 있다. 일본 정부로서도 스즈키 총리 이하 관계각료 등이 본건에 큰 관심을 갖고 한일 우호 협력관계의 유지·발전의 관점에서 가능한 한 빨리 해결해야 한다는 생각을 가지고 있다.

2. 잘 아는 바와 같이 일본의 재정 사정은 매우 어려운 상황에 있다. 본 연도의 예산에서도 거의 모든 지출항목의 전년도 대비 증가율이 0으로 억제되어 있으며, 나아가 대폭적인 세입 결함조차 예측되는 상황에 있다. 우리 정부로서는 이러한 엄중한 재정 상황하에 있음에도 불구하고 일의대수(一衣帶水)의 이웃 나라인 귀국이 전두환 대통령 이하 새로운 국가 건설을 위해 노력하고 있다는 것을 고려하여 그 국가 건설에 대해 성의를 가지고 가능한 한 협력해야 한다는 대국적인 견지에서 스즈키 총리 이하 관계각료가 스스로 지시를 내리고 예의 검토를 한 결과 다음과 같은 우리 정부의 협력안을 결정하기에 이르렀다. 본 협력안에 대해서는 우리 정부로서 최대한의 노력을 한 내용의 것이며 최고 수뇌부의 결정을 거친 것이다.

3. 본 협력의 내용에 대해 부연하면 다음과 같다.

① 우선 전체 협력의 목표를 제시한 것에 특히 주목해 주기 바란다. 이전부터 반복적으로 설명하고 있는 대로 우리 나라 경제협력의 기본원칙은 각 연도마다 프로젝트의 축적에 의해 협력의 내용을 결정한다는 것이며, 상세한 프로젝트의 내용도 심사하지 않고 더구나 장래에 걸친 협력의 목표를 제시하는 것은 이 기본원칙에 반하는 것이다. 그럼에도 불구하고 귀국이 협력의 전체적인 틀의 제시를 강하게 요청하고 있는 것을 고려해 일부러 엔 차관도 포함하여 비공식적으로 전체 협력의

목표를 제시하기로 한 우리 쪽의 노력을 꼭 이해해 주기 바란다.

② 다음으로 자금협력 전체의 평균금리는 귀국이 신 5개년계획 중에 공공차관의 평균금리로 6%를 상정하고 있는 것을 고려하여 위 금리에 가능한 한 적합한 것이 되도록 되어 있다. 구체적으로는 상환기간도 고려한 원본 잔액에 대한 금리를 나타내는 기중(期中) 평균잔액방식이라는 국제 금융상의 확립된 방식에 의하면 평균금리는 (A안으로) 약 6.1%가 조금 넘는다(B안으로는 약 5.8%).

나아가 상기 금리는 고금리 상태인 국제 금융정세하에서 귀국이 현 시점에서 얻을 수 있을 것으로 생각되는 어떠한 공적리스 자금과 비교해도 충분히 저리라고 할 수 있다(세계은행 융자는 11.6%, 아시아개발은행[ADB] 융자는 10.01%, 미국의 대외군사판매[FMS] 20%).

③ 엔 차관 총액 목표 13억 달러(최근 3개월 평균 환율로는 약 3,040억 엔)에 대해서는 귀국처럼 개발 정도가 앞선 국가에 대한 차관 액수로는 이례적으로 거액의 공여액수이며, 또한 과거 5년간(1976~1980년)의 엔 차관 공여액수(1,065억 엔, 위탁판매)의 배를 훨씬 넘는 액수로 청구권 이후 현재에 이르기까지의 총 차관 공여액수(3,174억 엔)에 필적한 것이다. 또한 1981년도의 엔 차관 총액을 전년도의 배액으로 가정하고 그 후 순차적으로 늘려 1986년까지 공여한 경우의 1986년도 차관 예정금액(약 630억 엔)은 우리 나라의 원조 중점국가이며 아직 개발도상에 있는 아세안제국에 대한 동년도의 차관 예정금액과 비교해서도 손색이 없는 것이다.

④ 수출입은행 융자 총액 22억 달러(약 5,145억 엔)에 대해서는 과거 10년간(1971~1980년) 귀국에 대한 수출입은행 융자 총액(3,095억 엔)을 대폭적으로 상회하는 것으로, 그 금리(현 시점에서는 약 9% 정도)에 대해서도 다른 나라의 수출입은행 융자(미 수출입은행 등 다른 선진국들의 수출신용기관의 금리는 10%를 약간 넘음)보다 저리이다.

⑤ 민간 자금에 대해서는 일본의 현행 프라임 레이트(prime rate: 무담보로 자금을 빌려 줄 때 적용하는 금리, 역자 주)(8.4% 플러스 가산금리)는 고금리하의 국제금융 정세에 비춰 볼 때 충분히 저리이다.

다만, 이 '설명 요령'은 작성자와 작성일자 모두 불분명하지만, '발언 요령'이라는 제목이 붙어 있고 오른쪽 위에 손으로 '야나기야 외심용'이라고 쓰여 있는 것이나 내용으로 봐서 1982년 4월 말에 외무당국에 의해 작성된 것으로 추정된다.

별첨2: 주 4) 야나기야 특사 선정과 관련해 야나기야 본인의 말

그러는 사이에 누군가 한국에 조금 고위급이 가서 이 문제를 타결해야 한다는 의견이 나왔습니다. 그래서 총리대신과 미야자와 관방장관과 와타나베 대장대신이, 특히 와타나베 대장대신이 한국 문제에 아주 관심이 많았기 때문에 40억 달러를 어떻게 할 것인가로 각료급의 협의가 있었습니다.

그래서 40억 달러 가운데 '엔 차관'을 얼마로 할 것인가. 6년간 13억 달러로 할 것인가, 아니면 7년간 15억 달러로 할 것인가에 대하여 점점 논의가 굳어져 갔습니다. 그래서 "다케시다 노보루 씨가 갔다오는 것은 어떠한가?"라는 이야기가 나와 외무성에서 스노베 차관 또는 그에 걸맞는 자가 동행하게 되었던 것입니다. 이것은 실은 실무적으로는 그다지 논의되었던 것이 아니라 세 명의 대신 사이에서 그럴

게 결정되었던 것입니다.

왜 스노베 차관이 가는가 하면 그는 차관이 되기 전에 한국대사였습니다. 스노베 씨는 한국 측으로부터도 신뢰를 받고 있었기 때문에 설득력이 있지 않을까. 즉 "스노베가 와도 이것뿐인가"하는 말이 나오면 그쪽도 납득하지 않을까. 그런 이유로 "스노베 씨가 꼭 다케시다 씨와 동행해 주었으면 좋겠다"고 했습니다. 그런데 차관 자신이 가면 잘못될 경우 사무적으로는 물러설 데가 없어지기 때문에 바람직하지 않다는 의견이 있었습니다. 게다가 스노베 씨는 주한 대사를 했던 경험이 있어서인지 "15억 달러도 적다"는 입장이었던 것입니다. "이번에 20억 달러 정도 내서 해결하는 게 한일의 대국을 위해 바람직하다"고 했습니다. 따라서 그런 의미에서도 스노베 씨가 가는 것은 적당하지 않다는 의견도 있어서 그 부분은 애매했습니다.

그 뒤 조금 시간이 지나 4월 28일자 신문에 '특사 또는 밀사로 다케시다 또는 세지마 류조(당시 이토추 상담역)가 간다'라는 기사가 나왔습니다. 다소 정보가 새 나갔습니다. 수면 아래에서는 '다케시다가 가면 전두환 대통령이 만날 것인가, 만나지 않을 것인가. 전두환 대통령은 접견만 할 뿐, 외무부장관이 만날 것인가' 하는 여러 추측이 있었습니다. 결국 "그런 것으로는 다케시타는 못 보내." 그렇게 되었던 것입니다. 그래서 본래 아시아국장이 가야 하지만, 그렇게 되면 급이 조금 낮을 것이며, 게다가 기우치 군은 전에 저쪽 외무부장관과도 크게 다툰 적도 있기 때문에 고려 대상이 아니었습니다. 다양하게 논의해 본 결과 결국 외무심의관인 제가 가게 되었던 것입니다(『柳谷謙介(元外務事務次官) オーラル・ヒストリー(中卷)』, 2005년).

어쨌든 야나기야 외무심의관이 특사로 선정된 것은 야나기야의 지위로 보아 자연스런 선택이었던 것으로 보이지만, 야나기야가 선정된 배후에는 다음과 같은 부가적 요인도 존재했었던 것으로 생각된다(당시 외무성 아시아국 관계자와의 인터뷰에 의함).

즉 당시 외무차관이었던 스노베는 전직이 주한 일본대사였던 것도 있어서 친한파로 간주되어 대한 교섭의 '특사'로서 한국과의 관계라는 점에서는 최적이었지만 그런 만큼 일본 국내의 관계자 모두를 설득하는 데 적당할지 어떤지에 대해 의문을 제기하는 목소리도 있었다. 또한 외무사무당국의 말 그대로 최고책임자가 대외교섭, 그것도 최종적인 국면 교섭에 직접 나서는 것은 관례상으로도 바람직하지 않다는 의견도 있었다.

나아가 당시 세지마 류조를 중심으로 한 소위 배후의 루트를 통한 절충에 대해 야나기야는 무대 뒤의 절충 자체도 본래는 외교당국자가 해야 한다면서 조금 비판적이었으며, 그런 입장을 역으로 고려했을 것이라는 추측도 있다.

제8장

친일과 반일의
틈바구니에서

'명문가' 출신자의 장점

———

　4월의 야나기야 방한 후 대립에 가까운 상태였던 한일 경제협력 교섭이 6월이 되자 새로운 움직임을 보이기 시작했다.

　그 커다란 계기가 된 것은 6월 초순 한국에서의 외무부장관 교체였다.

　새롭게 한국 외무부장관에 임명된 이범석은 전임자인 노신영 장관이 섬세하고 유능한 관리형이라는 인상을 일본 측에 심어 주었던 데 반해 전체적으로 대범한 분위기를 지닌 인물이었다.

　게다가 당시의 소문에 의하면, 이범석의 집안은 독립운동가 중에서도 이름이 널리 알려진 '명문가'였으며, '친일파'로 규탄 받는 일은 없을 것이기 때문에 일본과의 절충에서도 상당히 솔직하게 협의할 수 있는 상대가 아닌가 하는 관측이 일본 측 관계자 사이에 나와 있었다.[1]

———

1)　당시 주한 일본대사관 직원과의 인터뷰에 의함.

이범석은 6월 22일 마에다 주한 일본대사에게 한국 측의 '신 제안'을 제시하고 교섭의 조기 타결을 촉구했다.[2]

한국 측의 '신 제안'은 새로운 제안이라기보다도 전체 협력 금액을 40억 달러로 하면서도 엔 차관 부분의 확대와 금리 조건의 완화를 요구한 것이었다. 말하자면 야나기야 방한 때 일본이 제시한 '최종안'을 마지막으로 보지 않고 좀 더 교섭을 계속하자는 것을 요구했던 것이었다.[3]

구체적으로는 40억 달러 가운데 절반 이상, 즉 23억 달러를 엔 차관으로 하고 나머지 부분에 대해서도 상품차관 혹은 유연하게 사용할 수 있는 저리 차관을 요구했던 것이었다.[4]

동시에 이범석 장관은 신임장관으로서 조기에 일본 측 외상과 면담을 하고 싶다는 의욕을 표시했다. 그러나 경제협력 교섭이 난항을 거듭하고 있는 만큼 일본을 '공식'적으로 방문할 경우에 교섭이

---

2) 1982년 6월 22일자 「일본경제신문」 석간 기사, '한국 측이 신 제안(韓国側が新提案)'.

3) 1982년 6월 23일자 「일본경제신문」 기사, '내용에 새로운 것 없는 경제협력에 관한 한국 제안(「内容に新味ない」経済協力での韓国提案)'.

4) 1982년 7월 4일자 「일본경제신문」 기사, '경제협력 타개를 위한 실마리?(「経済協力」打開 ヘ糸口?)'에서 6월의 한국 측 제안은 엔 차관 23억 달러, 상품차관 17억 달러로 되어 있었지만, 한국은 반드시 상품차관이라는 형태 자체에 집착했던 것은 아니었다. 외자분이 아니 내자분에도 활용할 수 있는 자금으로서의 상품차관 혹은 그것을 대체할 수 있는 저리 차관을 요구했던 것으로 봐야 할 것이다. 이것은 예를 들면, 7월 2일자 「일본경제신문」 기사 '내자로 일부 전용(内資ヘ一部振り向け)'에서도 추정할 수 있다. 다만, 이범석-마에다 회담 내용에 대한 문서(2011년 말 시점에서)는 공개되어 있지 않다.

진전을 보이지 않고 방일이 '실패'로 여겨진다면 한국의 국내 정치상 좋지 못할 것이 분명하였다.

그래서 일본 방문 '방식'에 대해 좀 더 '연구'해 보기로 했고,[5] 그 결과 미국 방문 귀국 길에 일본을 방문하는 형태를 취하게 되었다.[6]

이범석은 방일 시 사쿠라우치 외상을 비롯한 주요 각료와 면담하고 스즈키 총리를 예방했다. 그리고 사쿠라우치 외상과의 회담에서 한일 양국은 경제협력 전체 규모를 40억 달러로 하고 동시에 상품차관 대신 한국 측 프로젝트의 내자(외화에 의한 조달이 아니라 한국 국내에서 조달하기 위한 자금)분으로서 엔 차관이나 수출입은행을 어느 정도 활용할 수 있는가에 대해 한일 양측의 실무자급에서 협의하는 것으로 합의하였다.[7]

다시 말해 이 단계에서의 한일 외교장관 회담은 경제협력 전체 금액에 대해 정치적으로 협의한 결과 거의 40억 달러로 해결되었다는 형태를 취하기 위한 일종의 '연출'이었다고 말할 수 있다. 그리

---

5) 당시의 필자의 메모에 의함.
6) 1982년 6월 30일자 「일본경제신문」 석간 기사, '한국 외무장관 방일(韓国外相来日へ)'.
7) 1982년 7월 6일자 「일본경제신문」 기사, '조기 재회담하기로 일치(早期再会談で一致)', 7월 7일자 '국내자금으로도 사용할 수 있는 수출입은행 융자를 검토(国内資金にも使える 輸銀融資を検討)' 및 7월 8일자 '대한 경제협력 내자분의 액수가 초점(対韓経済協力　内資分の額焦点)'.

고 경제협력의 구체적 조건에 대해서는 실무자급에서 좀 더 협의하기로 해 갑작스럽게 정치적 타결을 시도하는 것을 피했던 것이었다.

그것은 이범석의 방일이 현실적으로 외교장관급의 '교섭'을 하기 위한 것이 아니라, 오히려 노신영 전 장관 시절에 약간 결여되어 있었던 외교장관 간의 신뢰 관계를 우선 구축하고자 하는 것이었기 때문이었다.[8]

새로운 한국 외무장관의 역할

사실 사쿠라우치-이범석 회담의 분위기는 종래의 외교장관 회담과는 상당히 달랐다.[9]

사쿠라우치-이범석 회담은 외무대신 접견실의 폭 12~13미터나 되는 거대한 테이블 양측에 한일 양국의 대표단이 앉는 형태로 이뤄졌다. 모두에서 카메라 취재가 허용되었던 덕분에 테이블 주변에는 신문과 텔레비전 관계자가 둘러싸고 있었다.

"그러면 한마디 인사말씀 드리겠습니다."

---

8) 이 점은 사쿠라우치-이범석 회담의 보도 모습에도 잘 나타나 있었다. 예를 들면, 1982년 7월 5일자 「일본경제신문」 석간 기사, '성의로 해결 시도한다(誠意で解決図る)' 혹은 7월 6일자 '조기 재회담하기로 일치(早期再会談で一致)'.
9) 회담에 동석했던 필자의 메모에 의함.

아주 자연스럽게 아무런 예고도 없이 사쿠라우치가 원고를 양손에 꼭 쥔 채 일어났다.

"이 외무부장관 각하, 최경록 대사 각하 및 한국 측 대표 여러 분……."

한 마디 한 마디 확실하게 구분하는 듯한 어조로 사쿠라우치가 인사말을 읽기 시작했다.

모두 연설의 마지막 부분은 경제협력에 대해서였다.

"4월 하순 일본 측이 제시했던 안은 일본 측으로서는 최대한 성의를 다한 것으로 이 점에 대해 한국 측의 이해를 얻고 싶습니다."

사쿠라우치의 인사가 끝나자 언론 담당 관계자가 낮은 목소리로 기자들의 퇴장을 요청했다. 하지만 그것은 사전 협의와는 달랐다.

원래 신문기자는 모두의 사진 촬영만을 하도록 되어 있었는데, 사쿠라우치가 갑자기 연설을 시작했기 때문에 그대로 진행되었던 것이다. 그러나 한국 측의 연설 순서가 되자 '지금 기자를 퇴장시키는 것은 사리에 맞지 않는 것 아닌가' 하는 이범석 장관의 항의성 코멘트가 나올지도 몰랐기에 일본 측은 순간 식은땀을 흘렸다.

그러나 신문기자가 천천히 퇴장해 가는 모습을 지켜보던 이 장관은 항의는커녕 전혀 개의치 않는 모습으로 장신의 몸을 일으켜 일어나 인사를 시작했다.

오른쪽 끝에 앉아 있던 한국 외무부 담당자가 훌쩍 일어나 비스듬히 장관의 뒤편에 서서 한국어를 일본어로 통역을 시작하였다.

이 장관의 연설에는 첫 대면임에도 불구하고 어딘가 친밀하고 싹 싹한 분위기가 흐르고 있었다.

말투만이 아니라 이범석의 발언 내용도 억제된 것이었다. 한국이 지불하고 있었던 방위 노력이나 일본의 안전보장에 있어서 한국의 역할과 같은 말은 들리지 않았다.

또 새로운 한일 관계를 구축하기 위해서는 일본이 과거 역사를 반성하는 증거로서 진수성찬을 베풀어야 한다는 전두환 정권 수뇌부의 생각도 이범석의 입에서는 나오지 않았다.

이범석은 오히려 자기 자신을 한국과 일본 사이에서 가교 역할을 하는 입장에 두는 듯한 발언을 했다.

"이번에 제가 일본을 방문하는 것에 대해서 저의 동료들은 모두 반대했습니다."

이범석은 그렇게 말하고 옆에 앉아 있는 한국 정부 고위관리들을 언뜻 쳐다봤다.

"제가 일본을 방문했다고 해서 일본이 갑자기 태도를 바꿀 것이 라는 환상을 저는 갖고 있지 않습니다. 그렇기에 일본에 가서 성과 도 없이 돌아오면 한국 내에서 비난을 받을 뿐이라고 동료들이 충고해 준 의미에 대해 잘 알고 있습니다.

그러나 사쿠라우치 대신 각하, 저는 역시 앞으로 이 문제를 각하 와 저 사이에서 해결하고자 한다면 무엇이 어떻든 간에 사쿠라우 치 대신과 직접 친밀하게 만나는 것부터 시작하지 않으면 안 되고,

또한 구체적 성과가 있느냐 없느냐만 집착해 만나 뵐 기회를 잃게 되면 오히려 해결의 길은 멀어질 뿐이라고 생각했습니다.

그래서 저는 결심했습니다. 어쨌든지 대신을 만나 뵙기로.”

이 말에 사쿠라우치는 크게 공감했다. 한국 측 참석자들은 이범석의 방일에 반대했다는 것이 밝혀져서인지 얼굴을 숙이고 가만히 듣고만 있었다.

이어 이범석은 자기의 정치적 입장을 설명하기 시작했다.

“지금 말씀드린 대로 저는 일본 측 입장을 충분히 이해하고 일본을 방문했습니다. 즉 일본 측은 야나기야 외무심의관이 4월 말 한국 측에 제시하신 내용을 가지고 최종적이라고나 할까, 할 수 있는 최대한의 안이라고 말하고 있습니다. 그 안은 스즈키 총리의 결단을 얻은 것으로 일본으로서는 거기서 쉽게 일탈할 수 없다는 것을 저는 잘 이해하고 있습니다.”

전 외상의 평판

6척(약 182센티미터) 장신의 체구를 앞으로 조금 구부리고 양손 손가락을 테이블 위에 가볍게 얹은 채 이범석은 중후한 목소리로 계속해서 말을 이어 갔다.

“그렇지만 대신 각하, 제 쪽 사정, 저의 입장에 대해서도 이해해 주셨으면 하는 점이 있습니다. 그것은 솔직히 말씀드려 노신영 전 장관과의 관계입니다.

일본 측 입장에서 보면 여러 가지 비판이나 의견이 있을지 모르겠습니다만, 전 장관은 제가 가장 존경하는 친구 중 한 사람입니다. 실은 노 전 장관과 제 동생은 같은 고등학교 동급생이었습니다. 그런 연유로 저는 노 전 장관에 대해 잘 알고 있습니다.

그는 그 나름대로 열심히 했던 것입니다. 노 전 장관의 대일교섭 방식에 대해 일본 측에서 여러 의견이 있었던 것 같습니다만, 한국 측에서는 노 전 장관의 대일교섭 방침이나 방법은 대통령에게도 지지를 받았습니다.

그래서 그런 노 전 장관은 외무심의관인 야나기야 심의관이 4월에 가지고 온 일본 안을 거부했던 것입니다. 노 전 장관이 거부했던 안과 완전히 같은 안을 새롭게 장관이 된 제가 그대로 수락한다는 것은 아무리 저라 해도 도저히 불가능합니다."

이범석은 한숨을 돌리고 옆에 있던 주전자에서 컵에 물을 따르고는 발언을 계속했다.

"일본은 최종안, 아니 일본 쪽 표현으로는 할 수 있는 최대한의 안이라고 말씀하시고, 한국 측은 그것으로는 안 된다고 하고, 이래서는 교섭은 결렬입니다. 사실 한국 정부 내부에서는 이 교섭을 이제 그만두는 게 낫다, 이 이상 일본과 논쟁을 해도 양쪽에 불만이 남을 뿐이라는 사람들도 있습니다.

그러나 저는 가능한 것이라면 타협을 하고 싶습니다. 타협하지 않는 것보다 타협하는 편이 좋다고 믿기 때문입니다.

그래서 생각했습니다. 그것이 40억 달러, 6%대라는 일본 제안의 큰 줄기에 한국은 동의하고, 그 대신 그 내용에 대해서 일본 측에서 한번 더 재고해 주었으면 합니다."

이범석의 발언이 일단락된 뒤 사쿠라우치가 다시 한 번 일본 입장을 말했다.

"엔 차관에 대해서는 외무심의관이 4월에 서울에 가 뵈었을 때 한국 측에 제시한 안이 일본으로서는 할 수 있는 최대한의 것으로, 그것은 그리 간단히 바꿀 수 없습니다."

사쿠라우치는 기지개를 켠 뒤 눈을 테이블 가운데 부분에 두면서 더듬거리는 말투로 말했다.

"다음으로 상품차관에 대해 말하면 이것은 일본으로서는 불가능합니다. 다만 한국이 말하는 것이 소위 내자 마련을 위한 것이라면 특례로서 엔 차관의 일부 혹은 수출입은행 자금의 일부, 예를 들면 15%라든가 또는 몇 %를 내자분으로 돌릴 수 있도록 배려하고 싶습니다. 그리고 이 부분을 구체적으로 어떻게 할 것인가는 한일 양측의 실무당국이 검토를 하고 지혜를 짜내도록 하면 어떻겠습니까?"

사쿠라우치의 발언에 대해서 이범석이 코멘트를 했다.

"서로 지혜를 짜내는 것에는 찬성입니다. 다만, 그것에 어느 정도의 시간이 걸리겠습니까? 일단 목표를 세워 두는 게 좋다고 생각합니다만."

사쿠라우치가 뒤돌아보고 옆에 있던 기우치 국장이 대답했다.

"뭐 빠르면 10일 정도가 아니겠습니까?"

"그렇게 걸리겠습니까?"

머리가 벗겨진 모양과 야무진 얼굴 생김새가 사쿠라우치와 쌍둥이 형제라고 놀림을 당했던 적이 있는 공로명 차관보가 끼어들었다.

"저희들은 한국 분들처럼 능률이 좋지 않기 때문에."

기우치의 너스레로 회담은 결말지어지는 형태가 되었다.

외상 집무실에서의 외교장관 회담

"그럼 여기서 잠시 사쿠라우치 대신과 둘이서만 이야기를 하고 싶습니다."

이범석이 그렇게 제안했고 예정된 약속에 따라 이범석과 사쿠라우치는 옆방인 대신 집무실로 들어갔다. 집무실에 들어간 사람은 사쿠라우치와 이범석 이외에 기록을 위해 한일 양쪽의 과장 한 명씩뿐이었다.

"실은 한두 가지 말씀드리고 싶은 게 있습니다."

이범석은 약간 머리를 앞으로 숙이고 입을 열었다.

"우선 여러 날 전 일본 신문에 사쿠라우치 대신이 8월 중순에 한국을 방문하실지도 모른다는 기사가 실렸습니다만, 이것은 대신님의 생각이십니까, 그 부분에 대해서 여쭤 보고 싶습니다."

사무라우치는 질문을 예상이라도 한 듯 가벼운 미소를 띠면서 대답했다.

"그것은 사실 기자의 질문에 대답한 것입니다. 방한할 것인지 아닌지 묻는 것이기에 서밋이 있고 인도, 파키스탄 방문과도 관련이 있어 만약 한국에 간다고 하면 8월 중순밖에 없다고 말했습니다. 하지만 이것은 일정상의 이야기이고 실제로 갈 것인가, 가지 않을 것인가는 다른 이야기입니다.

게다가 저 자신도 모처럼 한국의 대학으로부터 명예박사 학위를 받았으며, 또한 실은 제 이름을 붙인 사쿠라우치 홀이라는 강당까지 있을 정도로 저에게 큰 관심을 가지고 있는 그 대학이 이번에 전문대학에서 종합대학이 되었다면서 저를 초대해 주었습니다. 보이스카우트라든가 배드민턴, 특히 배드민턴은 서울 올림픽의 정식종목으로 채택하고자 일본배드민턴협회에 관계하고 있는 저를 한국 배드민턴협회 회장이 서울로 초대해 주시기도 했습니다."

사쿠라우치는 느린 어조로 더 계속했다.

"하지만 외무대신으로서 한국을 방문하게 되면 경제협력 문제에 대해서 해결 전망이 서지 않으면 가지 못합니다. 가 보고는 싶지만 문제가 해결되지 않는다고 한다면 저도 힘들고 한국도 힘들 것입니다. 대강의 준비를 해 두지 않으면……."

사쿠라우치의 설명에 대해서 이범석은 "잘 알았습니다. 솔직하게 대신의 생각을 들려주셔서 감사했습니다"라고 말했다.

마지막으로 사쿠라우치는 "이번에 모처럼 와 주셨는데 저로서는 이것으로 어떠냐는 대답을 하지 못해 유감스럽습니다"라고 말하고는 더 말을 이어 갔다.

"상품차관은 어렵습니다만, 그것을 대체하는 것으로 한국이 내자에 사용할 수 있는 게 없을까를 생각해 엔 차관의 현지 비용분, 수출입은행 융자 선불금의 현지 비용 부담 등에 대해서도 전향적으로 검토하고자 합니다. 그리고 앞으로 그것에 대해 기술적으로 협의해 보면 어떠할지 생각하고 있습니다. 이것을 하나의 작은 선물로 생각해 주십시오."

그렇게 회담은 끝났다.

"돈을 빌리는 쪽이 큰소리친다는 것은"

또한 이범석은 방일 중에 사쿠라우치가 주최한 만찬에 참석했을 때, 유창한 일본어로 다음과 같이 말했다.

"한국 국내에서는 한일 교섭은 결렬되는 게 낫다고 말하는 사람조차 있습니다. 그러나 저는 그렇게 생각하지 않습니다. 어떻게 해서든지 교섭을 타결 짓고 싶습니다. 그러기 위해서 제 입장이 어떻게 되든지 그것은 상관없습니다. 불석신명(不惜身命: 몸과 마음을 다하여 도를 닦는다는 의미, 역자 주)의 정신으로 교섭할 생각입니다."

동석했던 한국 외무부 과장은 예전에 삿포로 총영사관에서 근무한 적이 있어 스스키노의 카라오케에서 수십 곡의 일본어 노래를 외웠다는 일본통이었다. 그조차 불석신명이라는 일본어가 어떤 의미냐고 일본 측에 물었을 정도였다.[10]

또한 이범석은 작별 인사를 위해 자신의 숙소를 찾아온 일본 외무성 간부에게 다음과 같이 속마음을 털어놓았다.[11]

"이번 방일에 대해서는 여러 가지 의견이 있습니다. 또 어떠한 태도를 보여야 할지에 대해서도 다양한 의견이 있습니다. 그러나 보시는 대로 이번에 저는 시종일관 낮은 자세였습니다. 예전에 소노다 대신이 말한 대로 돈을 빌리는 쪽이 큰소리를 치는 것은 이상하다는 일본 측의 기분을 생각해서입니다.

부디 일본 측에서 이런 저의 방식을 이해해 주십시오. 그리고 제가 다른 방도를 취하지 않을 수 없는 듯한 일은 하지 말아 주십시오. 궁지에 몰린 쥐가 고양이를 무는 듯한 일은 하지 않게 해 달라는 뜻입니다. 그것만은 부탁드립니다."

이범석의 이런 기분은 자신이 방일 직전 주한 일본대사에게 그런

---

10) 필자의 개인적인 메모에 의함.
11) 위와 같음.

속내를 입 밖에 냈던 다음과 같은 발언에도 나타나 있었다.

"제 아버지는 지주였지만 항일운동 지지자였습니다. 제 아버지가 항일운동에 참가했던 것은 한국에서는 잘 알려져 있습니다. 그런 집안에서 태어난 저이기 때문에 가령 제가 친일적인 말을 해도 '그 녀석은 친일파다'라고 트집 잡힐 일은 없습니다. 그렇기 때문에 일본 측 입장에서 보면 저만큼 대하기 쉬운 사람도 없을지 모릅니다. 저는 제가 친일파가 아니라는 것을 보이기 위해서 일본을 규탄하고 특히 반일적인 언동을 취할 필요가 없기 때문입니다.

그러니까 일본 측 입장에서 보면 저는 대일 이해자이며, 이용하기 좋은 인간으로 비춰질지 모릅니다. 그렇지만 저에게는 다른 면이 있습니다. 그것을 잊지 않으시길······."[12]

불석신명의 이면

이범석 장관이 이와 같이 (부드러운 표면적인 대응과 비교해) 뒤에서 고의로 강경한 자세를 보이고 불석신명이라는 다급한 말까지 사용하면서 자신의 기분을 표시했던 것에는 깊은 사정이 있었다.

---

12) 위와 같음.

한일 경제협력자금 100억 달러의 비밀

애초 한국에서는 외무부와 청와대의 관계가 점점 미묘해지고 있었다. 야나기야의 한국 방문을 비롯해 일본 측으로부터 한국 측에 전달된 엔 차관 15억 달러라는 숫자가 일본 측의 최종적인 복안인지, 또한 전체 조건은 어떠한지에 등 일본과의 교섭 현황과 전망을 외교당국이 전두환 대통령에게 어떻게 설명할 것인지는 미묘한 문제였다. 특히, '숫자'에 대해서 이 이상은 교섭의 여지가 없다는 것과 같은 설명 방식은 어지간히 신중을 기하지 않으면 장관의 진퇴에도 영향을 미칠 수 있는 문제였다.[13]

사실 1982년 가을 청와대 회의에서 일본 측과의 교섭 경위에 대해 숫자를 하나하나 언급하면서 외무부 아시아국장이 설명하자 대통령이 격노해 외무부장관의 입장이 아주 미묘해졌으며, 국장의 설명 방식을 둘러싸고 이번에는 이 장관이 격노하는 사태가 있었다고 한다.[14]

이런 한국 측 상황은 두 가지 흐름을 가속시켜 갔다. 즉 하나는 표면적인 외교당국 간 교섭을 계속하는 것이며, 다른 하나는 청와대 그 자체에 대한 일본 측의 직접적인 (그러나 뒤에서의) 노력이었다. 특히, 후자에 대해서는 그런 뒤에서의 노력이 한국 외교당국 입장에서 봐도 꼭 필요하다고 느껴지고 있었던 것이었다.

---

13) 이재춘, 앞의 책, p.164 등에 입각해 분석.
14) 위와 같음.

끈질기게 버티는 한국

이렇게 해서 이 외무장관의 방일은 한일 외교장관 상호 간의 개인적인 신뢰 관계 구축에도 도움이 되었으며, 40억 달러, 금리 6%가 조금 넘는 큰 틀 안에서 일본 측이 소위 내자분을 어느 정도 감안할 것인가 하는 '실질적'인 절충의 길을 열게 되었다.[15]

이를 받아서 일본 정부는 엔 차관이라도 통상 30%까지 국내 경비로 충당하는 것이 인정되고 있는 점을 최대한 활용할 것과 그리고 수출입은행 융자의 일부는 개개의 프로젝트에 대한 융자가 아니라 한국 측이 가령 중소기업에 융자하기 위한 자금을 일본이 뱅크론의 형태로 제공하기로 하는 등 몇 가지 궁리한 내용을 포함한 '일본 안'의 작성에 착수했다.[16]

그 결과 내자 조달 편의를 반영한 일본 안이 7월 23일 주한 일본 대사관의 고토(後藤) 공사로부터 한국 외무부 최동진 아시아국장에게 전달되었다.[17]

그러나 한국 측은 일본의 엔 차관이 전체에서 차지하는 비율(40억 달러 가운데 15억 달러)에 의해 결국 전체의 금리나 내자분 조달 등에 제약이 생겨 이대로는 받아들일 수 없다는 입장이었다.[18]

또한 시간적 문제도 있어서 1981년도분 엔 차관 교섭을 조기에 시작해야 한다는 일본 측 제안에 대해서도 한국 측이 이의를 제기해 예정되어 있던 한국 외무부 국장급의 일본 방문도 중지되었

다.[19)]

이렇게 해서 한일 교섭은 또다시 엔 차관의 증액이라는 커다란 정치 문제를 안은 채 뜨거운 여름을 맞이하게 되었다.

15) 이 점은 7월 16일 일본에서 귀국한 이범석 장관이 한국 국회에서 밝혔다. 7월 17일자 「일본경제신문」 기사, '한일 경제협력 총액과 금리는 합의(日韓経済協力)'.

16) 7월 16일자 「일본경제신문」 기사, '한일 협력 다음 주 중에 일본 안 조정(日韓協力 来週中に日本案調整)'.

17) 7월 24일자 「일본경제신문」 기사, '한국 일본 측 회답에 불만(韓国 日本側回答に不満)'.

18) 위 기사 및 7월 28일자 「일본경제신문」 기사, '엔 차관을 추가(円借款を上積み)'.

19) 7월 23일자 「일본경제신문」 기사, '본격 교섭 오늘 재개(本格交渉きょう再会)' 및 7월 28일자 기사.

제9장

뉴욕 회담에서 보인
희미한 불

교과서 문제의 여진

———

7월의 한일 외교장관 회담으로 교섭의 큰 틀이 일단 정해졌으며, 실무자급의 교섭이 재개되어 정치적 타결을 위한 길이 열리고 있던 차에 한일 관계에 커다란 거친 파도가 밀려왔다. 소위 교과서 문제였다.

일본의 교과서 검정을 담당하는 문부성 당국이 중국, 한반도, 일본과 관련된 내용을 정정해 '왜곡'했다는 비판이 중국이나 한국에서 고조되어 (그리고 일본 국내에서도 고조되어) 커다란 정치 외교 문제가 되었던 것이다.

창씨개명이나 신사참배의 '강제' 유무 등 일본의 한국 통치를 둘러싼 부분, 나아가 고대사 관련 부분이 문제시되어 한국에서는 일본인의 택시 승차 거부 움직임조차 나타날 정도로 한국 국민의 반일 감정이 높아졌다.[1]

———

1)   1982년 8월 7일자 「일본경제신문」 기사, '교과서 문제 한국, 항의 고리 확대되다(教科書問題　韓国、抗議の輪広がる)'.

한국 측 입장에서 보면 한쪽에서는 일본의 '역사 인식'에 항의를 반복하고 그런 항의의 일환으로 외교적 커뮤니케이션을 단절(예를 들면 일본 특사의 수용 거부)[2]하면서, 다른 한쪽에서는 일본에게 경제 협력을 요청하고 절충한다는 것은 정치적으로도 논리적으로도 곤란한 상황이 되었다.

더구나 한국 내 일부에서 경제협력이라는 '돈'에 의해 역사 인식 문제라는 신조 내지는 사상에 관한 것에 대해 타협하는 것 같은 인상을 국민들에게 줄 수는 없다는 생각도 있어[3] 경제협력 교섭은 중단되었다.

교과서 문제와 경제협력 교섭은 다른 차원의 문제라는 입장을 취했던 일본 측도 이런 한국 측의 강경하고 미묘한 입장 때문에 "한일 경제협력 교섭의 타결은 뒤로 미루지 않을 수 없다"는 생각을 공식적으로 인정하게 되었다.[4]

이 교과서 문제는 8월 말 일본 정부가 관방장관 담화 형태로 잘못된 부분이 있다면 시정하겠다는 태도를 명확하게 함으로써 수습 국면으로 접어들었다.

---

2) 위와 같음.
3) 당시의 외무성 아시아국 관계자(복수)와의 인터뷰.
4) 8월 11일자 「일본경제신문」 기사, '한일 경제협력 타결 늦춰져(日韓経済協力決着ずれ込む)'.

그러나 한국 정부 내에서는 과연 일본이 구체적으로 어떠한 형태로 교과서 내용을 개정할 것인가를 지켜봐야 한다는 분위기도 강하게 남아 있었다.

또한 일본 측 입장에서 보면 상대국의 국민감정은 이해할 수 있다고 해도 그렇다고 해서 외국의 요망에 대응하는 형태로 교과서의 기술을 변경하는 형태를 취할 수는 없으며, 따라서 한일 간의 이 문제에 대한 협의는 정부 간이라기보다 정부와는 선을 그은 민간인 전문가 혹은 의원연맹 사이에 협의해야 한다는 의견이 지배적이었다.

이런 양국의 분위기와 그것이 경제협력 문제 교섭에 미친 영향을 여실히 보여 준 좋은 예는 일한 의원연맹 대표로서 9월 중순 한국을 방문했던 이스루기 미치유키(石動道行) 일행과 이범석 장관과의 회담이었다.

이 회담에서 이 장관은 다음과 같이 말했다.

(1) 모처럼 추진되어 온 선린우호가 본건(교과서 문제)을 계기로 현재와 같은 상황에 놓이게 된 것을 유감스럽게 생각하고 있다. 일본 정부가 책임을 지고 시정하는 자세를 보여 준 것에 대해서 말 그대로 이것을 믿고 일본 정부가 앞으로 어떤 조치를 취할 것인가를 지켜보고 싶다.

(2) 소원해진 한일 관계를 다시 선린우호 관계로 돌려놓기 위해 노력하고 있는 여러분들께 감사한다.

(3) 앞으로 시정 과정에서 한국 정부가 일본 정부에 대해 어떻게 시정을

요구해 갈 것인가에 대해서는 한일 의원연맹이 다루는 것도 생각할 수 있다. 정부 차원에서 할 것인가, 의원연맹을 통할 것인가, 어느 쪽이 해결을 위해 진정으로 효과적인지 하는 관점에 서서 신중하게 고민해야 한다고 생각한다.

(4) 본건은 정부 간 문제나 정치가 사이의 문제라기보다도 국민감정 차원의 문제가 되어 있기 때문에 때와 장소에 따라 정치에 의해서도, 정치가에 의해서도 생각대로 진행되지 못하는 어려운 점이 있다는 것을 이해해 주기 바란다.[5]

이러한 코멘트를 한 뒤 이 장관은 (일본 측 의원단의 질문에 대답하는 형태로) "현재 한국에서 경제문제는 경솔하게 입에 담을 수 있는 시기가 아니다"라고 단정하고 경제협력 교섭의 일시 중단은 어쩔 수 없다는 입장을 분명히 했다.

일본 측이 내민 두 가지 조건

이렇게 해서 한일 관계는 의원의 방한을 비롯하여 몇 가지 움직임은 있었지만, 고위급의 외교 절충, 특히 경제협력 문제에 대한 협

---

5) 9월 16일 서울에서 열린 회담. 내용은 9월 17일자 주한 일본대사가 외무대신에게 보낸 전보 제3318호.

의는 중단된 채 1개월 이상이 경과했다.

그런데 9월 중순 사쿠라우치 외상이 유엔총회 참석 차 출발하기 며칠 전 서울에서 도쿄의 외무성으로 한 통의 전보가 들어왔다.

이범석 장관의 초치를 받아 사람들의 눈을 피해 호텔 방으로 갔던 마에다 대사에게 이 장관은 유엔 총회 출석 기회를 살려 사쿠라우치 대신과 둘이서만 내밀하게 이야기를 하고 싶다는 타진을 하였다. "무엇을 구체적으로 이야기할 것인가요?"라는 마에다의 질문에 이범석은 "교과서 문제로 악화된 한일 관계를 이대로 둬서는 안 됩니다. 관계 개선을 위한 실마리를 찾기 위해서입니다"라고 중얼거렸다.

도쿄의 일본 정부 관계자는 약간 의심에 찬 눈초리를 보냈다.

교과서 문제를 계기로 한국 국민의 반일 기운이 고조되는 가운데 한국 정부는 일본 측과 경제협력 문제에 대해 타협할 수 있는 입장이 아니었으며, 오히려 교섭을 보류하고 일본 측의 불성실함을 따지는 것이 정치적으로 득책이라고 생각되었다. 바로 그러한 때 한국의 외무장관이 일본 외상과 회담하고 싶다고 말하는 것은 무엇 때문인가?

필경 한국 측으로서 할 수 있는 것은 교과서 문제를 빌미로 일본의 잘못을 따져 경제협력의 금액을 끌어올려 언젠가 다가올 교섭 재개 시에 대비해 자신들의 입장을 유리하게 해 두는 것이 아닌가. 그것이 한국의 생각이라면 이에 호락호락 넘어가서는 안 된다, 일본 정부 내에서 이러한 목소리가 나왔던 것도 사실이었다.

그러나 다른 한편에서는 우방국의 외무장관이 만나고 싶다고 하는데 이를 거절하는 것은 상대에게 크게 상처를 주게 되며, 게다가 상대방은 오히려 거절당했다는 것 자체를 나중에 '베푼 은혜'라고 이용해 올 가능성조차 있다고 주장하였다.

사쿠라우치가 "만나고 싶다고 하는 이상, 특히 이쪽에서 이야기할 것이 없다고는 해도 만나서 상대가 말하고 싶어 하는 것을 듣는 것이 자연스러울 것이다"라고 결론지었던 것은 어쩌면 당연한 일이었다.

다만 일본 측은 두 가지 조건을 내걸었다.

하나는 장관과 대신 두 사람 이외에 한두 사람의 동석자를 추가하는 것이었다. 이것은 장관 간 회담에 의한 '밀약'이라는 비판이 나오는 것을 피하기 위해서였다.

다른 하나는 회담 사실을 세상에 공표한다는 것이었다. 대신을 수행하는 언론 관계자나 특파원들의 눈이 빛나고 있는 뉴욕에서 한일 양국 외교장관이 몰래 만나는 것은 사실상 불가능해 필시 세상에 알려질 것이었다. 그렇다면 엉뚱하게 혐의를 받는 것보다 확실하게 공표해 버리는 것이 낫다는 생각이었다.

한국 측은 이 두 조건을 받아들여 10월 2일 뉴욕에서 양국 외교장관 회담이 열렸다.[6]

일본어를 하는 한국 외무장관에 대한 비판

회담 장소는 한일 양국의 어느 쪽 외교장관의 숙소도 아닌 제3의 장소인 맨해튼 센트럴파크 근처에 있는 유서 깊은 호텔 피에르가 선택되었다.

피에르에서는 먼저 도착해 있던 사쿠라우치가 이범석에게 악수를 청하자 이범석은 웃는 얼굴로 대응하면서도 어딘가 거북한 것 같았다. 기자들의 카메라 앞에 두 사람이 나란히 서고 사쿠라우치가 두세 마디 일본어로 이야기를 걸자, 이범석은 머리를 아래위로 끄덕일 뿐이었다.

일본 측이 지레짐작으로 동석했던 과장을 영어 통역으로 세웠다.

"지난 주 금요일부터입니다."

보통의 일본인보다 격식 있는 일본어를 구사하는 이 장관에게 영어 통역을 통해 이야기한다는 것은 두 사람에게 너무나도 부자연스러운 일이었다. 결국 이야기가 중단된 채 단지 주변을 싸고 있는 기자단의 카메라 셔터 소리만 들렸다.

---

6) 경위에 대한 본문 기술은 필자의 당시 메모에 의함. 다만, 9월 16일자 「일본경제신문」은 한일 외교장관 회담의 개최에 대해서 이것은 일본 측의 이니셔티브에 의한 것이라고 보도했지만, 이 점은 사실에 반한다. 일본 측의 일부에 그런 생각이 있었다고 하더라도 외교 루트를 통한 요청은 한국 측에 의한 것이었다.

곧이어 기자들이 퇴장하고 한일 양측의 수행원을 포함하여 세 명씩이 테이블에 앉았다.

"지난여름 도쿄에서의 외교장관 회담 뒤 저는 한국에서 상당히 비판을 받았습니다. 일본어로 이야기하고 있는 모습이 텔레비전으로 방영되었기 때문입니다. 그래서 조금 전 신문기자들 앞에서는 그다지 일본어를 사용하고 싶지 않았던 것입니다.

그러나 시간 절약이라는 것도 있고, 게다서 무엇보다 서로 오해가 일어나지 않도록 하려면 통역이 없는 편이 낫기 때문에 오늘 회의는 일본어로 하시죠."

이범석은 이렇게 말을 꺼냈다.

"그런데 사쿠라우치 대신 각하를 뵙고 싶다고 말한 것은 제 쪽입니다만, 그것은 앞으로의 한일 관계에 대해서 사쿠라우치 대신과 솔직하게 이야기를 하고 싶었기 때문입니다."

이범석은 막힘없는 일본어로 계속했다.

"지난번 교과서 문제에 대해서는 사쿠라우치 대신을 비롯한 외무성 여러분들의 노력에 감사합니다. 이 문제로 저도 마음 고생했습니다. 때로는 매국노라 불려 가족들로부터 그렇게까지 매도당하면서 외무부장관으로 있을 필요는 없지 않는가 하는 말을 들었습니다. 이번 문제는 논리를 초월한 문제입니다."

사쿠라우치와 다른 수행원들이 빨간 체리가 가운데 있는 그레이프 프루츠를 스푼으로 먹고 있는 사이 이범석은 교과서 문제가 한국 국민에게 미친 충격과 한국 정부가 처한 미묘한 입장에 대해서 설명하기 시작했다.

일본 국내에서 좌익 세력이 중심이 되어 비판해 온 문부성의 교과서 검정 방법에 대해서 공산주의 국가인 중국과 하나가 되어 한국이 일본에게 비난을 퍼붓는 것은 외교 전략 측면에서 말하면 기묘한 것이다. 게다가 일본의 검정제도 덕분에 교과서의 좌익 편향이 시정되었다고 한다면 한국에게도 오히려 다행스런 일일 것이다.

또한 교과서 기술의 편향 시정을 위해 노력해 온 자민당의 많은 국회의원들은 동시에 한국과도 친한 사람들이며, 이 사람들을 적으로 돌리는 것 같은 일은 하고 싶지 않다는 고려도 당연히 있었다. 이범석은 이런 취지의 말을 조금 완곡한 표현을 써서 말했다.

"그러나 이런 고려보다 한국 정부로서는 불타오르는 국민감정을 더 배려하지 않으면 안 되었던 것입니다.

식민지 시대를 현실적으로 살아온 사람들 입장에서 본다면 한국어를 학교에서 사용하는 것이 법률적으로 금지되어 있지는 않았다거나 신사참배는 장려되었을 뿐 강제되지는 않았다거나 하는 것이 일본의 교과서에 쓰여 있다는 것은 참을 수 없는 일입니다.

왜냐하면 학교에서 한국어를 쓰다가 맞았다거나 신사에 참배하지 않아서 따돌림 같은 일을 당하거나 한 사람들이 아직 많이 살아 있어서 소위 산증인이 되고 있기 때문입니다.

저 자신 또한 소학교(초등학교) 때 한국어를 했다고 해서 몇 시간이나 복도에 서 있는 벌을 받거나 죽도로 맞았던 학생들을 봤던 기억이 있습니다. 일본어 사용은 강제되었던 것이 아니라 단지 장려되었던 것이라고 말한다면 저와 같은 사람들도 감정적이 됩니다.

하물며 일본과의 현재 관계를 어떻게 할 것인가보다도 과거의 한이나 불쾌함을 먼저 터뜨리고 싶은 사람 입장에서 본다면 말도 되지 않는 이야기입니다. 국회의원 가운데는 일본과 외교 관계를 단절하라고 말하는 사람조차 있을 정도입니다."

이상한 한국 외무장관의 발언

사쿠라우치는 꼿꼿하게 허리를 펴고 표정도 바꾸지 않고 베이컨과 달걀을 자르면서 이범석의 이야기에 귀를 기울이고 있었다. 불그레한 머리의 야무진 중년 웨이터가 커피가 좋은지 홍차가 좋은지를 이범석에게 묻자 이를 계기로 이범석도 한숨 돌리면서 요리에 손을 댔다.

"아니, 장관님이 고생하신 것은 잘 압니다. 저희들도 이 문제는 국민감정의 문제이기 때문에 세심하게 주의하면서 다루지 않으면 안 된다고 생각했었습니다."

사쿠라우치는 변명의 말투가 되지 않을 정도로 일본 측의 대응 방식을 회상 식으로 설명했다.

한일 경제협력자금 *100억 달러의 비밀*

그렇게 말은 했지만 일본 측 참석자의 얼굴에는 작은 놀라움과 안타까운 듯한 모습이 배어 있었다.

일국의 외무장관이 소학교 복도에 서서 벌을 받았다거나 죽도로 맞았다거나 하는 발언을 하필 뉴욕의 유서 깊은 호텔 방에서 타국 외무대신을 상대로 이야기하는 이상한 상황에 일본 측 수행원들은 다시 한 번 마음이 흔들렸다.

베이컨 에그와 토스트 식사가 끝날 무렵 이범석은 교과서 문제에서 벗어나 앞으로의 한일 관계에 관한 이야기를 하고 싶다고 했다.

"교과서 문제로 타오른 불길은 아직 완전히 진정되었다고는 말할 수 없습니다. 그러나 외교적으로는 더 이상 이 문제에 서로 구애받으면 한일 양국을 위해서도 좋지 않습니다.

그렇게 생각했기 때문에 8월 26일 일본 정부가 관방장관 담화의 형식으로 '고칠 것은 고치겠다'는 성명을 내자 한국 정부는 이를 받아들이겠다는 공식 견해를 냈던 것입니다. 이러한 경위가 있는 만큼 저는 소원해진 한일 관계를 수복할 계기를 마련하고 싶습니다.

그러한 계기로서는 예를 들면 각료회의 등은 어떨지 생각하고 있습니다. 외교장관만의 회담이 되면 예의 경제협력 문제를 정면에서 다루지 않으면 안 됩니다. 그러나 각료회의라면 다른 장관(대신)도 있고 원래 정기적으로 열어 왔기 때문에 여기서 뭔가 해결하지 않아도 우리들은 그 정도로 비난받지는 않을 것입니다. 그렇기 때문에 각료회의 개최가 1안이 아닐까 생각합니다.

특별히 이것이 아니면 안 된다는 것은 아닙니다. 대신 각하의 생각이 있으시면 들려주셨으면 합니다."

"그래요. 각료회의라는 것도…… 물론 검토해 봅시다. 그러나 각료회의를 해도 여전히 경제협력 문제의 해결이 안 된다는 것이어서는 뭔가 조금 걸리는 게 있지 않는가, 우선 그런 느낌입니다만."

이범석의 제안이 조금 당돌해서였는지 사쿠라우치의 대답도 신중했다.

게다가 한쪽에서 교과서 문제의 여파가 아직 남아 있다고 말하면서 다른 한쪽에서는 재빨리 한일 수복의 계기를 찾자고 말하는 것은 선견지명이 있다고도 말할 수 있지만, 동시에 약간은 너무 대담한 것은 아닌가. 한국 측이 국내 여론에 밀려 일본의 각료 면전에서 교과서 문제를 또다시 꺼내는 일은 없을 것이라고 잘라 말할 수 있을까. 사쿠라우치나 일본 측 수행원의 뇌리에는 그런 생각이 떠올랐다고 해도 이상한 일은 아니다.

사쿠라우치 외상의 무념

일본 측의 신중한 태도를 보고 이범석은 공적인 화제는 여기까지라면서 사쿠라우치의 매일 아침 산책 습관이나 퇴원 후의 건강 등의 신변잡담으로 전환했다. 웨이터가 따라 주는 커피가 옅은 수증기를 뿜으며 하얀 컵에 들어가는 것을 보면서 사쿠라우치는 뭔가 다른 것이라도 생각하고 있는 것일까, 이범석의 질문에 대한 답변도 어딘가 정신이 나가 있었다.

그때였다. 사쿠라우치는 갑자기 머리를 들더니 "이 장관님"이라고 조금은 큰 목소리로 불렀다.

"7월에 장관님을 만나 뵙고 합계 40억 달러라는 안이 나왔으며, 거기서 내자 융자에 대해 어떻게 궁리할 것인가 하는 이야기가 되어 교섭은 앞으로 몇 보 진전된 단계에까지 왔습니다. 그래서 저는 8월 중순에 한국으로 찾아가 장관님을 만나 뵙고 이 문제의 실질적인 진전을 위해 노력해 볼 생각이었습니다. 그것이 생각지도 않게 교과서 문제라는 폭풍우가 발생해 방한도 하지 못했고 경제협력 문제는 협의도 하지 못하게 돼 버렸습니다. 저는 개인적으로 너무 아쉬워 견딜 수가 없습니다……."

사쿠라우치는 여기까지 말하고 잠시 쉬었다. 이범석은 사쿠라우치의 발언에 가볍게 동조할 뿐 침묵을 지켰다.

"자, 여기에는 뭐라고 할까, 사무당국이라고 할까, 다른 사람들도 있지만……."

사쿠라우치는 머뭇거리면서 고개를 좌우로 흔들고 수행원들의 옆모습을 흘깃 보더니 말을 계속했다.

"이것은 여기에서만의 말로 하시고 또 한 사람의 정치가 마음이라고 들어주시기 바랍니다. 제가 조금 전에 아쉽다고 말씀드렸던 것은 이중의 의미가 있습니다.

우선 한국을 방문하지 못하고 경제협력 문제를 처리하지 못하게 된 것도 유감스런 일이지만, 다른 한 가지 아쉬웠던 것이 있습니다. 경제협력의 해결은 사쿠라우치에게 맡기고 싶지 않다, 사쿠라우치가 해결할 수 없도록 하자는 반대 세력이 있습니다.

그렇지만 이제는 결과적으로 그렇게 돼 버렸습니다. 반대 세력의 반대 때문은 아니지만 결국 (경제협력 문제를) 해결할 수 없게 되었지요. 그렇게 된 이상 그들은 (자신들이 의도한 대로 사쿠라우치를) 한방 먹였다거나 제가 해내지 못했다면서 손뼉을 칠 것입니다. 그것이 너무 억울하고 너무나도 아쉽습니다.

의도한 것은 아니나 적의 생각대로 된 것이 유감스럽습니다. 그렇게 생각하기 때문에 내각 개편 뒤 신내각의 제 후임자에게는 오늘 이 장관님이 말씀하신 것을 잘 인계하도록 하겠습니다. 반드시 제대로 인계해 두겠습니다."

의외의 고백에 이범석도, 수행원도 몸 둘 바를 모르는 것 같았다.

커피포트를 바꾸려고 갔는지 어느 순간에 웨이터의 모습이 보이지 않았다. 창밖으로 보이는 주말의 뉴욕은 푸른 하늘 아래 기묘할 정도도 조용했다.

"우리나라에서는 일본과 달리 장관은 선거로 뽑힌 정치가가 아닙니다. 그런 의미에서는 장관도 관료의 한 사람입니다. 그러나 정치가로서의 사쿠라우치 대신의 마음은 알 것 같습니다. 여러 가지 매우 어려운 일들이 있을 것으로 생각됩니다."

이범석은 중얼거리듯 말했다. 사쿠라우치도 하고 싶었던 말을 다 한 것처럼 조용히 앉은 채 아무 말을 하지 않았다.

멀리서 순찰차의 사이렌 소리가 들렸다. 일순간 뉴욕의 어수선함이 창가로 몰려온 것 같았다. 그런 만큼 방안의 침묵은 더욱더 무거웠다.

사쿠라우치가 자신에 대한 반대 세력이라고 말했던 것이 무엇인지는 명확하지 않다. 아마도 다가오는 자민당 총재선거 때 사쿠라우치에게 일어날 원로 정치가로서의 처우 문제와 관련하여 "공을 쌓게 하고 싶지 않은" 세력이 존재했었던 것으로 추측된다.

어쨌든지 사쿠라우치-이범석 회담 결과 한일 관계 수복을 위한 시나리오를 조기에 만드는 데 합의가 되었으며, 그 첫 번째 안으로 각료회의의 개최도 검토되었다.[7]

그러나 일본에서의 내각 개편 타이밍으로 봐서 각료회의의 조기 개최는 어려워졌다. 그 대안으로 12월에 한일 무역회의를 도쿄에서 개최하는 것이 제안되는 등 한일 관계 회복 무드는 점차 정착되어 갔다.

---

7) 1982년 10월 3일자 「일본경제신문」 기사, '한일 수복에 합의(日韓修復で合意)'.

제10장

세지마 류조의 이면 공작

나카소네 총리가 세지마에게 부탁한 것

───────

1982년 11월 27일 황거에서 인증식을 마치고 나카소네 야스히로(中曾根康弘) 내각이 정식으로 발족했다.

3일 후 나카소네는 세지마 류조를 자택으로 불러 환담했다. 그 자리에서 나카소네는 세지마에게 다음과 같은 외교 전략을 털어놓고 협력을 요청했다.

"세지마 씨, 저는 정권을 잡으면 무엇을 어떠한 순서로 해야 하는가를 늘 생각해 왔습니다. 제 생각은 우선 우리 나라를 둘러싼 외교 문제, 특히 긴급하게 해결을 요하는 외교 사안을 살펴보고, 이어 내정의 중요 문제 해결이라는 순서로 하고 싶습니다. 그런 관점에서 지금 긴급한 해결을 요하는 외교 문제 중 하나는 한국과의 관계 정상화이며, 다른 하나는 미국과의 관계 개선입니다. 이미 새해 1월 중순에 방미를 예정하고 있지만, 그 전에 가능하면 한국과의 관계 정상화를 이루고 싶습니다. 아무쪼록 협력을 부탁하고 싶습니다."[1]

이런 요청에 대해 세지마는 나카소네의 각오를 물었다.

첫째, 한반도 문제의 외교적 처리는 내정상의 어려움을 수반하는 일도 있을 수 있는데, 총리의 생각은 어떠한가. 둘째, 한국 측이 교섭에 적극적이지 않으면 교섭은 타결되지 못하는데, 이에 대해서는 어떻게 생각하는가. 마지막으로 양보 가능한 것은 양보하도록 총리가 지도력을 발휘할 용의가 있는가. 이것들에 대해 세지마는 다음과 같은 형태로 말을 꺼내 나카소네의 언질을 받았다.

"(전략) 저는 이 문제 처리에 대해서는 일본 측으로서 양보할 수 없는 것, 양보해서는 안 되는 것은 주장을 견지해야 하지만, 관계 정상화라는 대국적 견지에 서서 양보할 수 있는 것에 대해서는 탄력적으로 대처하려는 마음이 정부에 없으면 타결되지 않는다고 생

---

1) 瀨島, 앞의 책, p.425. 나카소네가 왜 세지마를 선택했는지에 대해서 나카소네 자신은 다음과 같이 술회하고 있다.
사토(佐藤) : 왜 세지마 씨를 선택하신 것입니까?
나카소네: 임시행정조사회의 유력한 멤버였기 때문입니다. 도코 도시오(土光敏夫) 회장을 보좌하여 야당, 각 성의 절충을 위해 수완을 발휘했던 것은 대단했습니다. 게다가 그는 전쟁 중에 대본영 참모를 하고 있었지만, 사관학교 관계 등을 통해 한국 군부에 지인이 많고 때때로 한국에 초대를 받아 일본의 정정이나 국제정세에 대해서 이야기를 하고 있는 듯하고 앞서 김대중 사건 부분에서 언급한 대로 전두환 씨와도 친했습니다. 예전에 세지마 씨로부터 김대중 씨가 일본에서 납치되어 한국 법정에서 사형 판결이 예상되었을 때 사쿠라우치 외상으로부터 부탁을 받아 비밀리에 방한해 전두환 대통을 만나 "국제적으로도 사형은 피하는 게 좋다"고 진언한 적이 있었습니다. 대통령은 "법률은 왜곡할 수 없지만 대통령에게는 특별사면(특사)의 권한이 있다. 지금은 뭐라고 말할 수 없다"라고 대답했습니다. 그때를 기억하고 있었기 때문에 대통령과의 밀사로는 그가 적임자라고 생각했습니다. 中曽根康弘, 『天地有情』(文藝春秋, 1996).

한일 경제협력자금 100억 달러의 비밀

각합니다. 이 점에 관한 총리의 생각을 묻고 싶습니다."

이에 대해서 총리는 "양보할 수 있는 것에 대해서는 어느 정도 탄력적으로 대처해도 좋다"는 생각을 제시했다.[2]

세지마는 외교당국의 교섭과 무대 뒤에서의 대한 접촉 사이에 마찰이 일어날 것을 우려해 자신의 입장을 적어도 관계자 사이에서는 확실하게 해 둬야 한다고 느꼈던 것 같다. 이에 "저에 대해서는 외무대신의 요청이 있었던 것으로 해 주기 바랍니다"라고 나카소네에게 요구했고, 그 결과 12월 1일 외무대신, 대장대신, 스노베 외무차관, 기우치 아시아국장이 관방장관과 모여 세지마에게 한국에 대한 특명을 의뢰한 것과 교섭 재개 순서에 대해 협의하였다.[3]

---

2) 瀬島, 앞의 책, p.426.

3) 瀬島, 앞의 책, p.427. 다만, 나카소네와 세지마가 만났던 이 단계에서의 접촉에 대해서 나카소네 일기 12월 4일 토요일 항목에 "비밀리에 한일 (관계) 타개를 위해 세지마 씨를 기용해 내부 논의를 거쳐 12월 26일경 총리·외무대신이 방한해 전력 타개를 노린다"라고 기술되어 있다. 나카소네, 앞의 책, p.389.

부산 공항의 귀빈실에서

세지마는 이전부터 친하게 지내던 권익현에게 바로 연락을 취했고, 12월 8일 비밀리에 부산 김해공항 VIP실에서 권익현과 회담했다.

이 회담은 한일 양쪽 정상의 기본적인 생각이 일치하고 있는지 어떤지를 서로 확인하는 것이 목적이었지만, 회담을 통해 전 대통령도 "양국 관계를 가능한 한 빨리 적극적으로 정상화하고 싶다. 경제협력 문제에 대해서는 발족한 지 얼마 안 되는 나카소네 총리가 곤란하지 않은 범위 내에서 최대한의 협력을 부탁하고 싶다"는 입장이라는 것이 드러났다.[4]

그 결과 일본 정부 내부에서 경제협력 문제에 대해 세지마가 한국 측에 전해야 할 복안이 만들어져 엔 차관을 17억 달러 정도까지 늘리기로(다만 기한은 7년) 했다.[5]

이 복안을 기초로 세지마는 12월 23일 오사카에서 권익현과 다시 만나 경제협력 문제의 해결 및 총리 방한에 대해 다음과 같은 형태로 큰 틀에서 합의에 이르렀다.

오사카회담에서 내(세지마) 쪽에서 상품차관, 기한 7년에 대해서는 양보할 수 없다고 제언하였고, 권익현 씨는 이를 양해해 주었다. 엔 차관 금액에 대해서는 이 자리에서 권 씨는 20억 달러를 제안해 왔다. 종래는 한국측 23억 달러, 일본 측 15억 달러였지만 이번에 한국 측은 20억 달러, 일본

한일 경제협력자금 **100억** 달러의 비밀

쪽은 17억 달러로 좁혀졌다.

그렇지만 일본 측은 20억 달러를 그대로 받아들일 수 있는 상태가 아니며, 한편 한국 측도 17억 달러는 받아들일 수 없다고 하기 때문에 두 사람이 협의한 결과 중간인 18억 5천만 달러로 합의를 봤다. 금리 문제는 뱅크론 문제 등도 있었지만 전체적으로 총액 40억 달러, 이 가운데 엔 차관 18억 5천만 달러, 수출입은행 융자 21억 5천만 달러, 기한 7년, 금리 6%대라는 골격에 대해서 큰 틀에서 합의했다.

또한 연말인 12월 30일쯤 내가 총리의 특사로서 친서를 가지고 대통령을 방문한다는 것, 나아가 가능하다면 나카소네 총리 자신이 1월 10일 전후에 방한한다는 것에 대해서도 합의했다.[6]

전시를 회상했던 세지마

세지마는 권익현과의 위와 같은 '합의'를 보고한 뒤 정부의 양해를 얻기 위해 외무성과 대장성의 간부와 비밀 회담을 가졌다.

장소는 세지마가 사무실을 두고 있던 아카사카의 도쿄 힐튼 호텔의 밀실이었으며, 모인 사람은 다케시다 대장대신, 오바 도모미쓰(大場智滿) 국제금융국장, 기우치 아시아국장 등 소수였다.[7]

---

4) 瀨島, 앞의 책, p.428.
5) 위의 책, p.429.
6) 위의 책, p.429.
7) 필자는 이 회담에 배석했다. 이하의 회담 내용은 필자의 기억에 의함.

이 날은 12월 하순으로서는 추웠으며, 당장이라도 눈이 내릴 듯한 약간 흐린 날이었다.

다케시다가 허리를 굽히는 듯 방에 들어온 것을 계기로 회합이 시작될 것으로 생각했으나 호텔보이가 메시지를 전하러 왔다. 오바 국제금융국장이 골프 치고 돌아오는 길이 막혀 늦을 것이라는 것이었다.

"20~30분 정도 늦을지도 모른다면 기다려 줍시다"라고 다케시다가 싹싹하게 말하면서 자신의 정치 이야기를 시작했다.

"나카소네 총리의 선거구는 나카소네, 후쿠다 다케오(福田赳夫)라는 양 거두에게 오부치 게이조(小渕恵三)라는 말하자면 키 작은 '소인'이 도전하는 곳이었습니다.

주고쿠(中国)지방의 한 선거구에서 자민당 세 명의 의원 모두 도쿄대학 출신인 것은 아주 드문 일입니다. 더 재미있는 것은 한 사람은 입학 예정자가 갑자기 죽어 보결로 합격한 사람이고, 다른 한 명은 아무래도 부모 후광을 이용해 뒷문으로 들어간 것 같습니다. 그렇기 때문에 한 사람만 제대로 입학하고 한 사람은 보결로 옆으로 들어가고 한 사람은 뒷문으로 입학한 것이지요."

옆으로 들어가는 것을 (일본어로) 요코스베리라고 하기 때문에 말하자면 세 사람은 다테(제대로 입학), 요코(보결 입학), 우라(뒷문 입학) 3인조라고 다케시다 특유의 라쿠고(일본 만담) 같은 이야기가 계속됐다.

한일 경제협력자금 100억 달러의 비밀

금세 창밖에서는 눈이 내리기 시작했다. 그러자 세지마는 12월에 이렇게 내리는 눈을 보고 있자니 개전 전야가 생각난다면서 시간을 두고 조금씩 조용히 말하기 시작했다.

"12월 2일 육해군 양쪽 총사령관이 (천황을) 배알(拜謁)하고 미일개전의 날이 정식으로 12월 8일로 결정되었습니다. 저는 작전본부에서 근무하고 있었으며, 남방군 총사령관에게 개전의 날을 암호로 발신하는 역할을 맡았습니다. '히노데는 야마가타입니다'라는 암호였습니다. 히노데는 작전 개시일을 말하고 야마가타는 8일을 의미하는 암호 혹은 은어였습니다.

드디어 이것으로 국가의 운명을 건 전쟁인가 하고 생각하자 손이 떨렸습니다. 그런 만큼 나는 단순히 '히노데는 야마가타'라고만 타전하는 것은 너무나도 무뚝뚝한 것 같아 일부러 한 줄을 첨가했습니다.

천황의 위세하에 절실하게 성공을 빈다, 고. 타전한 뒤 미야케자카(三宅坂)에 있었던 참모본부를 나와 말을 타고 눈 내리는 메이지 신궁으로 갔습니다. 몰래 신에게 비는 기분이었습니다. 신전 앞에 도착하자 놀랐습니다. 땅바닥에 앉아 엎드려 절하는 사람이 있지 않습니까. 나가노(永野) 군령부총장이었습니다."

그런 이야기를 한 세지마는 한숨 돌린 뒤 담배를 꺼냈다. 담배에 불을 붙이면서 세지마는 "아무래도 이것은 끊을 수가 없습니다"라면서 조금 변명하는 말투로 말했다. 그리고 또 천천히 시베리아 강제 수용소에서의 기억을 이야기했다.

"수용소에서 저는 자주 페인트칠을 하도록 지시받았습니다. 하루 종일 단지 벽에 페인트를 칠하고 있는 것이었습니다. 그래도 점차 잘 칠해 보자는 생각이 들게 되었습니다. 이렇게 해서 하루의 페인트칠이 끝나고 내가 칠한 것을 보고 있으면 어딘가, 뭔가 묘한 달성감이 생겼습니다. 그때 담배 한 모금을 피웠습니다. 그 담배 맛은 뭐라고 말할 수도 없었고 그것이 수용소에서 거의 유일하게 마음이 누그러지는 순간이었습니다. 이후 담배를 끊지 못하고 있습니다."

조용한 세지마의 어투는 표면적으로는 변명조였지만 그 이면에는 "그때의 수용소 생활의 고난을 언제까지나 잊지 않기 위해서 담배를 피우는 것이다"라고 말하고 싶어 하는 이상한 기백이 느껴졌다.

세지마의 이런 옛날이야기에 다케시다를 비롯한 일동은 조용히 귀를 기울였다. 그것은 마치 이제부터 시작되는 한일 교섭과 총리 방한은 실패를 허용하지 않는 커다란 정치적인 도박이라는 것을 세지마도, 다케시다도 그리고 다른 참석자들도 모두 하나같이 느끼고 있는 듯했다.

한일 경제협력자금 **100억 달러의 비밀**

세지마가 본 상사의 접근 방법과 관청의 접근 방법

오바 국장이 그다지 당황한 기색도 없이 도착하자 작전 회의가 시작됐다.

세지마는 권익현의 이름은 말하지 않고 한국 측과의 이면 절충에 관해 대략적으로 설명하고, 나머지는 한일 양측 정상이 오케이 사인을 내놓는 것만 남았다고 말했다.

다케시다는 이미 대략적인 내용을 들어서 알고 있었던 모양인지 특별히 말을 하지 않았지만, 양 국장은 입을 맞춘 듯 지금 실질적으로 합의했다고 해도 일본 총리가 방한하면 플러스알파를 요구받는 일이 없을지 그 부분을 잘 협의해 두지 않으면 안 된다고 강조했다.

한편 사무적으로 협의해 둬야 할 점으로 총리의 방한 일정 공표 타이밍이 문제가 되었다. 또한 그 경우 경제협력 교섭 내용이 사실상 그 시점에서 타결되어 있다고 당연히 받아들여질 것이기 때문에 그 내용의 대외 발표를 어떻게 하며, 언제 할 것인가 하는 타이밍도 동시에 결정해 두지 않으면 안 된다는 의견도 나왔다.

세지마는 마지막 담판을 위해 전두환 대통령을 만날 필요가 있었기 때문에 연말에 방한하는 방향으로 조정하고 싶다고 말하고 동시에 대한 경제협력의 최종적인 숫자는 외무, 대장, 총리 관저 사이에 오해가 생기지 않도록 뭐든 공식적인 결재문서 같은 것을 만들어 제대로 결재를 받아 두는 게 좋지 않은지를 질문했다.

이에 대해서 외교 교섭에서는 교섭 방침을 공전(公電)으로 알리는 일은 있어도 그 내용 자체를 미리 결재받는 것은 고도로 정치적 문제인 경우에는 전례가 없다고 외무성 관계자가 답하자, 대기업 상사의 중역을 맡았던 세지마는 상사에서처럼 품의(稟議)하는 것에 익숙한 사람 입장에서 보면 그런 관청의 방식은 조금 기이하게 생각할 수 있다고 중얼거렸다.

비밀 공작을 감추기 위해서

이러한 경위를 거쳐 세지마는 해가 바뀌기 직전인 12월 29일부터 30일에 걸쳐 한국을 방문했다. 29일이라는 날짜를 선택한 것은 그날부터 많은 관청이나 기업들이 연말 휴가에 들어가기 때문에 세지마의 동향이 세상 소문에 올라 비밀 공작이 누설될 위험이 적다는 판단에 의한 것이었다.[8]

세지마는 이때의 방한에 대해 다음과 같이 적어 두었다.

방한 자격은 총리 특사로 하고 총리가 대통령에게 보내는 친서를 지참하기로 했다. 외무성과 대장성은 스태프를 보내 수행하도록 하겠다고 했다. 스태프는 당연히 나와 대통령과의 면담에 참석할 수 없기 때문에 사양했지만, 결국 외무성 아시아국의 오구라(小倉) 과장, 대장성 국제금융국의 가네코(金子) 과장이 동행하기로 했다. 다만 세 사람은 별도의 비행기로 움직이기로 했으며, 나는 비서인 다케모토(竹本)군을 데리고 29일 나리타에서 서울로 들어갔다.

숙소인 신라호텔에 들어가 우선 권익현 씨를 만났고 이범석 외무부장관도 만났다. 그 자리에서 이 장관으로부터 일본의 제도상 상품차관이 불가능하다는 것은 이해할 수 있지만, 연간 1억 달러, 7년간 합계 7억 달러의 뱅크론을 꼭 고려해 줬으면 좋겠다는 강력한 요청이 있었다. 나는 뱅크론 문제는 일본 측으로서는 대단히 어려운 문제이지만 어떻게 해서든지 개인적으로 한국 측 요망의 절반, 즉 3억 5천만 달러 정도는 노력해 보겠다고 대답했다. 뒤에 오구라와 가네코 두 과장과 상의해 봤다. 역시 예상대로 그들은 상당히 곤란해하는 태도였지만, 양국 관계 전체의 정상화가 지금 뱅크론 하나에 달려 있기 때문에 나는 대국적으로 3억 5천만 달러로 낙착을 봐야 한다고 생각했다.

다음 날인 30일 오전 10시부터 청와대에서 대통령을 만나 총리의 친서를 전달했다. 대통령은 양국을 위해서도 동아시아를 위해서도 가장 가까운 일본과의 관계 정상화를 이루고 싶다는 강한 결의를 표명했다. 또한 경제협력 문제에 대해서는 "때마침 발족한 나카소네 내각이 곤란해져서는 이쪽도 곤란하다. 그런 관점에서 대강의 합의(오사카회담)는 보고를 받았으며, 한국 측으로서는 만족스럽다"는 생각을 직접 표했다. 나아가 나카소네 총리가 신년 초부터 서울을 방문하는 것에 대해서는 대단히 감사하게 생각한다고 전했다.

결국, 지금까지 부산회담, 오사카회담 등을 통해 쌓아 온 정상화의 기본 틀 안에 대해 대통령은 완전히 양해하고 있으며 안심하고 있었다. 특히, 경제협력의 구체적 내용에 대해서 대통령은 한마디도 하지 않았다. 다만, 대통령은 나카소네 총리의 방문 건에 대해서는 외무부장관과 구체적으로 상

---

8) 瀬島, 앞의 책, p.430.

의하길 바란다고 말해 그 뒤 이 장관과 회담을 했다.

우선 일정에 대해서는 도쿄를 출발할 때 나는 총리로부터 당일치기 안도 제시받았지만, 이 장관은 총리가 한국을 공식 방문하는 데 만찬회도 열지 않는 것은 예의가 아니기 때문에 어떻게 해서든지 하루 묵고 가시기 바란다고 주장했다. 물론 그것도 이해할 수 있었기 때문에 나는 총리의 방한 날짜는 1월 10일, 11일로 하면 어떻겠느냐고 말했고, 귀국 후 곧바로 결정해서 연락하기로 했다.

양국 정부에 의한 발표 문제는 일본 측은 가능한 한 늦게 발표하기를 원했지만, 한국 측에서는 환영 준비를 위해서와 비밀 유지상(비밀 유지의 어려움도 있어) 빨리 발표하고 싶다는 생각이 있었다. 히노마루 깃발을 몇십만 장 준비하지 않으면 안 되고 김포공항에 나카소네 총리의 초상화도 걸어야 하며, 만찬회 초대장도 인쇄해서 보내야 한다. 그러기에 최소한 준비에 1주일이 필요하다는 것이었다. 결국, 그 자리에서 1월 4일 나카소네 총리가 이세신궁(伊勢神宮) 참배를 마치고 5일 임시각의에서 총리의 방한을 결정하면 그 직후에 양국 정부가 동시에 발표하는 안을 내 귀국 직후 외교당국을 통해 연락하기로 했다.[9]

이 세지마의 수기는 한 가지 사실과 다른 점이 있지만,[10] 나머지는 거의 사실에 입각한 것으로 보인다. 동시에 세지마가 정치적인

---

9) 위의 책, pp.430~431.
10) 오구라, 가네코 두 과장은 별도의 비행기가 아니라 같은 비행기로 방한했지만, 멀리 떨어진 자리였으며 비행기에서의 접촉도 없이 전혀 대우가 달랐다. 다만 당시 김포공항에는 세지마나 오구라가 얼굴을 아는 서울의 일본 특파원들이 자주 출입하고 있어 사람들의 눈을 피하기 위해 충분히 주의할 필요가 있었다. 세지마는 통상적인 입국 경로를 밟지 않고 귀빈실에서 시내로 직행했다.

양해 공작만이 아니라 사무적이라고 생각되는 세부 사항에 대해서도 한국 측과 협의했다는 것을 뒷받침하고 있다.

언론 은폐 공작

이렇게 해서 세지마의 방한에 의해 한일 교섭이 타결될 전망이 보였으나, 세지마의 공작은 어디까지나 은밀한 이면 공작이었기 때문에 외교당국으로서는 언론 대책 문제가 부상했다.

즉 오랫동안 교섭 대상이었지만 쉽게 해결 전망이 보이지 않았던 경제협력 문제가 어떻게 해서 갑작스럽게 타결 방향으로 향했는가, 그리고 무엇보다도 그것이 총리 방한이라는 결단에 의해서 타개되었다고 하다면 애초 총리 방한에 대한 협의는 언제 이루어졌는가에 대한 설명이 필요했기 때문이다.

이 문제는 특히 미묘했다. 왜냐하면 연말이라는 시기상(12월 28일의 소위 종무식 시기) 외무성 간부는 세지마와 권익현의 회담이 있어도 한국 측이 경제협력 전체 금액과 조건에 대해 최종적으로 합의해 올지 어떨지는 약간 의문을 가지고 있었고, 또한 총리 방한이 순조롭게 결정될 공산도 확실하지 않았으며, 실제로도 연말 아시아 국장의 마지막 기자간담회에서는 당면한 교섭의 조기 타결은 어렵다는 견해가 제시되어 있었기 때문이다.[11]

이런 경위에도 불구하고 신년 초 총리의 전격적인 방한이 발표되면 외무당국은 언론에 거짓말을 계속했다는 비난이 집중될 것이었다. 그런 한편, 연말연시에 걸쳐 한일 간에 교섭이 이루어지고 갑작스럽게 타결 전망이 섰으며 총리의 방한이 결정되었다고 하면 누가 언제 어디서 교섭했는가를 물을 것이었다. 그때 세지마의 이름이 공식적으로 드러나는 것은 세지마와의 관계로 봐서도 바람직하지 않았고 외교당국 간에 협의가 이루어졌다는 '증거'를 만들어 둘 필요가 있었다.

오구라와 가네코 두 과장의 방한이 그 작은 '증거'의 하나이지만 과장급으로는 본격적인 협의가 가능하지도 않기 때문에 30일 주한 마에다 대사와 이범석 장관의 회견이 일부러 설정되어 한일 사전 접촉의 '증거'가 되었다.[12]

다만 총리 방한을 공식 발표할 때까지 비밀 유지를 위해 세심한 주의를 기울였다. 예를 들면 총리 방한의 사무적 준비 문제가 있었다.

---

11) 아시아국장과 신문기자와의 간담 내용을 확인하기 위해 미국을 방문했던 저널리스트와 필자의 간담에 의함.

12) 마에다-이범석 회담에 대해서는 그 취지도 공표되었으며, 회담 내용에 관해서는 이범석 장관의 말이라면서 "제반 사정에 의해 양국의 중요 현안인 경제협력 문제가 타결되지 않은 채 해를 넘기게 되었지만, 양국 간의 우호 분위기는 뜨거웠기 때문에 경제협력 문제를 상호양보 정신으로 가능한 한 조기에 타결 지어 한일 간의 선린우호 협력관계를 발전시키는 새로운 계기로 삼지 않으면 안 된다"라는 점을 강조했다. 12월 31일자 「일본경제신문」 기사, '한일 경제협력 조기타결하는 데 합의(日韓経済協力　早期妥結で合意)'.

보통 총리 방한이 있을지도 모른다는 전제로 일을 추진하지 않으면 안 되는 북동아시아과는 '임전' 태세를 갖추고 있었다. 하지만 당시에는 이상하다 싶게 긴박한 분위기를 언론 관계자에게 들켜서는 안 된다고 판단하였다. 그래서 외무성 출입기자가 거의 매일 아시아국이나 북동아시아과 등을 출입하고 있는 상황을 고려해 외무성 내의 다른 방을 빌려 총리 방한을 위한 비밀 준비실을 꾸렸다.

또한 북동아시아과장이 (세지마와 동행하여) 비밀리에 한국 출장을 갔던 것이 언론 관계자에게 만에 하나라도 발각되어서는 안 된다는 우려하에 외부로부터의 접촉이 있으면 가족은 "휴가 중이라 가까운 곳에 가 있다"고 대답하기로 했었다.

그렇지만 12월 30일 무슨 일인지, 「일본경제신문」의 외무성 담당기자가 북동아시아과장의 자택에 전화를 걸어 과장과 통화를 하고 싶다고 했다고 한다. 그때 전화를 받았던 가족은 사전 약속대로 "가까운 곳에 가 있습니다"고 대답했지만 기자는 농담 삼아 "설마 한국에 간 것은 아니겠지요?"라고 확인했다. 가족은 얼떨결에 그만 "그런 일은 없을 거라고 생각합니다만"이라고 묘하게 대답했다고 한다. 다행인지 불행인지 더 이상의 추궁은 없었다는 에피소드까지 있었다.

나아가 북동아시아과장이 세지마와 같은 날 서울 김포공항에 도착했을 때 이전부터 알고 지내던 「마이니치신문」 특파원과 우연히

에스컬레이터에서 스쳐 지나갔는데 알아보면 곤란하다고 엉겁결에 코트로 얼굴을 가리는 일도 있었을 정도로 말 그대로 아슬아슬한 비밀 공작이었다.

제11장

서울의 서설

나카소네 총리의 전격적인 방한

————

1983년 1월 나카소네 총리의 한국 방문은 전격적이었기 때문에 통상적인 총리의 외국 방문과는 조금 다른 부분이 있었다.

하나는 방문 자체가 극적이었기 때문에[1] 통상적인 정상방문 때 문제가 되는 공동성명의 내용이 양국 국내에서 사전에 화제가 된 적이 없었다. 또한 준비 기간도 짧았기 때문에 공동성명의 작성 자체는 한일 간의 통상적인 교섭에 비해 비교적 간단하게 그리고 원활하게 이루어졌다는 것이다.[2]

다음으로 정상회담의 형식이 특이했다.

정상회담은 주로 한국 측 요청에 의해 양국 정상 두 사람만(통역 제외)의 소위 둘만의 사담(tete-a-tete)이 되었다는 것이다.[3]

————

1) 1월 초의 시점에서 몇몇 일본 국내 신문은 스노베 외무차관의 한국 방문과 같은 기사를 게재했지만, 총리의 방한 가능성에 대해서는 소문조차 전혀 없었다.

2) 1983년 1월 10일자 「일본경제신문」 석간 기사, '한일, 공동성명 안 합의(日韓, 共同声明案で合意)'. 이 시점에서 공동성명 안에 대해 실질적으로 한일 양국 정부가 합의했던 것으로 보도했다.

한편 나카소네 방한은 전격적이었던 만큼 국내 정치상 혹은 한일 관계상 몇 가지 극복해야 할 장애가 있었는데, 그 처리(내지 설명) 방법이 문제였다.

하나는 광주사건, 즉 학생과 시민을 군사적으로 진압했던 사건의 책임자인 전두환 대통령에 대해서 (1981년 3월 민주적인 절차에 따라 공식적으로 대통령에 선출되었다고는 해도) 일본으로서는 정권의 정통성을 총리 방한이라는 형태로 세계를 향해 인지시키는 것의 의미라는 문제가 있었다.

이 문제에 대해서 나카소네는 변명하는 듯한 태도를 취하지 않고 오히려 정면에서 전두환이 이끄는 정권의 안전보장상의 정책에 그 정통성이 있다고 하는 생각이었다.

이런 생각을 나카소네는 솔직하게 정상회담에서 개진했다(이 점은 정상회담이 둘만의 회담이었던 만큼 더욱 솔직해질 수 있었다고 말할 수 있다).

나카소네는 회담 모두 발언을 통해 한국과 일본이 자유세계의 일원으로서 미국과 함께 결속하는 것이 중요하며, 한일 양국이 안전보장상의 제휴를 강화하는 것이야말로 자유세계의 가치를 지켜내는 데 중요하다는 점을 강조했다. 거기에 전두환 정권과 나카소네

---

3) 1983년 1월 11일자 「아사히신문」 석간 기사, '오늘 저녁부터 한일 정상회담(今夕から日韓首脳会談)'.

정권의 소위 공통된 '정통성 근거'를 둔다는 생각을 말했다.

이런 점을 나카소네는 구체적으로 다음과 같은 표현으로 전두환에게 개진했다.

"신내각을 조직한 이후 일본은 자유세계의 일원으로서 국제사회에 적극적으로 공헌하지 않으면 안 된다는 신념을 가졌습니다. 우리 나라와 가장 가까운 한국과의 관계를 개선하기 위해 우선 귀국을 방문해 현안을 해결하고 싶다고 결심했는데, 그것이 실현되어 기쁩니다. 17일에는 미일 관계 개선을 위해 미국을 방문해 레이건 대통령과 만날 것이며, 가능하면 5월 연휴에는 아세안을 방문하고 싶습니다. 이것은 아시아의 자유세계 일원으로서 미국과 함께 결속하고 싶기 때문입니다. 전두환 대통령 각하는 대통령에 취임하셔서 바로 레이건 대통령과 회담을 하셨는데, 그 외교 수완에 감탄했습니다."[4]

이 점을 나카소네는 다음 날인 12일에 이뤄진 제2차 정상회담 모두 발언에서도 전두환 정권의 정책과 관련지어 다음과 같이 말했다.

"일본과 한국은 모두 자유세계의 일원입니다. 또한 한국이 민생 안정, 국토 건설, 국방력 충실을 위해 노력하고 있는 것은 아시아의

---

4) 1983년 1월 아시아국 북동아시아과 작성 외무성 기록, '나카소네 총리대신 한국 방문(회견 기록)(中曾根総理大臣韓国訪問(会見記録))'.

평화와 안정의 요체가 될 것이며, 한국이 지불하고 있는 노력을 높게 평가합니다."5)

여기서 나카소네가 한국도 자유세계의 일원이라는 점을 다시 강조하고, 동시에 전두환 정권의 정책에 관해 '민생 안정'이라는 표현을 사용했던 것은 간접적인 표현이기는 하지만 한국의 정치가 자유와 민주의 가치관에 입각하여 운영되어야 한다는 견해 내지(해석 여하에 따라서는) 주문을 말했던 것이다. 이는 (언뜻 보기에 당연한 것을 말하고 있는 듯하지만) 당시의 한일 관계를 둘러싼 정치 상황에 비춰 보면 전두환 정권의 정통성 문제를 의식한 발언이라고 할 수 있다.

이에 대해서 전두환은 국제 정세의 불안정성, 특히 소련의 군사력 증강에 강한 우려를 표하고, 그런 정세하에서 미국, 일본, 한국의 국제적 연대에 의한 안보체제의 구축이야말로 정권의 존재 의의가 있다는 점을 다음과 같이 구체적인 숫자를 들면서 강조했다.

"1980년대의 정세를 보면 날로 불안정성, 불확실성이 증가하고 있어 우려하지 않을 수 없습니다. 한국과 미국은 상호방위조약, 일본과 미국은 미일안보조약에 의해 양국 모두 미국의 보호를 받고 있는 실정이지만, 문제는 그 기초가 되는 소련에 대한 군사적 불균형입니다. 소련은 극동지역에 51개 사단, 전함 800척, 잠수함 150척(이 가운데 31척은 핵잠수함), 항공전력 2,200기를 블라디보스토크 등의 지근거리에 배치하고 있습니다. 전략폭격기인 백파이어도 상당수 있고 SS-20은 800기나 있습니다.

한편 제7함대는 50여 척, 일본은 150척(잠수함 15척)을 가지고 있지만, 북한 혼자만도 20척의 잠수함을 보유하고 있습니다. 북한의 잠수함은 성능 면에서 뒤떨어지지만, 이상과 같이 자유세계가 열세라는 것은 부정할 수 없는 사실입니다. 항공 전력에 있어서도 한미일이 1,000기를 넘지만 이것도 공산 측에 비해 수적으로 뒤져 있습니다. 이와 같이 앞으로 이 지역의 안전에 대한 일본의 기여도는 상승하지 않을 수 없습니다. 따라서 이에 걸맞은 공헌을 기대하고 있습니다.

내(전두환)가 다시 상기시킬 필요는 없지만 중국과 소련은 각각 북한과 군사동맹을 맺고 있다는 것은 엄연한 현실이며, 미국과의 안보체제는 있지만 이 지역에서는 일본이 중심이 되어 대륙에 대한 힘의 균형을 형성할 필요가 있습니다. 실질적으로 동맹 관계로까지 가져가야 한다는 소신도 가지고 있습니다. 조금 전 경제대국 일본이 존재하는 것은 매우 좋은 일이라고 언급했지만, 소련과 중국은 역사적으로 남하 정책을 취했으며 현재까지도 남하 정책을 계속하고 있습니다. 이것을 견제할 세력은 일본을 제외하면 없습니다. 소련에 대한 견제 역할을 일본에 기대하고 싶습니다."[6]

---

5) 회견 기록, p.2.
6) 위의 기록, pp.9~10.

나카소네와 전두환의 견해 차이

이와 같이 한일 두 정상의 생각은 대체로 일치하고 있었지만, 그럼에도 불구하고 상당히 뉘앙스가 다른 점도 존재했다.

그 배경에는 전두환 정권이 일종의 군사쿠데타로 등장한 정권이라는 경위도 있었지만, 동시에 미국의 군사력이나 중소 관계에 대해서 나카소네 총리와 전두환 대통령 사이에 미묘한 견해 차이가 있었기 때문이다.

예를 들면, 중소 관계에 대해서 전두환은 중국과 소련의 화해에 커다란 관심을 갖고 있다고 지적하고 "소련과 중국은 이념과 체제를 같이하고 있습니다. 양쪽 모두 공산 독재정권입니다. 양쪽이 공통의 사냥감이라 생각한다면 무난할 것입니다"라면서 "아무쪼록 중소가 화합하지 않도록 일본이 이간책을 취해 주길 바랍니다"고 설명했다.[7]

이에 대해서 나카소네는 "일본의 안전에 관해서는 중소가 대립하고 있는 것이 중요한 요소 중 하나입니다"라고 찬의를 표하면서도 "그들은 항상 전략적으로 사고하는 국가이기 때문에 형편이 맞으면 이용하고 나빠지면 버린다는 태도를 가지고 있습니다"라고 단

---

7) 위의 기록, p.12.
8) 위의 기록, p.17.

정하면서[8] 중소 관계에 제3국이 영향력을 행사할 여지는 그다지 없다는 점을 (간접적인 표현으로) 지적했다.

또한 미국의 군사력에 대해서 전두환은 "미국이 숨을 헐떡거리고 있다"거나 "미국의 영향력은 상당히 떨어지고 있다"는 표현으로[9] 거듭 미국의 힘 약화에 대해 언급하고 한일 양국이 그것을 메우지 않으면 안 된다는 점을 강조했지만, 나카소네는 그런 의견을 말하지 않았다.

이러한 국제 정세에 대한 견해와 함께 한반도에서의 소위 남북대화에 관해서도 한일 두 정상의 입장은 미묘하게 차이가 났다.

나카소네는 재차에 걸쳐 남북 정상회담이나 한국의 올림픽 유치라는 형태로 북한에 대해 한국이 외교적 '이니셔티브(주도권)'를 취하고 있다는 것을 평가하는 발언을 했으며,[10] 완곡하게 남북 간의 긴장을 완화하는 외교적 노력과 남북대화 움직임을 권장하는 태도를 보였다. 이에 반해 전두환은 (남북대화 그 자체보다는 오히려) 미국, 일본, 중국, 소련이 한반도를 둘러싼 국제 환경 개선을 위해 노력해 가는 것의 중요성을 강조했다.[11]

여기에는 북한에 대한 대결 자세 유지를 중시하는 전두환과 당

---

9) 위의 기록, pp.10, 12.
10) 위의 기록, pp.5, 8.
11) 위의 기록, p.13.

분간은 그런 자세를 지지하면서도 남북 간의 긴장완화 노력의 중
요성을 함께 강조하는 일본 측과의 미묘한 태도 차이를 엿볼 수
있었다.

100억 달러는 사죄의 표시인가

이와 같이 전두환 정권의 정통성, 그리고 그것과 표리일체를 이
루는 한반도의 안전보장 문제와 함께 한일 양국이 넘지 않으면 안
되는 제2의 문제는 소위 '과거사 문제'였다.

일본의 식민지 지배 문제를 중심으로 한 과거사 문제는 정상회담
에서 언급되지 않을 수 없는 문제였다.

전두환은 이 문제에 대해서 다음과 같이 말했다.

"한국 국민의 일본에 대한 감정이 얼마나 예민한가는 대통령에
취임하고 잘 알게 되었습니다. 피해자는 언제까지나 피해를 입은
것을 잊지 않지만 가해자는 해를 가한 것을 금방 잊어버립니다."[12]

이에 대해서 나카소네는 "우리들은 과거를 반성하고 한국 국민에
대해서는 어디까지나 겸허하고 성실하지 않으면 안 된다고 생각하
고 있습니다"고 표명했다.[13]

또한 나카소네는 1월 11일에 이뤄진 전두환 대통령 주최 만찬 연
설에서 같은 취지의 내용을 다음과 같이 개진했다.

"유감스럽게 양국 사이에는 과거 불행한 역사가 있었던 것이 사실이며, 우리들은 이것을 엄숙하게 받아들이지 않으면 안 됩니다. 과거에 대한 반성 위에 서서 우리 나라 선조들은 그 영지와 노력에 의해 하나씩 하나씩 새로운 한일 관계의 기초를 구축해 왔습니다."[14]

이와 같이 과거사 문제가 비교적 담담한 형태로 언급되는 데 그친 배경에는 한일 양 정상이 양국의 전략적 관계 강화를 중시하고 그를 위해서는 양국 국민의 감정적 앙금을 억제해야 한다는 입장이었기 때문으로 생각해도 좋다.

나아가 깊이 생각해 보면, 40억 달러에 의한 경제협력 교섭의 진정한 목적이 한일 간의 전략적 관계 강화와 북한이나 소련의 압력에 대한 억제를 위한 점에 있었다고 한다면 과거사 문제가 정상 사이에 공식적으로 논의되거나 혹은 일본 측의 사죄라는 형태를 취하거나 했을 경우 40억 달러라는 금액이 마치 사죄의 표시처럼 받아들여질 우려도 있었다. 그것은 한일 양국 모두에게 전략적인 관점에서 바람직하지 않다는 판단이 양국에 존재했기 때문이라고 말할 수 있을 것이다.

---

12) 위의 기록, p.3.
13) 위의 기록, p.5.
14) 1983년 1월 12일자 「아사히신문」 기사, '만찬회에서의 양 정상 인사(夕食会での両首脳のあいさつ)'.

아베 외상과 다케시마 문제

과거사 문제와 함께 한일 정상회담에 있어서 미묘한 문제는 다케시마(독도) 문제였다. 일본 측으로서는 총리가 방한하여 외상도 동행하고 있는 기회에 다케시마 문제에 한마디도 언급하지 않게 되면 일본 국내에서 자칫 비판이 일어날 것이 예상되었다.

한편 이 문제를 정상회담에서 제기하면 정상회담 분위기를 현저하게 해친다는 것은 명백했다.

그러한 점을 고려하여 이 문제는 1월 12일 비공식적인 외교장관 회담(즉 공식적인 외교장관 회담에 앞서 열린 소규모 회담에서 '신문 기자회견에 대한 사전 협의'라는 구실하에 열린 것)에서 다음과 같은 형태로 다뤄졌다.

(아베 대신) 다케시마 문제에 대해서는 한일 모두 서로의 입장이 있어서 이것을 악화시키지 않도록 하는 것이 한일 양측의 임무라고 생각합니다. 동시에 이 문제에 대해서는 발표할 예정도 없지만, 일본의 외무대신으로서 본국 입장이 있다는 것을 여기서 분명하게 밝혀 둘 필요가 있으며, 이 점을 이해해 주길 바랍니다.

(이범석 장관) '독도' 문제에 대한 대신의 국내적 입장은 이해할 수 있습니다(고만 말했다).

(아베 대신) 다케시마는 영유권 이외에 안전 조업이라는 문제가 있

지만, 이 점에도 현실적인 관점에서 배려해 주길 바랍니다.

(이에 대해서 이 장관은 긍정도 부정도 하지 않았다)[15]

한일 간 인식 차이와 나카소네

이상의 논의야말로 말하자면 한일 정상회담의 성공을 위해 극복해야 했던 장애물 내지 문제였다고 말할 수 있을 것이다.

한편 중요한 경제협력 문제에 대해서는 두 가지 과제가 남겨져 있었다.

하나는 세지마-권익현 라인에 의해서 실질적으로 합의되었다고는 해도 그 내용을 공적으로 확인해 둘 필요가 있었다는 점이다. 또한 이와 관련해서 경제협력의 배경에 대한 설명 내지 이유에 대해서도 정상들이 재확인하지 않으면 안 되었다.

후자에 대해서는 전두환 스스로 1월 11일의 정상회담 석상에서 다음과 같이 한국 측 입장을 설명하였다.

"일본에 대한 경제협력 요청은 다음 두 가지 이유에서 이뤄진 것입니다. 첫째는 한국의 군비가 북한과 비교해서 2 대 1의 열세에

---

15) 회담기록, pp.26~27.

있다는 것이지만, 이 열세를 만회하는 데에는 10년 이상 필요합니다. (중략) 1980년대 중반까지는 군비 면에서 북한의 70%까지 증강할 필요가 있다는 것입니다. 둘째는 한일 양국이 진정한 선린우호 관계를 유지해 가기 위해서는 일본 정부가 한국에 대해 진정한 배려를 보이는 것, 정말로 일본은 성의를 다해 주었다는 특별한 일이 필요했다는 것입니다. 이것은 1965년의 국교 정상화 당시 한 번 확인한 것이지만, 당시는 그것에 반대하는 폭발적인 감정이 있었습니다. 이것이 박 정권의 수명을 재촉했을 정도입니다."[16]

이에 대해서 나카소네는 정상회담에서 직접 경제협력 문제를 언급하지 않았다. 그것은 아마도 이 문제에 대해서 한일 간의 인식 차이, 즉 안보 중시의 한국과 민생 안정을 위한 경제협력을 주장하는 일본의 태도와의 괴리를 충분히 인식하고 이 문제에 대해서 또다시 일본 측 입장을 개진하면 그런 괴리가 정상들 사이에 극명하게 드러나므로 그것을 회피하고 싶었기 때문이라고 생각된다.

한편 그런 만큼 경제협력의 내용과 조건에 대해서 한일 간에 공식적인 양해를 이루는 것이 필요했으며, 이 점은 12일 한일 양국 정부의 경제협력 담당자를 포함한 외교장관 회담에서 확인 차원의 협의가 이루어졌다.

---

16) 위의 기록, p.4.

타협의 성명문

이 협의는 일본 측이 성명문에 가까운 (일본 측의 기본적인 입장도 포함한) 양해 사항을 읽고 한국 측이 이것을 승낙하는 형태로 이루어졌다. 일본 측(아베 신타로 외상)의 발표 내용은 다음과 같다.

(1) 정상회담에서 총리대신과 대통령은 한국 정부의 요청에 입각하여 양국 사이에 교섭이 이루어져 온 경제협력 문제에 관해 토의하고 대통령으로부터는 한국의 제5차 경제개발 5개년 계획을 중심으로 경제사회발전 전망에 대한 설명이 있었다. 총리대신은 위 5개년 계획을 중심으로 한 한국의 경제사회개발 프로젝트에 대해 일본의 경제협력 기본방침하에서 가능한 한 협력할 의사가 있다는 점을 피력함과 동시에 구체적인 협력 방도로서 연차별로 장기저리의 정부차관을 포함하여 각종 자금협력을 추진할 의도를 표명했다. 총리대신과 대통령은 그 제1보로서 당 연도의 엔 차관을 구체화하기 위해 조속히 양국 정부 간 협의를 하기로 합의했다.

(2) 여기서 일본의 경제협력 기본방침을 명확하게 해 두고 싶다.

(가) 우리 나라의 한국에 대한 경제협력은 민간 주도로 진전되어 왔으며, 앞으로도 이런 기본적 방향을 기초로 진전시켜 가야 한다.

(나) 정부 주도의 협력에 대해서는 정부 간 실무자급의 착실한 협의를 통해 구체적 프로젝트에 대해 연차별로 실시한다.

(3) 이웃 우방인 한국의 새로운 국가 건설에 대해 이상과 같은 기본 방침 하에 가능한 한 협력하기로 하며, 이런 견지에서 앞으로 7년간 40억 달러를 목표로 한 자금협력(금리에 대해서는 평균 6% 전후)을 할 용의가 있다.

(4) (가) 엔 차관에 대해서는 한국 측 요청 프로젝트 가운데 엔 차관의 대

상으로서 적당하다고 생각되는 프로젝트의 한국 측 자료에 입각한 외자분을 쌓으면 18.5억 달러로 추산되는데, 이 금액을 목표로 일본국의 관계 법령에 따라서 공여 시 필요한 조치를 취할 용의가 있다. 그렇지만 구체적인 공여에 대해서는 어디까지나 연차별로 실무자 간의 협의를 통해 구체적인 프로젝트에 입각해서 행하기로 한다. 단, 상품차관은 포함되지 않는다.

(나) 엔 차관의 조건은 연차별 협의 시 결정하는 것으로 한다.

(다) 또한 엔 차관은 원칙적으로 차관 도입국(한국) 밖에서 조달되는 물자 등(외자분)을 대상으로 하기로 되어 있으며, 통상 한국 내에서 조달되는 것(내자분)을 대상으로 하는 것은 불가능하다. 그렇지만 각 프로젝트의 원활한 실시를 위해 필요한 경우에는 사안별로 30%를 한도로 내자 융자를 인정하는 것을 고려한다.

(라) 1982년도의 엔 차관과 관련해서는 조속히 한국 측으로부터 자료를 제출받아 가까운 시일에 실무자 간 협의를 개최한다.

(5) (가) 일본수출입은행의 뱅크론에 대해서는 초년도 100억 엔, 7년간 총액 3.5억 달러를 한도로 하고 일본수출입은행이 공여 시 검토할 용의가 있다는 점을 표명하고자 한다. 본건에 대해서는 한국 측의 해당 기관과 일본수출입은행 사이에 구체적인 협의를 추진해 주길 바란다.

(나) 또한 일본수출입은행의 공급자 신용(suppliers credit) 및 뱅크론을 포함한 수출입은행 융자는 과거의 공여실적으로 보아 1982년부터 7년간 21.5억 달러까지는 공여 가능할 것으로 생각된다.

(다) 더욱이 수출입은행 융자의 금리 등의 조건은 OECD 수출신용 가이드라인에 따르기로 한다. 현지비용(local cost) 융자에 대해서는 선불금의 범위 내(15%의 한도 내)라면 일본수출입은행이 검토 가능하지만, 그 경우 개별 계약 속에 현지 비용분이 포함되어 있는 것이 필요하다.[17]

이렇게 해서 1년 반 이상에 걸쳐 한일 간의 커다란 현안 사항이었던 경제협력 문제는 타결되었다.

정치적 '화장'이란 무엇인가

한편, 정상회담의 의의가 오로지 경제협력 문제의 타결에 있었다고 간주되는 것은 한일 관계상 바람직하지 않다는 생각이 한일, 특히 일본 측 당국에 존재하고 있었다.[18]

또한 경제협력 문제가 적어도 한국 측 입장에서 보면 일본과의 안전보장 측면에서 인식 일치를 확인한다는 의미를 가지고 있었기 때문에 한일 정상회담이 오로지 안전보장에 관한 대화라는 인상을 심어 주는 것은 전두환 정권이 소위 '군사정권'인 만큼 일본 측에게는 바람직하지 않다는 생각도 존재했다.[19]

이러한 생각에 따라서 정상회담 그 자체에 있어서는 언급되지 않았지만 정상회담을 기회로 양국 학자의 공동 연구나 소년소녀 오케스트라 교류 등의 풀뿌리형 문화 교류를 촉진하는 기금으로서

---

[17] 위의 기록, pp.31~35.
[18] 당시의 외무성 아시아국 관계자와의 인터뷰를 종합한 필자의 판단에 의함.
[19] 위와 같음.

한일문화교류기금의 설립이 발표되었다.[20]

이렇게 해서 일종의 정치적 '화장'은 또 다른 형태로 이뤄졌다.

그것은 전두환과 나카소네 간의 개인적 우정 관계를 확인하는 '가라오케 대회'였다. 그 모습을 「일본경제신문」(1월 12일자)은 다음과 같이 전하고 있다.

나카소네 총리와 전두환 대통령은 12일 저녁 만찬회 후 오후 10시부터 마에다 주한대사와 양국의 통역만을 대동한 채 약 1시간 45분에 걸쳐 환담했다. 청와대 근처의 귀빈영빈관에서 열려 한국의 가수, 영화배우 등이 참석한 '노래자랑대회(가라오케 대회)'가 되었다. 총리는 '知床旅情(시레도코 여정)'을 불렀으며, 대통령도 네다섯 곡을 불렀다.

예정에 없었던 이 '비공식회담'은 대통령 주최 만찬회 종료 직전 대통령이 "넥타이를 풀고 기분 좋게 마시자"고 제안을 하여 실현된 것. 동석했던 마에다 대사에 따르면 "정치적인 이야기는 나오지 않았다"고 한다.

---

20) 1983년 1월 12일자 「일본경제신문」 기사, '문화 교류 위해 기금(文化交流へ基金)'.

나카소네의 한국어 인사

이상 모든 것의 개인적이고 정치적인 연출 경위에 대해 나카소네 자신은 다음과 같이 술회하고 있다.

"복잡한 감정으로 저를 맞이하는 한국 국민을 생각하면서 김포공항에서도 발걸음이 무거웠으며, 처도 몸을 낮추면서 걸었습니다. 서울에 들어와 길을 걷는 사람들의 표정을 진지하게 관찰했습니다만, 표정은 굳고 냉담하게 보고 있다는 느낌이 들었습니다. 그러나 회담을 마치고 귀국할 때에는 연도를 꽉 메운 사람들 가운데 손을 흔드는 사람도 있었고 양 국민의 마음을 갈라놓았던 차가운 기운이 한꺼번에 녹는 듯한 느낌이었습니다. 저렇게 많은 군중이 배웅하러 나왔다는 것은 대통령 주최 만찬회에서 한 나의 인사가 텔레비전으로 방송되었기 때문이라고 생각합니다. 처음과 마지막 부분, 전체적으로 본다면 4분의 1 정도였을 것이지만, 그걸 한국어로 했습니다.

제가 한국어로 인사를 시작하자 만찬회장 전체가 떠들썩해졌습니다. 전두환 대통령은 옆에서 만족한 듯한 얼굴로 방긋 웃고 있었습니다. 나중에 전해 들은 것이지만, 정면의 연회석에 있던 한국의 여성 대표가 감동해 손수건으로 눈물을 닦았다고 하며, 각 테이블에서도 마찬가지로 떠들썩해져 눈물을 흘리는 사람이 많았던 것 같습니다.

한국어로 할 것이라고는 상상도 하지 않았던 것입니다. 인사가 끝나자 모두가 일어나 박수를 쳐 주었습니다. 이것으로 제 마음이 완전히 전달되었다고 생각되어 기뻤습니다.

(중략) NHK의 한국어 강좌 초급 텍스트를 사서 방송을 카세트에 녹음하여 자동차 이동 중이나 목욕탕에서 들으면서 공부했습니다. 또한 한국 특파원을 하고 막 돌아온 「일본경제신문」의 다무라(田村) 씨로부터 세 번 정도 발음과 문법을 배웠습니다. 무엇보다 이전부터 한국어에는 조금 관심이 있어서 타쿠쇼쿠(拓殖)대학 총장을 하고 있을 때에도 한국어 강좌를 만들게 했습니다. 그때 교사로 채용한 분이 김정숙(金貞淑) 여사로 이 분은 그 뒤에 아주 방대한 일한사전을 저술하셨습니다.

일본 정치가 중에는 영어, 독일어, 프랑스어라면 그럭저럭 할 수 있는 사람이 있지만, 한국어를 할 수 있는 사람은 거의 없습니다. 한국 정치가 가운데에는 일본어를 하는 사람이 얼마든지 많은데도 일본 정치가가 한국어를 하지 못한다는 것은 실례되는 이야기이며 언젠가 기회가 있으면 인사 정도는 한국어로 하자고 생각하고 있었습니다. 자주 사용되는 단어나 문장을 카드로 만들어 대학 수험생처럼 속주머니에 넣어 두고 자동차 속에서 암기했습니다. 그래서 한국에 가기 전에는 한국어를 잘하는 외무성 직원이 녹음해 준 인사말 테이프를 몇 번이나 들으면서 발음을 고쳤습니다.

그래서 만찬회 뒤 전두환 대통령과 둘만의 연회에 초대를 받았을 때, 알코올이 상당히 들어갔기 때문에 완전히 동지라고나 할까 형제 같은 기분이 되어 저는 한국어로 「노란 셔츠 입은 사나이」를 부르고 전두환 대통령은 「모습을 그리워하며(影を慕いて)」를 부르고 서로 부둥켜안았습니다. 출발 시에는 전혀 예상도 하지 못한 일입니다."[21]

"이런 불명예스런 일은 할 수 없다"

1년 반에 걸쳐 계속된 드라마, 처음에는 100억 달러, 1조 엔에 달하는 규모의 요구에서 시작된 드라마는 이렇게 막을 내렸다. 그러나 최종 단계에서 화려한 무대 뒤에서는 사실 마지막 줄다리기가 이뤄지고 있었다. 그 경위는 조금 복잡했다.[22]

나카소네 총리 일행이 서울에 도착하자마자 한국 측은 하나의 난문제를 꺼냈다. 경제협력의 금액이나 조건에 대해서 한일 간에 문서를 교환하고 게다가 양쪽 정상이 서명할 것을 요구해 온 것이었다.

원래 이 '문서 문제'에는 두 가지 측면이 있었다.

---

21) 中曾根, 앞의 책, pp.446~447.
22) 필자의 개인적인 메모에 의함.

하나는 문서 작성을 둘러싼 시비였고, 다른 하나는 문서의 성격 혹은 형식의 문제였다.

경제협력 교섭의 내용은 금액이나 조건이 복잡하게 얽혀 있기 때문에 만에 하나라도 한일 간에 오해가 있어서는 안 되며, 정상회담 시 어떤 형태로든 합의를 확인해 둘 필요가 있다는 것은 한일 양쪽에서 모두 이견이 없었다. 일본 측은 그러한 확인은 외교장관 회담에서 할 것을 제의했으며, 한국 측도 그것을 수용했었다. 거기서 문제는 합의문서를 작성할 것인가 아닌가 하는 것이었다. 한국은 합의문서 작성을 요구했고 일본은 외상의 발언을 기록으로 남기면 그것으로 충분해 합의문서는 만들 수 없다고 주장했다.

애초 이번 경제협력의 내용과 취지가 대단히 정치적인 것이며, 다년도에 걸쳐 있기도 해서 정부 간 조약 같은 합의문서에는 적합하지 않다는 입장이었다. 그렇지만 한국은 협력을 받는 쪽으로 더구나 대통령 자신의 발의에 의한 것이었기 때문에 문서 작성에 집착했다. 일본 측은 외상의 발언을 기록으로 남기면 충분할 것이라고 거절하고 있었다.

그렇다면 한국 측 입장은 적어도 일본 외상의 발언 내용을 미리 문서로 했으면 좋겠다는 것이었다. 그러나 일본 측 입장에서 보면 그것은 위험을 수반하게 되는 꼴이었다. 만일 그렇게 말하지 말아 달라거나 그 부분은 애매하게 하자고 한국 측으로부터 주문이 들어오면 큰일이었다. 사전에는 전달하지 않는다는 것이 일본의 입장이었다. 한국 측은 청와대에 대한 외무부의 입장도 있고 해서 사전 문서 수교를 집요하게 요구했다. 외교장관 회담과 정상회담을 하루 앞두고 일본 측 숙소인 신라호텔에서 열린 국장회담에서도 격렬한 공방이 있었으며 결론이 나지 않았다.

한국 고위관리의 회고록에 의하면, 한국 측의 초조함은 상당했던 것 같았다.

이범석 장관은 국장회의가 무산되었다는 보고를 받고 내일 오전이 정상회담인데 아직도 문서를 못 받으면 대통령에게 어떻게 보고하느냐고 펄펄 뛰었다. 오늘 밤 안에 문서를 못 가져오면 내일은 정상회담이고 무어고 전원 사표를 내라고 불호령을 내렸다. 나(당시 한국 외무부 일본과장이었던 이재춘)는 기우치 국장과 오구라 과장이 묵고 있는 방을 찾아가 노크했지만 그들은 없었고 아예 자취를 감춰 버렸다. 나는 호텔에서 거의 밤을 새웠다.

아침 6시경 호텔 영빈관 정원을 산책하면서도 마음이 괴로웠다. 그런데 또 한 사람이 산책하고 있었다. 기우치 국장이었다. 나는 간밤에 어디 있었느냐고 묻고 내가 방까지 찾아 갔었다고 했다. 그는 빙긋이 웃으면서 실은 자기가 연애편지를 좀 쓰느라고 바빴다고 하면서 나중에 읽어 보라고 두툼한 편지봉투를 내밀었다. 나는 그것이 무엇인지 직감했다. 경협에 관한 일본 정부의 비망록이었다.[23]

그런데 드라마는 거기서 끝나지 않았다. 정상회담 직전이 되어 한국 측은 일본의 발언 기록에 한일 양쪽이 서명할 것을 요구해 왔다.

"일본의 내각이 바뀌어 합의는 이전 내각이 한 것이기 때문에 우리들의 생각은 다르다, 라고 하면 곤란하기 때문에."

한국 외무부의 공로명 차관보는 진지한 표정을 한 채 신라호텔에서 열린 회담에서 일본 대표단의 사무 책임자인 기우치 아시아국장에게 그렇게 요구했다.

"일본의 총리가 말한 것은 반드시 실행합니다. 더욱 확실히 해 두기 위해 문서로 해 두고 싶다면 그것도 좋습니다. 각서로 해도 좋습니다. 그러나 이것은 조약이 아닙니다. 정치적 약속입니다. 따라서 서명하는 것은 이상합니다."

기우치는 한국 측의 벼랑 끝 외교에 격하게 저항했다.

"그렇다면 서명 여부는 두 정상이 결정하도록 하시지요."

공로명은 기우치의 저항을 절차상 성가신 것을 싫어하는 관료 특유의 성향 때문이라고 마음먹었던지 강하게 나왔다.

가우치는 얼굴을 붉히며 '이런 이야기는 총리에게 말할 수 없다. 한국 측이 정상회담에서 다루고 싶다면 그렇게 하면 된다. 말만으로는 믿을 수 없다는 것인가. 나카소네 총리는 격노할 것이며, 일본 총리의 방한 의미는 반감된다. 그래도 좋은가.'라며 날카롭게 몰아세우고는 자리에서 일어나 방을 나가 버렸다.

---

23) 이재춘, 앞의 책, pp.167~168. 다만, 이 점에 대해 2012년이 되어 기우치 국장에게 직접 확인해 봤더니 호텔 정원을 산책 중에 문서를 전해 줬다는 기억은 없다고 했다. 1월의 추운 날 아침 일찍 호텔 정원을 기우치 국장이 산책하고 있었다는 것은 조금 부자연스럽고 진위는 분명하지 않지만 한국 측의 격렬한 요구와 초조감은 사실이었다.

기우치와 공로명의 회담에 참석했던 북동아시아과장은 기우치가 머물던 스위트룸에 들어가 대책을 협의했다.

기우치는 냉장고에서 생수를 꺼내 단숨에 들이켰다.

"이런 불명예스런 일은 할 수 없어."

정치적 축하인사의 결말

기우치는 아직도 조금 흥분한 어조로 주장했다.

"10년 전, 20년 전이라면 모르겠지만 이제 와서 중진국이 되어 아시아의 네 마리 호랑이라고 불리게 된 한국에게 일본이 100억(달러)이든 40억(달러)이든 경제협력을 할 이유는 없어.

이것은 정부 간의 법률적 약속은 아냐. 어디까지나 정치적인 축하 의식이지. 그런 의미에서 그것을 정부 간의 법적인 합의로 하자는 것은 절대로 받아들일 수 없어. 김대중 사건의 수습도 정치적으로 하지 않았던가.

한일 관계는 언제나 정치적 타협의 연속이야. 그것은 어쩔 수 없어. 문제는 그것이 마치 당연한 권리라든가 합리적 귀결인 것처럼 행동하는 패거리들의 위선적인 태도야. 이는 참을 수 없어. 어른스런 태도로 정치적 타협을 정치적으로 서로 받아들이는 그것이 아니라면 할 수 없어."

기우치는 자신의 속마음을 이렇게 설명했다.

"서명했다고 해서 정치적 합의가 갑자기 다른 합의가 되는 것도 아니지 않습니까?"

과장은 신중하게 단어를 선택하며 반론했다.

기우치는 그러나 자기 자신의 논리를 고집했다.

"실은 일본 대장성도 합의문서를 만들어 제대로 서명이라도 해 두지 않으면 나중에 합의 내용에 대해 오해가 생길 수 있어. 그렇게 되면 곤란하다면서 시끄러웠는데, 내가 그것을 일축했어.

문서든 뭐든 만들면 40억 달러라고 해도 언제 시세로 하자거나 엔으로 환산하자거나 여러 가지 말을 하는 사람들이 나올 것은 뻔해. 그런 것은 뒤로 미뤄 두고 이번에는 정상 간의 정치적 합의라고 말하고 대장성의 주장을 일축한 체면에 이제 와서 한국 측 요청으로 서명하게 되었다고 말할 수는 없어."

"가만히 놔두었다가 저쪽이 문서를 총리 앞에 내밀면서 서명이다 뭐다 말할 때 그냥 사인해 버리면 결과적으로는 모두 좋게 되지 않겠습니까?"

과장은 빈 컵을 손에 쥐고 돌리면서 덧붙였다.

"기우치 국장과 공로명 차관보가 합의문서에 형식적으로 가조인 하면 어떻습니까? 한국 측은 이것을 가지고 일종의 서명이 된 문서 라고 생각할 것이고 이쪽은 합의 내용을 사무당국이 만약을 위해 확인한 각서로 간주하면 좋지 않겠습니까?"

기우치는 과장 얼굴을 쳐다본 채 아무 말도 하지 않았지만, 결국 그런 형식으로 일은 처리되었다.

모든 것이 해결된 날 밤 서울에는 그 해 첫눈인지 눈이 내렸다.

한국 측 관계자는 모두 "한국에서는 눈이 내리는 것은 좋은 징후라는 말이 있습니다. 서설(瑞雪)이라는 말이 있습니다"라고 번갈아가며 말했다.

사실 서울의 어두운 밤에 내린 새하얀 눈은 100억 달러의 드라마가 막을 내리는 것을 상징하는 것처럼 반짝반짝 빛나고 있었다.

에필로그

한일의 드라마는 계속되고 있다

한 드라마의 시작이 정말로 언제였는지는 역사의 고증을 기다리지 않으면 쉽게 단정할 수 없다. 마찬가지로 현실 세계의 드라마는 끝났다고 생각하고 있었는데 어딘가에서 진행 중이었기도 하다.

이 책에서 말하고 있는 100억 달러의 드라마도 실은 박정희 대통령의 암살로 시작되어 김대중 대통령의 등장으로 일단 막을 내렸다고 보는 것도 가능하다. 아니, 어쩌면 일본과 한국을 등장시킨 드라마는 아직도 계속되고 있는지도 모른다.

그런 의미에서는 누군가가, 언젠가는 다른 사안에 대해서도 한일 정치 드라마의 무대 앞과 뒤를 남김없이 묘사해 주길 기대한다.

회고록도 그렇다고 학술서도 아니며 실화소설도 아닌 어떤 의미에서는 조금 이상한 내용을 담고 있는 이 책을 상재(上梓)함에 있어서 저팬에코사의 하라노 조지(原野城治) 사장, 고단샤(講談社)의 마부치 다카시(間渕隆) 씨의 커다란 배려를 얻었다. 이에 감사의 뜻을 표하는 바이다.

한일 관계의 실타래를 푸는 단서를 제공하는 책

이 책은 오구라 카즈오 전 주한 일본대사가 100억 달러에 달하는 경제협력을 둘러싼 한일 간의 교섭 전모를 파헤친 것이다.

이 책은 몇 가지 점에서 독특하고 학술적 가치도 높다.

첫째, 이 시기의 한일 간 경제협력 문제를 다룬 논문이나 연구서가 거의 없다고 해도 과언이 아닌데, 이 책은 일종의 연구 상 공백을 메워 주고 있다고 평가할 수 있다. 특히, 정보공개법을 이용해 공개된 일본 측의 외교문서는 물론 교섭에 직간접적으로 참여 내지 관여했던 일본 측 관계자들과의 인터뷰나 신문기사 등을 충분히 활용함으로써 이 책의 신뢰도는 한층 높아졌다. 또한 한국인으로서는 알기 어려운 자민당 내 파벌 간의 역학 관계, 총리나 외상을 비롯한 일본 측 인사들의 성격이나 '철학' 또는 인물평 등은 일본정치와 한일 간 회담의 분위기를 이해하는 데 도움이 될 뿐만 아니라 이 책을 읽는 또 다른 묘미를 제공한다.

둘째, 그럼에도 불구하고 저자는 이 책이 "회고록도 학술서도 아니며 실화소설도 아닌 어떤 의미에서는 조금 이상한 내용을 담고 있는 책"이라고 말하지만, '어떤 의미'에서 무엇이 '이상한' 내용인지 저자에게 묻고 싶다. 저자는 당시 외무성의 북동아시아과장으로서 한일 간의 외교 교섭에도 직접 참여했을 뿐만 아니라 교섭 과정을 누구보다 잘 알 수 있는 당사자였지만, 저자는 이 책에서 자신을 1인칭이 아니라 '북동아시아과장'이라는 3인칭을 일관해서 사용하고 있다는 점이 매우 특이하다.

셋째, 전두환 정권은 박정희 시대의 한일 관계가 불건전하고 유착되어 있었다고 비판하면서 새로운 한일 관계를 재구축해야 할 필요성을 제기하지만, 양국 외교당국 간 교섭이 난항을 거듭하면서 '특사'나 '밀사'의 파견이 고려되고 실제로 그들이 막후에서 중요한 역할을 했었던 것은 한일관계의 특수성을 상징적으로 보여준다고 할 수 있다. 특히, 당시에도 세지마 류조가 중요한 역할을 했었다는 보도가 있었지만, 세지마가 한국 측 카운터파트와 접촉할 때 일본 정부와 긴밀한 사전 협의를 거쳤었다는 사실이 이 책을 통해 확인되었다.

한일 간 경제협력 문제의 발단에서 교섭 과정과 타결에 이르기까지 이렇게 상세하게 밝혔던 책이나 연구가 없었음에도 불구하고 일정한 한계가 있다는 점은 부정할 수 없다. 스노베 대사의 전보를 받은 다카시마 마스오 외무차관은 한국 정부의 의도를 파악하기 위해 최경록 주일 한국대사를 부르지만, 최 대사는 한국 지도자들의 반일 정세에 대해 언급하면서 남북한에 대한 일본의 불균형한 태도(북한에 대한 우호적인 태도)에 오히려 불만을 표시했다. 한일 관계가 불확실한 이런 상황에서 일본이 100억 달러라는 대규모 자금 제공 요청을 쉽게 받아들일 것이라고 한국 정부가 생각했다고는 상상하기 어렵다.

1981년 1월 말 차기 대통령 선거를 20여 일 앞두고 미국을 방문한 전두환은 취임한 지 겨우 13일이 되는 레이건 대통령의 첫 번째 정상회담 파트너가 되었다. 저자는 한국 측이 본국에 대한 경제협력을 강화하도록 미국을 통해 일본에 압력을 가하려고 했던 것은 사실이라고 지적하고 있지만, 동시에 미국 정부 당국이 직접 일본의 외교당국에 대해 한국에 대한 경제협력 강화를 요청했었는지는 확인되지 않고 있다는 신중한 입장을 보이고 있다.

한국이 일본에게 거액의 경제협력을 요청하는 과정 또는 일본이 당초의 완강한 입장을 누그러뜨리고 한국과의 교섭에서 조금씩 완화된 입장을 보인 데에는 미국이 적지 않은 영향을 미쳤을 것으로 보인다. 그렇지만, 이 부분에 대한 서술은 충분하다고 할 수 없다. 앞으로 일본 측 자료 이외에도 한국과 미국의 자료를 활용한 실증적인 연구가 나와야 하며, 그런 의미에서 이 책은 향후의 관련 연구를 촉발시킬 수 있는 계기가 될 수 있다.

올해는 한일 양국이 국교 정상화를 한 지 50년이 되는 뜻 깊은 해이다. 전문가들은 한일 관계를 종종 날씨에 비유해 설명하기도 하는데, 지금까지는 "대체로 맑았지만 가끔 흐리고 곳에 따라 비가 내렸다"라고 말할 수 있었으나, 앞으로는 "전반적으로 흐리고 비가 오겠으나, 곳에 따라 맑은 곳도 있을 것 같다"고 해야 할지 모르겠다. 지금의 한일 관계는 현해탄의 파도만큼이나 거센 격랑 속에서 갈 곳을 잃고 있는 형국이다.

2012년 12월과 2013년 2월 일본과 한국에 새로운 지도자가 등장했지만, 아직까지 양국 정상 간의 회담조차 열리지 못하고 있을 뿐만 아니라 상대국에 대한 양국 국민들의 이미지도 나쁘며 양국 관계에 대한 국민들의 전망도 매우 어둡다.

한국의 동아시아연구원(EAI)과 일본의 언론NPO가 2014년 5월과 6월에 양국에서 실시한 공동 여론조사에 따르면, 상대방에 대한 인상을 묻는 질문에 대해서 한국 국민의 70.9%와 일본 국민의 54.4%가 부정적인 인상('대체로 좋지 않은 인상'과 '좋지 않은 인상'의 합계)을 가지고 있다. 공교롭게도 양국 국민 모두 역사 인식, 독도, 정치 지도자의 언행이 상대방에 대한 나쁜 인상을 심어 주고 있다는 인식을 공유하고 있는 것으로 나타났다.

또한 현재의 한일 관계에 대해서는 일본 국민의 73.8%, 한국 국민의 77.8%가 '나쁘다'('약간 나쁘다'와 '매우 나쁘다'의 합계)고 보고 있으며, 앞으로의 전망에 대해서도 한국 국민의 77.5%, 일본 국민의 55.6%가 현재와 같거나 '나빠질 것'('약간 나빠질 것'과 '나빠질 것'의 합계)으로 전망했다.

이와 같은 점들을 고려하면 현재의 냉각된 한일 관계를 완화하기 위해서는 영토나 역사 인식, 위안부 문제와 같이 정치적으로 민감하거나 해결하기 어려운 문제보다 경제나 사회문화 등 비교적 덜 민감한 분야를 분리하여 대응하면서 대화와 교류를 확대해감으로써 악화된 양국 국민감정을 회복하는 것이 중요하다고 할 수 있다.

또한 한일 관계를 양국의 국력 차이가 심했던 시기의 수직적이고 비대칭적 관점에서가 아니라, 여전히 국력 차이는 존재하지만 상대적으로 수평적이고 대등한 관계의 틀 속에서 양국 관계를 보려는 노력이 지속될 수 있는 환경과 분위기를 조성하는 것이 중요하다.

우리에게는 일본의 식민통치로부터의 해방과 분단, 일본에게는 전쟁의 종전으로부터 70년, 그리고 양국에게는 국교 정상화 50년이라는 역사적 절목을 눈앞에 둔 현재, 양국이 처한 국내 상황과 국제 환경의 변화를 고려하면 한일 양국은 지금까지 경험하지 못했던 새로운 시대를 맞이하고 있다고 할 수 있다. 의미하는 바는 조금 다르지만 이 책에서 다루고 있는 1980년대 초에도 한일 신시대 구축이 화두였다. 그런 의미에서 한일 경제협력 교섭의 궤적을 추적하고 있는 이 책이 주는 교훈과 시사점은 현재의 극도로 경색되고 복잡하게 얽혀 있는 한일 관계의 실타래를 푸는 단서를 제공해 줄 것으로 역자들은 믿고 있다.

번역 과정에서 가급적 저자의 의도를 정확하게 전달하려고 노력했지만, 문맥이 매끄럽지 못하거나 부자연스런 부분이 있다면 이는 모두 역자들의 능력 부족에 의한 것이니 꾸짖어 주기 바란다.

__한일 국교 정상화 50년을 맞이하는 2015년 3월

조진구 · 김영근

한일 경제협력자금 100억 달러의 비밀

초판 1쇄 인쇄 2015년 3월 1일
초판 1쇄 발행 2015년 3월 5일

지은이 오구라 카즈오
옮긴이 조진구 · 김영근

펴낸이 김연홍
펴낸곳 디오네

출판등록 2004년 3월 18일 제313-2004-00071호
주소 121-865 서울시 마포구 성미산로 187
전화 02)334-3887 팩스 02)334-2068

ISBN 979-11-5774-049-9 03340